Sêr Chwaraeon 'Llanelli Star' Sporting Heroes

Barrie Thomas

Golygydd Cymraeg: Lyn Ebenezer

Argraffiad cyntaf: Tachwedd 2008

Hawlfraint: Barrie Thomas/Lyn Ebenezer

Cedwir pob hawl.
Ni chaniateir atgynhyrchu unrhyw ran o'r cyhoeddiad hwn, na'i gadw mewn
cyfundrefn adferadwy, na'i drosglwyddo mewn unrhyw ddull na thrwy unrhyw gyfrwng,
electronig, electrostatig, tâp magnetig, mecanyddol, ffotogopïo, recordio nac fel arall,
heb ganiatâd ymlaen llaw gan y cyhoeddwyr,
Gwasg Carreg Gwalch, 12 Iard yr Orsaf, Llanrwst,
Dyffryn Conwy, Cymru LL26 0EH.

Rhif Llyfr Safonol Rhyngwladol: 978-1-84527-197-8

Cynllun clawr: Tanwen Haf

Mae'r cyhoeddwyr yn cydnabod cefnogaeth ariannol
Cyngor Llyfrau Cymru.

Argraffwyd a chyhoeddwyd gan Wasg Carreg Gwalch,
12 Iard yr Orsaf, Llanrwst, Dyffryn Conwy LL26 0EH.
Ffôn: 01492 642031
Ffacs: 01492 641502
e-bost: llyfrau@carreg-gwalch.com
lle ar y we: www.carreg-gwalch.com

CYNNWYS

Pennod 1
Dim ond Breuddwyd   10

Pennod 2
Penawdau Cyntaf   18

Pennod 3
Dysgu trwy Symud   28

Pennod 4
Adnabod Cewri Sgarlad   38

Pennod 5
Ar y Strade   62

Pennod 6
Arwyr y Bêl Gron   74

Pennod 7
Campau'r Haf   90

Pennod 8
Y Paffwyr Parchus   106

Pennod 9
Ar y Ffordd Gyflym   118

Pennod 10
Cymraeg y *Star*   130

Pennod 11
Sêr Byd Llanelli   142

Pennod 12
Seren Wahanol   152

CONTENTS

Chapter 1
Only a Dream   11

Chapter 2
The Opening Chapters   19

Chapter 3
A Learning Post-ing   29

Chapter 4
Links with Scarlet Giants   39

Chapter 5
The Stradey Experience   63

Chapter 6
Llanelli's Soccer Legends   75

Chapter 7
Summer Sport   91

Chapter 8
Respected Boxers   107

Chapter 9
On the Fast Track   119

Chapter 10
Introducing Welsh Language Stars   131

Chapter 11
Llanelli's World Stars   143

Chapter 12
A Different Star   153

CYFLWYNIAD

Mae'r *Llanelli Star* wedi golygu llawer i mi erioed. Pan oeddwn i'n fachgen ysgol byddwn bob amser yn troi at y tudalennau chwaraeon, a phrofiad cyffrous fyddai canfod fy enw fy hun yno. Byddwn hefyd yn chwilio am newyddion am fy mhentref, Felin-foel.

Ni wnes i erioed gadw toriadau, ond byddai gan fy meibion lyfrau sgrap a chaf gryn wefr o hyd wrth bori drwy hen adroddiadau o'r *Star* a darllen hanesion o'r 1970au a'r 1980au. Mae Barrie a minnau'n bobl leol sy'n llawn balchder o'r ardal y tarddwn ohoni. Teimlaf yn freintiedig am i mi fwynhau gyrfa rygbi a olygodd chwarae dros y Sgarlets. Trysoraf yn ogystal fy atgofion o chwarae dros y Cochion, sef y clwb pêl-droed lleol. Ar faes Stebonheath fe wnes i gyfarfod â'r cymeriadau i gyd, pobl fel Gwyn Grant, John 'y Golwr' Thomas a Gilbert Lloyd. Roedd y tri yn bobl â'u traed ar y ddaear ac roeddwn yn eu parchu. Teimlais hi'n fraint arbennig cael chwarae gyda Gilbert gan mai ef oedd un o'm harwyr.

Camp arall y bûm yn ffodus o fod yn rhan ohoni oedd criced. Cychwynnodd hynny pan oedd Felin-foel yn brin o chwaraewyr ar gyfer gêm ganol wythnos, a minnau'n cael cynnig chwarae. Wedi hynny, byddwn yn chwarae iddynt yn rheolaidd.

Un o uchafbwyntiau fy mywyd o hyd yw mynychu Gwobr Personoliaeth y Flwyddyn Cronfa Goffa Brin Isaac ar ddydd Mawrth cyntaf pob mis Rhagfyr. Bydd y fwydlen ar y byrddau yn cynnwys rhestr o gyn-enillwyr, a fi yw'r unig un i ennill deirgwaith. Yr hyn a wna'r digwyddiad hefyd yw amlygu'r nifer o ddynion a merched lleol a enillodd oherwydd eu gallu mewn campau eraill. Byddai eu llwyddiannau wedi ymddangos, fel arfer, gydol y flwyddyn yn y *Star*.

Cefais amryw o gyfleoedd i symud yn ystod fy ngyrfa. Roedd y cynigion hyn yn cynnwys fy nhemtio â symiau anferth o arian gan glybiau rygbi proffesiynol. Gwrthodais am fy mod i'n mwynhau bywyd lle'r own i, a theimlwn yn falch o'm gwreiddiau yn Llanelli a'r Felin-foel. Yn y pen draw, mae ansawdd bywyd cyn bwysiced ag unrhyw wobrau ariannol.

Daw llawer yn yr ardal hon o gefndiroedd gweithiol ac mae Llanelli yn unigryw mewn mwy nag un ffordd. Medraf ddeall pam wnaeth Barrie ddewis aros ymlaen i ohebu dros y *Llanelli Star* yn hytrach na symud bant, fel y gwnaeth amryw. Fe wnaeth

Phil Bennett yn cyflwyno teyrnged farddonol o daith lwyddiannus y Llewod i Dde Affrica yn 1974 i Barrie Thomas ar Barc y Strade. Mae llofnod pob un o garfan y Llewod arni. Fe'i crëwyd i godi arian at achos teilwng.
Llun: Jeff Connell

Phil Bennett presents Barrie Thomas with a poetic tribute on the Stradey pitch following the British Lions tour to South Africa in 1974. With the piece of poetry are the autographs of all the Lions squad and it was created to raise money for a cancer sufferer.

INTRODUCTION

The *Llanelli Star* has always meant a lot to me. When I was a schoolboy I always looked out for the sports pages and would be thrilled if I saw my name on them. Also, I always used to look out for news about my village Felin-foel. I have never kept cuttings, but my sons used to have scrapbooks and I still find it a thrill now to look back at old *Stars* and read the reports written in the 1970s and 1980s.

Barrie and I are local men and very proud of where we come from. I feel very privileged to have had a rugby career playing for the Scarlets. I also treasure the memories of playing games for the soccer club, the Reds. I met great characters at Stebonheath such as Gwyn Grant, John 'the Goalie' Thomas and Gilbert Lloyd. All three were down-to-earth personalities who I respected. I felt particularly honoured to play with Gilbert because he was one of my heroes.

Another sport I was lucky to play was cricket. It started when Felin-foel were short of players for one midweek match and asked me to play. After that, I used to turn out regularly for them.

One of the highlights of my year is attending the Brin Isaac Memorial Fund Sports Personality of the Year Award dinner on the first Tuesday of every December. The menu cards on the tables always list the previous winners and I am the only one to have won it three times. What this also highlights is the many other local men or women that have won it through successes in other sports. Their achievements had usually featured throughout the year in the *Star*.

I had many opportunities to move away during my career. They included tempting huge offers from rugby league clubs. However, I enjoyed my life where I was and felt very proud of my Felin-foel and Llanelli roots. At the end of the day, quality of life is as important as any financial rewards. Many from this area are from working-class backgrounds and Llanelli is unique in many ways. It's understandable why Barrie decided to carry on reporting for the *Llanelli Star*, rather than move away like many have.

He covered great occasions at Stradey and also gained the trust of players. When he used to come to Stradey, he could

adrodd ar ddigwyddiadau hanesyddol ar y Strade gan ennill ymddiriedaeth y chwaraewyr. Pan ddeuai i'r Strade, medrai sgwrsio ag unrhyw un ohonom. Nid yw hynny mor hawdd heddiw gyda'r holl ymwneud â rheolaeth ac asiantau.

Fe fyddwn i ac eraill o gyfnod y 70au yn teimlo braidd yn anghyffyrddus yn sgwrsio ag ambell ohebydd am na wnaent ein dyfynnu ni'n gywir. Byddwn bob amser yn barod i sgwrsio â Barrie gan ei fod e'n un o Lanelli, a mwynhad fyddai darllen yr adroddiadau yn y *Llanelli Star*.

Parhaodd fy nghysylltiad â Barrie wedi i mi hongian fy sgidiau chwarae. Pe byddwn angen tynnu sylw at hyrwyddo unrhyw weithgaredd yn ymwneud â'm dyletswyddau mewn hybu'r campau ar ran Cyngor Caerfyrddin, neu unrhyw achos arall, gwyddwn y medrwn ddibynnu arno bob amser.

Fel Golygydd Chwaraeon y *Llanelli Star*, fe enillodd Barrie edmygedd y chwaraewyr, yr hyfforddwyr a'r cefnogwyr ar y Strade. Creodd gofnod gwych o hanes y Sgarlets a hanes y campau eraill yn Llanelli.

Phil Bennett

talk to any of us. It's not so easy now to do so with management and agents involved.

I and others from the 70s era weren't comfortable talking to one or two journalists, because they would often quote you incorrectly. I was always happy to talk to Barrie as he was from Llanelli and I was delighted to see the reports in the *Llanelli Star*.

The contact with Barrie continued after I finished playing. If I needed any activity coverage for which was part of my duties in sports promotion for the Carmarthenshire Council or anything else, I knew I could always rely on him.

As sports editor of the *Llanelli Star*, Barrie was highly thought of by players, coaches and fans at Stradey. He has provided an excellent record on the history of the Scarlets and other sport in Llanelli.

Phil Bennett

PENNOD 1

DIM OND BREUDDWYD

Y mae yna lawer sydd wedi mynnu fod gen i un o'r swyddi gorau yn y fro. Roedd bod yn gyfrifol am dudalennau chwaraeon y *Llanelli Star*, yn enwedig yn ystod un o gyfnodau mwyaf llewyrchus y Sgarlets byd-enwog, llwyddiannau pencampwriaethol clwb pêl-droed Llanelli, heb sôn am lwyddiannau rhai unigolion ar safon byd, yn wir yn fraint.

Yn sicr, profodd i fod yn wireddu breuddwyd o gael bod yn rhan o bapur newydd lleol sydd yn dathlu ei ganmlwyddiant yn 2009. Yn ogystal, tyfodd i fod yn brofiad gwerth chweil wrth i mi gael bod yn rhan o'r ochr newyddiadurol a'r ochr gynhyrchu dros bedwar degawd, cyfnod a fu'n dyst i'r newidiadau mwyaf yn hanes y *Star*.

Pan oeddwn i'n laslanc, byddwn yn edrych ymlaen yn eiddgar at glywed rhuglo'r bocs llythyron yn y drws wrth i bapurau newydd – yn arbennig y *Star* – gyrraedd. Yn achos y *Star*, digwyddai hynny'n gynnar bob bore dydd Sadwrn. Trown yn gyntaf, yn ddieithriad, at y tudalen ôl er mwyn canfod yr hanesion diweddaraf am y Sgarlets, ac am y tîm pêl-droed a gâi ei adnabod fel y Cochion.

Erthyglau eraill o ddiddordeb fyddai tudalen Clwb Plant y *Star*, a'r rheiny a fyddai'n cynnwys hysbysebion a chystadlaethau ar gyfer y pedair sinema a fodolai yn y dref ar y pryd. Byddai tudalennau eraill, y rheiny a fyddai'n cynnwys newyddion am grwpiau pop lleol fel The Corncrackers, Eyes of Blue a'r Spartans, ac yn hybu ymweliadau grwpiau byd-enwog fel The Who, Status Quo a'r Bay City Rollers hefyd yn fy hudo. Byddent oll yn ymddangos yn ystod y 60au a'r 70au hwyr yn Neuadd Ddawns y Glen, a oedd yn rhan o gyfadeilad a oedd hefyd yn cynnwys un o'r lleoliadau bowlio deg cyntaf yng Nghymru. Mewn cyfnod cynharach, câi'r lle ei adnabod fel Neuadd Ddawns y Ritz. Erbyn hyn trawsnewidiwyd y lle'n llwyr gyda'r Glen gynt yn gartref i glwb snwcer, sef y Terry Griffiths Matchroom, a grëwyd gan y cyn-bencampwr byd, sy'n dal i fod yng ngofal y lle.

Ychydig wnes i freuddwydio fel crwt ysgol y deuwn i adnabod Terry'n dda, ynghyd â nifer o enwogion chwaraeon lleol eraill yn ogystal â chael ysgrifennu amdanynt ac am fy hoff glybiau, gan greu'r math ar dudalennau newyddiadurol y bûm yn eu mwynhau fy hun flynyddoedd yn gynharach. Ond roedd newyddiaduraeth yn y dyddiau cynnar hynny yn ymddangos yn

Safle gwreiddiol Ysgol Gynradd Gymraeg Dewi Sant pan oedd Barrie yn ddisgybl yno. Mae Ysgol Gynradd Copperworks yn dal ar y safle Tra mae Ysgol Dewi Sant erbyn hyn yn ardal Penygaer.

The buildings where the Dewi Sant Welsh Primary School used to be and where Barrie attended as a pupil. The adjoining Copperworks Primary School has remained there while the Dewi Sant Primary School is now in the Penygaer area.

Chapter 1

ONLY A DREAM

Many often told me that I had one of the best jobs in the area. To be responsible for the *Llanelli Star* sports pages, particularly during one of the most successful eras for the world famous Scarlets, the championship-winning achievements of the Llanelli soccer club and world-class achievements of individuals, was indeed a privilege.

It certainly proved to be like a dream come true to be involved in a local newspaper celebrating its centenary in 2009. It also proved to be a worthwhile experience to have been involved in the reporting and production side during four decades, a period which saw the biggest changes in the history of the *Star*.

As a young lad, I would enthusiastically look forward for the daily newspaper to come through the letterbox, and in particular the *Star*, first thing every Saturday morning. The first page of the town paper I would turn to was the back page to see the latest news on the Scarlets and the soccer team nicknamed the Reds.

Other pages of interest were the Star Children's Club page and the ones carrying adverts and competitions for the four Llanelli cinemas open at the time. The pages carrying news of local pop groups such as The Corncrackers, Eyes of Blue and Spartans and publicising the visits of future world-famous bands such as The Who, Status Quo and the Bay City Rollers also fascinated me. They all appeared in the late 60s and 70s at the Glen Ballroom which was part of a complex which also had one of the first Ten Pin Bowling venues in Wales. The building had previously been the Ritz Ballroom.

It has since been transformed again with the old Glen now being home to a snooker club, the Terry Griffiths Matchroom which the former world champion created and is still in charge of.

Little did I think, as a schoolboy, that I would get to know Terry Griffiths very well, and many other local celebrities in addition to writing about my favourite sides and compiling those pages that I had avidly read all those years before. But journalism had always seemed an unlikely career as I didn't believe that I was capable of achieving the qualifications needed.

The first teachers at Ysgol Dewi Sant. Second from the left is the headmistress, Miss Olwen Williams, and the teachers with her are Miss Dilys Evans, Mr W. J. Thomas, Miss Myfanwy Bowen and Miss Inez Thomas.

Yr athrawon cyntaf yn Ysgol Dewi Sant. Yr ail o'r chwith yw'r brifathrawes, Miss Olwen Williams, a'r athrawon gyda hi yw Miss Dilys Evans, Mr W. J. Thomas, Miss Myfanwy Bowen a Miss Inez Thomas.

Cyn-Gyfarwyddwr Cyhoeddiadau De-orllewin Cymru, Mr Duncan Currell, yn cyflwyno rhodd i Barrie am fod gyda'r cwmni am 30 mlynedd. Mae ei wraig Sandra yn derbyn tusw o flodau oddi wrth Golygydd y *Star*, Robert Lloyd.

Former South-west Wales Publications Managing Director, Mr Duncan Currall, makes a presentation when Barrie celebrated 30 years with the company. Barrie's wife Sandra receives a bouquet from the Editor, Mr Robert Lloyd.

yrfa annhebygol iawn i mi, gan na chredwn y byddai'n bosibl i mi gyrraedd y cymwysterau angenrheidiol.

A minnau'n fab i rieni a oedd yn Gymry Cymraeg, Lewis ac Enid Thomas, fe gafodd y profiad o fynychu ysgolion lle mai'r Gymraeg oedd yr iaith a siaredid fwyaf, ddylanwad enfawr yn fy llwyddiant wedyn i ennill fy lle fel newyddiadurwr ar y *Star*. Nid nepell o'r Tŷ-isha a gorsaf y rheilffordd, y fangre lle'm ganwyd a'm magwyd, safai Ysgol Gymraeg Dewi Sant lle bûm yn mynychu'r dosbarth meithrin cyn cychwyn derbyn gwersi ysgol gynradd yn yr iaith a ddefnyddiwn ar yr aelwyd.

Fe ddenodd yr ysgol benawdau lawer hyd yn oed cyn iddi agor, a pharhaodd i wneud hynny wedyn. Diolch i ymgyrchu diflino Miss Olwen Williams, arweinydd Aelwyd yr Urdd yn yr ardal, Ysgol Dewi Sant yn 1947 oedd yr ysgol Gymraeg gyntaf i'w hagor o dan awdurdod cyhoeddus. Cynhaliwyd y gwersi cyntaf yn festri Capel Seion cyn symud i'r drws nesaf i Ysgol Saesneg y Gwaith Copr yn Stryd Nevill. Penodwyd Miss Williams fel y pennaeth cyntaf ac ymhlith yr athrawon a benodwyd roedd Miss Dilys Evans, Miss Myfanwy Bowen, Miss Inez Thomas a Mr W. J. Thomas.

Pan gychwynnais i yno ar ddiwedd y 1950au, roeddynt oll yn dal yno. Bu'n brofiad gwerth chweil i elwa o'r ddisgyblaeth a gâi ei gweithredu gan Miss Olwen Williams, ac o gael bod yn rhan o'r prosiectau addysgol amrywiol a'r cyngherddau a gâi eu trefnu.

Yna fe ddaeth llwyddiannau eisteddfodol gan ddenu mwy o sylw cyfryngol. Ac fe anogwyd y mwyafrif o'r disgyblion i fod yn rhan o'r Eisteddfod Genedlaethol a ymwelodd â Llanelli yn 1962, a hynny ar wythnos wleb ar Gaeau Penygaer.

Fe wnâi'r athrawon sicrhau y câi'r disgyblion eu paratoi'n addas yn academaidd ac fe aeth nifer o blant Ysgol Dewi Sant ymlaen i lenwi safleoedd amlwg yng Nghymru a thu hwnt. Yn eu plith roedd un o gynhyrchwyr llwyddiannus Cwmni Tinopolis, Dafydd Rhys; cyflwynydd a golygydd gyda'r un cwmni, Angharad Mair; yr organydd enwog a chyn-bennaeth cerddorol BBC Cymru, Hugh Tregelles Williams, a'r cyn-Aelod Seneddol dadleuol a chyn-Arweinydd y Blaid Geidwadol yng Nghymru, Rod Richards. Roedd fy meddyg teulu presennol, Dr Chris Treharne, sydd â meddygfa yn Llanelli, hefyd yn ddisgybl yno.

Fe arweiniodd llwyddiant yn arholiad yr 11+ at i mi symud o Ysgol Dewi Sant i Ysgol Ramadeg y Bechgyn yn Llanelli. Dyma eto ysgol a oedd yn y newyddion, a hynny yn bennaf yn sgil ei llewyrch mewn rygbi saith-bob-ochr. Daeth llwyddiant yn erbyn sefydliadau elitaidd fel ysgol fonedd Millfield, ac fe chwaraeodd un o'r disgyblion, Terry Price, yn llanc 18 oed i'r Sgarlets yn erbyn

Born to Welsh-speaking parents, Lewis and Enid Thomas, attending schools in which the language Welsh was mainly spoken played an influential part in gaining a place as a *Star* reporter. Close to the Tŷ-isha and railway station area where I was born and brought up was Ysgol Gymraeg Dewi Sant where I went to nursery class before starting primary school lessons in the language used at home.

The school made headline news even before it opened – and has continued to do so. Thanks to the campaigning of Miss Olwen Williams, a leader of Aelwyd yr Urdd in the area, Ysgol Dewi Sant in 1947 was the first public authority Welsh-language school to be opened. The first lessons were held in Zion Chapel vestry before the school moved next door to the English Copperworks School in Nevill Street. Miss Williams became the first headmistress and among the first teachers appointed were Miss Dilys Evans, Miss Myfanwy Bowen, Miss Inez Thomas and Mr W. J. Thomas. When I entered Ysgol Dewi Sant in the late 1950s they were all still there. It was a worthwhile experience to benefit from the discipline that they maintained, and to be involved in the varied educational projects and concerts organised.

There were also eisteddfod successes which attracted more media attention and most of the pupils were encouraged to be involved in the 1962 Wales National Eisteddfod in Llanelli during a wet week on Penygaer fields. Teachers also ensured pupils were academically well prepared and many from Ysgol Dewi Sant have since gone on to prominent positions in Wales and further afield. Among them are present award-winning Tinopolis producer Dafydd Rhys, presenter Angharad Mair, distinguished organist and former head of music at BBC Wales, Hugh Tregelles Williams, and controversial former MP and Welsh Conservative Party leader Rod Richards. My present GP, Dr Chris Treharne, who has a surgery in Llanelli, was also once a pupil there.

Success in the 11+ exam resulted in me going from Ysgol Dewi Sant to the Llanelli Boys Grammar School. This school again was always in the news, mainly because of its excellence in seven-a-side rugby. Triumphs came against elite establishments such as Millfield in public schools tournaments and one of the pupils, Terry Price, at 18 years of age, played for the Scarlets game against the All Blacks in 1963, which I watched on the famous Stradey Tannerbank. My first year in the Boys Grammar was in a Welsh-language

y Teirw Duon yn 1963. Gwyliais y gêm honno ar yr enwog Tannerbank ar y Strade.

Treuliais fy mlwyddyn gyntaf yn Ysgol Ramadeg y Bechgyn mewn dosbarth Cymraeg. Yr athro dosbarth oedd Mr R. I. Denis Jones, un a fu'n arweinydd i mi yn ystod fy addysg a'm gyrfa. Roedd yna hefyd un a oedd yn un o brif swyddogion y disgyblion a chanddo gyfrifoldeb dros ddosbarth Un W (Cymraeg Un). Stuart Cole oedd hwn. Mae e nawr yn awdurdod uchel ei barch fel Athro Trafnidiaeth. Fe wnes i gyfarfod ag ef am y tro cyntaf ers dyddiau ysgol yn dilyn angladd Ray Gravell ym mis Tachwedd 2007.

Profodd fy ail flwyddyn yn Ysgol Ramadeg y Bechgyn i fod hefyd yn flwyddyn olaf i mi ei threulio yno. Ymhlith fy nghyd-ddisgyblion yn yr un dosbarth roedd Clive Rees, a aeth ymlaen i chwarae ar yr asgell i'r Cymry yn Llundain, Cymru a'r Llewod Prydeinig. Oherwydd canlyniadau siomedig yn fy arholiadau ar ddiwedd yr ail flwyddyn, gorfodwyd fi i sefyll arholiad 13+ cyn y cawn i aros yn yr ysgol. Bu methu honno yn drobwynt yn fy ngyrfa addysgol. Yr ysgol uwchradd fodern yr euthum iddi o ganlyniad oedd Ysgol Fodern y Strade, lle'r oedd y Gymraeg yn brif iaith, er mai'n ddwyieithog y cynhelid y gwersi. Roedd yr Ysgol Fodern yn ffinio â'r Ysgol Ramadeg, a chyn gynted ag y cerddais i mewn drwy'r clwydi, teimlais yn gartrefol a gwnaed i mi deimlo'n gysurus. Roedd e'n union fel dod yn rhan o deulu hapus.

Er na wnes i erioed orffen ar frig y dosbarth, profodd yr arholiadau yn yr ysgol hon i fod yn llai o dreth arnaf, o ganlyniad, gwellodd fy addysg. Fe wnaeth eraill hefyd elwa o symud yno. Mae un o'm ffrindiau agosaf o'r cyfnod hwnnw, Iwan Vaughan Evans, bellach yn weinidog ar Gapel Als. Yno yr awn i'n rheolaidd fel plentyn, ac yno yr addolai nifer o aelodau'r teulu. Fe wnaeth un arall o'm cyd-ddisgyblion, Gareth Simon, ddychwelyd i fod yn athro yn yr ysgol. Bu farw Gareth yn 2008.

Roedd yno gymysgedd dda o athrawon gyda Mr Raymond Challenor yn brifathro pan gychwynnais yn 1965. Pan symudodd ef i fod yn bennaeth Ysgol Ramadeg y Merched yn Llanelli fe'i holynwyd gan fy athro dosbarth cyntaf, Mr Denis Jones. Mewn dull milwrol, ymdrechai i sicrhau disgyblaeth dda a llwyddiant academaidd.

Hon oedd yr unig ysgol fodern yn yr ardal lle gellid sefyll Lefel O, ac fe wnes i lwyddo, ymhlith pynciau eraill, mewn Hanes, Saesneg a Llenyddiaeth Gymraeg.

Roedd y dewis o bynciau yn gyfyngedig. Ond heb fod ag unrhyw yrfa arbennig mewn golwg, penderfynais aros am flwyddyn arall yn yr ysgol er mwyn ailsefyll arholiadau megis Mathemateg, pwnc yr oeddwn i wedi ei fethu.

Hwn fu un o benderfyniadau gorau fy mywyd. Yr uchafbwynt fu ennill y Gadair yn yr eisteddfod gyntaf i'r ysgol ei chynnal erioed, ar Ddydd Gŵyl Dewi 1969. Testun y traethawd buddugol oedd 'Caru fy Ngwlad', ac arweiniodd y llwyddiant wedyn at ychwanegiad defnyddiol i fy CV ar gyfer cael mynediad i newyddiaduraeth. Cyhoeddwyd y traethawd yng nghylchgrawn yr ysgol. Felly hefyd ddarn o farddoniaeth Saesneg a gyfansoddais yn ddiweddarach.

Ar yr un adeg rown i'n aelod o Aelwyd yr Urdd Llanelli, a gynhelid yn Heol Goring, a mater o ddiddordeb mawr i mi fyddai dull y Trefnydd lleol, Wyn Melville Jones, o roi cyhoeddusrwydd i ddigwyddiadau. Byddai'n ysgrifennu, crynhoi a chasglu ei daflenni newyddion ei hun yn adeilad yr Aelwyd yn Heol Goring. Doedd hi'n fawr o syndod, yn ddiweddarach, gweld Wyn yn mynd ymlaen i sefydlu'r cwmni cysylltiadau cyhoeddus Strata Matrix.

Ymhlith fy niddordebau yn y cyfnod hwn roedd casglu toriadau papur newydd, yn cynnwys fy adroddiadau fy hun, o gêmau'r Sgarlets yn y chwedegau, ond hobi oedd hyn a doedd newyddiadura yn dal heb fod yn opsiwn fel gyrfa. Gan nad oedd gen i fawr o stumog at

form with Mr R. I. Denis Jones as form teacher, a guiding light in my education and career. There was also a prefect responsible for keeping an eye on Un W (One Welsh). He was Stuart Cole. He is, by now, a highly respected and authoritative Professor of Transport and I met him for the first time since school days following Ray Gravell's funeral in November 2007.

The second year, however, proved to be the final one there for me. Among the pupils in the same class was Clive Rees who went on to play on the wing for London Welsh, Wales and the British Lions. As a result of disappointing exam results at the end of my second year I had to pass a 13+ exam in order to stay there. Failing that exam proved a turning point in my education. The Secondary Modern school I went to as a result was Stradey, in which Welsh was the main language, although the lessons were bilingual. It was next door to the Grammar and as soon as I walked through the gates, I felt at home and was made to feel welcome. It was like joining a happy family.

Although never top of the class, exams proved less demanding and my education improved. Many others benefited from attending the school and one of my best friends in school, Iwan Vaughan Evans, is now the minister of Capel Als Chapel where I often went as a child and where many of my family worshipped. Another classmate, Gareth Simon, returned to teach in the school. Gareth sadly died in 2008.

There was a good blend of teachers with Mr Raymond Challenor being the headmaster when I entered the school in 1965. When he took over as head of Llanelli Girls Grammar School, Mr Denis Jones, my first form master, was appointed as his successor. In a regimental fashion, he strived for good discipline and academic success.

It was the only secondary modern in the area in which O Levels could be studied and History, English and Welsh literature were among the subjects that I passed.

The choice of subjects was limited, but with no career in mind, I decided to stay another year at the school to resit exams such as Mathematics which I had failed.

It proved to be one of the best decisions in my life. The highlight was becoming the winner of the Chair in the first eisteddfod held in the school on St David's Day 1969. The subject of the winning essay was 'Caru fy Ngwlad' (Loving My Country), and that success eventually proved useful on my CV when applying to go into journalism. The essay was published in the school magazine as was a piece of poetry that I wrote in English.

At the time I was a member of Llanelli's Aelwyd yr Urdd in Goring Road and it fascinated me how the youth movement's district organiser, Wyn Melville Jones, publicised events. He wrote, compiled and collated his own newsletters in the Goring Road home of Llanelli Aelwyd. It was no surprise that Mr Jones went on to become a prominent member of the Welsh media as founder of the public relations company Strata Matrix.

Compiling scrapbooks from newspaper cuttings including my own reports of Scarlets matches in the 1960s was among my hobbies, but reporting still did not appear to be a career option. With no appetite to return to the grammar school for A Levels, clerical work seemed to be the only option. My first job was as a clerical assistant in Swansea's Telephone House before joining the Department of Employment as a clerical officer. The probation period in the Department's Northampton Lane office in Swansea proved to be an unhappy one, and the bosses decided that I wasn't to be

ddychwelyd i'r Ysgol Ramadeg i ymgymryd â gwaith ar gyfer Lefel A, ymddangosai mai gwaith clerigol fyddai fy unig ddewis. Fy swydd gyntaf oedd gweithio fel cynorthwyydd clerigol yn y Telephone House yn Llanelli cyn ymuno â swyddfa'r Adran Gyflogaeth yn Lôn Northampton yn Abertawe. Dewis anhapus iawn fu hwn gyda'r tymor prawf yn dod i ben a'r uwch swyddogion yn penderfynu na chawn i swydd amser llawn.

Deilliodd un peth da allan o hyn oll, serch hynny, sef cyfweliad â chynghorwr cyfarwyddyd galwedigaethol yr Adran. Pan adroddais wrtho am fy llwyddiant yn Eisteddfod yr Ysgol, fy hoffter o ysgrifennu a'n cyfraniadau i gylchgrawn yr ysgol fe awgrymodd hwnnw y byddai newyddiadura yn opsiwn gyrfaol. Arweiniodd hyn at anfon llythyr at olygydd y *Llanelli Star*, Geoffrey D. Lloyd. Gosododd ef fy enw ar ffeil yn dilyn cyfweliad yn swyddfa'r papur yn Stryd Murray. Heb gymwysterau academaidd, doeddwn i ddim yn rhyw obeithiol iawn o gael swydd yno.

Fy swydd glerigol nesaf oedd gyda chwmni ceginau o'r enw Multiflex ym mhentref Dafen gerllaw. Pan oeddwn i'n gweithio yno ym mis Medi 1971 derbyniais alwad ffôn oddi wrth olygydd y *Star*. Gwahoddodd fi i alw i'w weld y bore dydd Sadwrn canlynol. Ei neges oedd bod lle i mi fod yn rhan o'r papur y bûm yn ei ddarllen o ddyddiau ysgol fach, ac y cawn fy hyfforddi i fod yn newyddiadurwr. Yn ystod yr un bore cefais fy arwain o gwmpas canolfan y papur, sydd bellach yn dŷ bwyta Indiaidd. Y gweithiwr cyntaf i mi ei gyfarfod yno oedd y gweithredwr linoteip, Arlandwr John. Esboniodd sut y câi'r geiriau ysgrifenedig eu trawsnewid i brint ar ei beiriant. Diddorol iawn oedd gwrando arno'n disgrifio crefft yr oedd ef mor falch ohoni, ond un sydd erbyn hyn wedi diflannu bron yn llwyr. Mae ei beiriant bellach i'w weld yn Amgueddfa Ddiwydiannol Cydweli.

Bu farw Arlandwr, a oedd yn organydd yng Nghapel Bedyddwyr Greenfield, yn 2002 yn 87 oed. Ni ddylai ei gyfraniad ef a'i gydweithwyr tuag at wneud y *Star* yn gyhoeddiad safonol wythnosol fyth gael ei anghofio.

Yn dilyn y bore cyntaf hwnnw, gwyddwn y gorweddai fy nyfodol gyda'r *Llanelli Star*, a byddai 34 blynedd yn mynd heibio cyn i mi adael yn llwyr gartref newyddion tref Llanelli a'r ardal o gwmpas, a hwnnw wedi ei drawsnewid yn llwyr bellach yn ei gartref newydd yn Stryd Cowell.

appointed to a full-time position.

However, this unhappy outcome led to an interview with the Department's occupational guidance advisor. When I told him of my eisteddfod success, my fondness for writing and my contributions to the school magazine, he suggested that journalism could be a career option. It prompted a letter to the editor of *Llanelli Star*, Geoffrey D. Lloyd, who put my name on file following an interview in the Murray Street home of the newspaper. Without having the necessary academic qualifications, I wasn't optimistic about my chances of having a job there.

The next clerical job was with a kitchen firm called Multiflex based in Dafen village. When I was working there in September 1971, I had a phone call from the *Star* editor inviting me see him on a Saturday morning. He informed that I was to be part of the newspaper which I had read all my life and that I would be trained as a journalist. On the same morning I was shown around the building which is now an Indian restaurant. The first employee I met was lineotype operator Arlandwr John. He explained how the written words were transformed into print on his machine. It was fascinating to listen to him describing a craft he was so proud of but which has by now disappeared. His machine can now be seen in the Kidwelly Industrial Museum.

Arlandwr, who was an organist at Greenfield Baptist Chapel, died in 2002 at the age of 87. The contribution he and the other print colleagues did in ensuring the regular weekly appearance of the *Star* should never be forgotten.

Following that first morning I knew my future lay with *Star*, and it was not until 34 years later that I left the by then totally transformed home of Llanelli news, now based in its new home Cowell Street.

PENNOD 2

PENAWDAU CYNTAF

Dydd Llun, 13 Medi 1971. Hwnnw oedd y diwrnod cyntaf i mi gerdded i mewn drwy ddrysau cartref y *Llanelli Star* yn Stryd Murray fel newyddiadurwr dan hyfforddiant.

Roeddwn i braidd yn nerfus fy ngherddediad o'm cartref yn Stryd y Crochendy, nid nepell o'r swyddfa. Fy nheimladau cyntaf oedd cwestiynu a fedrwn i, tybed, brofi fy hun i fod yn ddigon da i fod yn rhan o bapur newydd lleol, papur a oedd, yn y gorffennol, wedi cynhyrchu newyddiadurwyr a oedd wedi mynd ymlaen i Fleet Street, i bapurau dyddiol a nosol Cymreig ac i waith cyfryngol o safon uchel. Yn eu plith roedd Leighton Bowen, brawd-yng-nghyfraith golygydd y *Star* ar y pryd, Geoffrey Lloyd. Roedd Bowen wedi dringo i fod yn un o'r is-olygyddion blaenaf yn Llundain ac wedi gweithio am flynyddoedd i'r *News of the World*. Un arall oedd Michael Boon, a oedd wedi gweithio i brif bapurau Lloegr.

Roedd un arall, John Burgum, yn gyn-olygydd chwaraeon y *Star*. Roeddwn i wedi darllen ei gyfraniadau ar dudalennau cefn y papur pan oeddwn i'n ddisgybl ysgol. Gadawodd John y swyddfa yn Stryd Murray am Abertawe i ymuno â'r *South Wales Evening Post*. Yno, gweithiodd ar y ddesg chwaraeon gan arbenigo ar adrodd ar gêmau pel-droed clwb Dinas Abertawe. Bu'n dyst i esgyniad rhyfeddol y clwb o Bedwaredd Adran Cynghrair Pêl-droed Lloegr i frig yr Adran Gyntaf – yr Uwch Adran heddiw – a chyfrannodd lawer o lyfrau ar hanes y clwb. Cyn-ohebydd arall ar y *Star* oedd Peter Phillips, sydd ar hyn o bryd yn Bennaeth Marchnata a Chyfathrebu ym Maes Awyr Rhyngwladol Caerdydd. Bu ef yn gweithio mewn trafnidiaeth awyr a meysydd awyr ledled y byd ac mae wedi byw am flynyddoedd yn Awstralia.

Fe ddaeth y swydd wag a arweiniodd at fy mhenodiad o ganlyniad i ymadawiad Roger Frost, a lwyddodd i ennill cymwysterau Prifysgol cyn symud i fyw a gweithio yn Ffrainc. Teimlwn fel petawn i ym mhurdan o'r diwrnod cyntaf fel gohebydd gan fod fy nesg yn sefyll wrth ymyl y tân nwy yn y swyddfa olygyddol ar y llawr cyntaf yn Stryd Murray. Yn eistedd wrth y desgiau eraill roedd y prif ohebydd Ron Cant, a oedd hefyd yn ddirprwy i'r golygydd, ac yna Lesley Evans, a newidiodd, ar ôl priodi, ei henw proffesiynol fel gohebydd i Lesley Edwards.

Roeddwn i eisoes wedi darllen gwaith y rhain yn y papur, felly

Rhai o'r gohebwyr ifanc a fynychodd gwrs fel rhan o'u hyfforddiant mewn coleg yn Nghaerdydd. Roedd llawer ohonynt yn gweithio i bapurau yng ngogledd Cymru. Yn eu plith (ar y chwith) y mae Paul Mewies a aeth ymlaen i weithio i HTV ac Elwyn Roberts a fu'n gweithio i'r Daily Post.

A group of young journalists who attended block release training courses in a college in Cardiff. Several of them were from north Wales. Among them are (on the far left) Paul Mewies who went on to be a HTV Wales reporter in north Wales and Elwyn Roberts, a former Daily Post journalist who now works freelance.

Chapter 2

THE OPENING CHAPTERS

Monday, September 13 1971. That was the first day on which I walked through the doors of the *Llanelli Star*'s home in Murray Street as a trainee reporter.

It was a nervous walk from my home in Pottery Place, which wasn't far from the office. My initial thoughts were whether I would be able to prove good enough to be part of a local newspaper, that had previously produced journalists who had moved on to Fleet Street, Welsh daily and evening papers and various high-profile media work. Among them were Leighton Bowen, brother in law of the *Star* Editor at the time, Geoffrey Lloyd. Bowen was one of the leading sub-editors in London and worked for many years for the *News of the World* while Michael Boon also wrote for the nationals.

Another, John Burgum, was a former *Star* Sports Editor whose contributions I had read on the back pages of the paper as a schoolboy. John left Murray Street for Swansea to join the *South Wales Evening Post*. He worked on the sports desk in Swansea and specialised in covering Swansea City matches. He reported on their dramatic rise from the Football League's Fourth Division to the top of the First – now the Premiership – and has contributed to many books on their history. Another ex-*Star* reporter, Peter Phillips, is currently Head of Market and Communications at Cardiff International Airport. He has worked in air transport and airports around the world and lived for many years in Australia.

The vacancy which led to my recruitment came as the result of the departure of Roger Frost who sought University qualifications before moving to work in France. It felt like being in the hot seat from my very first day as a reporter, with my desk being situated close to the gas fire in the editorial office on the first floor in Murray Street! On the other desks were chief reporter Ron Cant, who was also the editor's deputy, and Lesley Evans, who after marriage changed her pen-name to Lesley Edwards. Having read their material previously in the newspaper, they were names I was already familiar with, in addition to that of Esdale Maclean who was the sports editor. The offices were typical of those

Gunman who 'shoots for fun' upsets estate

By BARRIE THOMAS

A GUNMAN who "just shoots for fun" is terror-

This is the first article on my first week with the *Star* in September 1971.

Dyma'r pennawd ar fy adroddiad cyntaf yn fy wythnos gyntaf ar y Star *ym mis Medi 1971.*

19

Ray Gravell yn cyfarch Barrie cyn y rhaglen *Pnawn Da* yn stiwdios Tinopolis, Llanelli. Gyda ni mae Lyn Ebenezer, y cyflwynwr a wnaeth gynnal y cyfweliad. Roedd hyn pan oeddwn yn dathlu 30 mlynedd gyda'r *Llanelli Star*.
Llun: Tim Riley

Ray Gravell greets me before the live afternoon programme Pnawn Da *in the Llanelli-based Tinopolis studios. With them is presenter Lyn Ebenezer who did the interview. This was on the occasion Barrie celebrated 30 years of working with the* Star.

roeddent yn enwau yr oeddwn i'n gyfarwydd â nhw, yn ogystal ag enw Esdale Maclean, y golygydd chwaraeon. Roedd y lle yn nodweddiadol o'r swyddfeydd papur newydd hynny a welid mewn ffilmiau du a gwyn y pumdegau, gyda thoriadau o wahanol storïau a ffeiliau ymhobman: rhyw fath ar gawdel wedi'i osod mewn trefn. Ar y wal yn y gornel lle'r oedd y golygydd chwaraeon, yn ymyl y ffenest, roedd poster o'r seren roc a'r felan Wyddelig, y gitarydd Rory Gallacher. Doedd e'n ddim syndod mai'r *Melody Maker* oedd un o'r cyhoeddiadau y bu Esdale yn gweithio arno ar ei ffordd i fyny'r ysgol gyfryngol. Ac fe ddringodd, yn y pen draw, i fod yn yn is-olygydd a gohebydd i'r *London Evening Standard*.

Cyn gadael y *Star*, fe adawodd Esdale farc annileadwy yno gan mai ef fu'n gyfrifol am un o'r tudalennau ôl mwyaf nodedig a gyhoeddwyd erioed gan y papur. Ef fu'n gyfrifol am adrodd ar fuddugoliaeth 9–3 y Sgarlets dros y Teirw Duon i'r papur gan sicrhau fod y gamp yn cael ei chofnodi'n bwrpasol ac yn gofiadwy. Roedd y rhifyn yn cynnwys darluniau pen-ac-inc o bob aelod o'r garfan chwedlonol, yn cynnwys yr eilyddion. Mae'r tudalen arbennig hwn yn dal i hongian mewn mannau cyhoeddus yn ardal Llanelli.

Roedd gan Lesley'r ddawn i ysgrifennu erthyglau nodwedd tra oedd Ron â'r gallu i gynhyrchu storïau tudalen flaen a oedd yn cyrraedd y penawdau newyddion pan fyddai o dan bwysau cyn y terfyn amser terfynol. Ambell fore byddai'n ddirgelwch pam na fyddai yn y swyddfa. Ond pan gyrhaeddai byddai'n dod gyda stori egscliwsif ynghyd â ffotograff i gyd-fynd â hi. Y mae bellach yn swyddog cyhoeddusrwydd gyda Chyngor Sir Gâr ond gadawodd y *Star* ar gyfer sefydlu menter uchelgeisiol. Creodd a lansiodd bapur tabloid a fyddai'n cystadlu â'r *Star*, sef y *Llanelli News*, yn 1974. Ymhlith y cyfranwyr i'r papur hwnnw roedd cyn-hyfforddwr y Llewod a Llanelli, Carwyn James, ynghyd ag Ellis Owen, sy nawr yn Rheolwr a Chyfarwyddwr Rheoli ITV Cymru.

Ar y pryd roedd y *Star* yn bapur fformat argrafflen, wedi ei osod at ei gilydd a'i argraffu yn y swyddfa a'i ddosbarthu ar hyd y siopau ar foreau dydd Sadwrn. Gyda nifer y staff mor fychan, roedd modd ymgymryd â gorchwylion mwy heriol a chyffrous, yn ogystal â thasgau cyffredinol i'r cenawon ifanc gohebyddol fel nodi penblwyddi plant, casglu adroddiadau eglwysig a ffeilio.

Caiff amryw eu denu at waith cyfryngol am ei fod yn ymddangos yn waith cyffrous ac am fod iddo ddiwylliant sy'n ymwneud ag enwogion. Er hynny, fe wnes i ganfod ei fod yn golygu gweithio yn ystod oriau anghymdeithasol, llawer o bwysau a gorfodaeth barhaus i greu cysylltiadau. Er mwyn

seen in films with cuttings of stories and files everywhere, a kind of organised chaos. On the wall of the sport's editor corner near the window was a poster of Irish blues rock guitarist Rory Gallacher. Unsurprisingly the *Melody Maker* was one of the publications Esdale joined on his way up the media ladder. He eventually became a sub-editor and writer for the *London Evening Standard*.

Before departing from the *Star*, Esdale had made a lasting mark there, being responsible for one of the most famous back pages the paper has ever published.

He covered the 1972 Scarlets 9–3 win against the All Blacks for the paper, and ensured the achievement was recorded appropriately and memorably. The edition included pen pictures of each member of the legendary squad, including the replacements. It is still pinned up in some public places in the Llanelli area.

Lesley had a flair for feature writing and Ron had the knack of producing the front page headline-making stories when the pressure was on before the final deadline. On a couple of mornings, it was a mystery why he hadn't turned up in the office. When he did, it would be with an exclusive and a photograph to accompany it. Now a publicity officer with the Carmarthenshire County Council, he left the *Star* for an ambitious venture. He launched and created a rival tabloid, the *Llanelli News,* in 1974. Among its contributors were ex-British Lions and Scarlets coach, Carwyn James, and Ellis Owen, who is now Controller and Managing Director of ITV Wales.

The *Star* at the time was in a broadsheet format, compiled and printed on the premises and delivered to the shops on Saturday mornings. With such a small number of staff, there was always a chance to realise more challenging and exciting assignments, in addition to the usual cub-reporting duties of writing the junior birthdays, compiling the churches column and filing.

Many are attracted to media work, because it appears exciting and has a celebrity culture. However, I discovered it meant working unsocial hours regularly, plenty of pressure and continually trying to build contacts. To get your name attached to a story (a by-line), it had to be an exclusive. Proudly, I managed to get two short stories on the front page in my first week. One of my articles revealed that a small neighbourhood lived in fear of a teenager carelessly popping pellets with an airgun. The other front-page

The Star Editor Robert Lloyd presents Barrie with a clock after completing 25 years service. Others in the photo are his colleagues in the 1990s.

Y Golygydd Robert Lloyd yn cyflwyno cloc i Barrie ar ôl gwasanaethu'r papur am 25 mlynedd. Gyda hwy mae gohebwyr eraill y cyfnod hwnnw.

Yng nghwmni Barrie, syn dangos y gadair a enillodd yn Eisteddfod gyntaf Ysgol y Strade, mae ei gyn-athro hanes, John Edwards, sydd wedi ysgrifennu sawl llyfr ar hanes Llanelli. Mae'r llun hefyd yn dangos cylchgrawn yr ysgol sy'n cynnwys y cyfansoddiad buddugol.
Llun: Jeff Connell

With Barrie, showing the Chair which he won in Stradey School's first Eisteddfod, is Mr John Edwards, his former history teacher. He has written several books on Llanelli's history. The photo also shows the school magazine which includes the winning composition.

sicrhau bod eich enw'n ymddangos ynghlwm wrth stori, rhaid oedd i'r stori fod yn egscliwsif. Roeddwn i'n falch i mi lwyddo i sicrhau dwy stori ar y tudalen flaen yn ystod fy wythnos gyntaf oll. Datgelodd un fod cymuned fechan yn byw mewn ofn llanc a oedd yn saethu gwn awyr yn ddiofal byth a hefyd. Roedd y llall yn ymwneud â hanes pâr a wnaeth ddarganfod neges mewn potel ar draeth Cefn Sidan. Wedi iddynt gysylltu â'r cyfeiriad ar y darn papur, fe wnaethon nhw ennill gwyliau yn Ilfracombe. Cyn troad y flwyddyn, llwyddais i gael mwy o storïau tudalen flaen egscliwsif, a hynny'n sicrhau fy nyfodol gyda'r *Star*. Golygodd y ffaith i mi gael fy nhaflu i'r dwfn yn ystod y misoedd cyntaf, a'r pwysau parhaol ond cyffrous i chwilio am storïau newydd, i mi ennill profiad amhrisiadwy yn ystod fy nghyfnod o hyfforddiant.

Roedd hi'n bosibl bryd hynny i oedi tan y funud olaf i gwblhau stori cyn i'r peiriant argraffu ddechrau rholio. Ar adegau, golygai chwilio am stori yn hwyr y nos ar gyfer cwblhau'r tudalen flaen. Gyda'r *Star*, fel yn achos cynifer o bapurau Cymreig eraill – sydd bellach yn cael eu hargraffu yn Lloegr – mae'n amhosibl cynnwys adroddiad ar unrhyw ddigwyddiad o bwys a gynhelir ar y noson cyn i'r papur fynd ar werth.

Ymhlith dyletswyddau eraill y cawn ymwneud â nhw ar gychwyn fy ngyrfa gyda'r *Star* oedd adrodd ar gyfarfodydd y Cyngor, achosion llys a chwestau. Byddai'r *Star* yn adrodd ar bob achos yn Llys Ynadon Llanelli a chawn, fel arfer, fy nanfon yno ar ddau fore bob wythnos i adrodd arnynt. Byddai dirprwy-fargyfreithwyr yn bresennol yn aml, amryw ohonynt erbyn hyn yn farnwyr. Un o'r rhain oedd yr Ustus Roderick Evans. Un tro cefais y fraint amheus o gynorthwyo gyda chyfieithu mewn achos o yrru a ddaeth o'i flaen. Roedd y diffynnydd wedi gofyn am i'r achos gael ei gynnal drwy gyfrwng y Gymraeg, ac fe wnes ufuddhau i ddymuniad Clerc y Llys, Mr Danny Davies, i fod yn gyfieithydd.

Bargyfreithiwr arall a ymddangosai yn Llys Ynadon Llanelli oedd Ray Singh, cyn-Gomisiynydd Cyfartaledd Hiliol a Barnwr Dosbarth. Byddai bob amser yn deg ac yn barod i helpu. Gwnaethom gyfarfod flynyddoedd wedyn yn dilyn angladd emosiynol Ray Gravell ar y Strade pan fu'n dwyn ar gof yr hen ddyddiau yn Llys Ynadon Llanelli.

Yn raddol, cynyddodd fy mhrofiad a'm sgiliau newyddiadurol. Er mwyn ennill gwell gwybodaeth o'r gyfraith, llywodraeth leol a hefyd llaw-fer, dechreuais fynychu cwrs a drefnwyd gan y Cyngor Hyfforddi Newyddiadurwyr Cenedlaethol (NCTJ), a olygai y cawn fy rhyddhau ddwywaith yr wythnos dros gyfnod o ddeufis. Câi'r sesiynau hyfforddi eu cynnal yng Ngholeg Bwydydd a

contribution told of a couple finding a message in a bottle on the shores of Cefn Sidan. After contacting the address on the message, they earned a holiday in Ilfracombe. By the end of the year I was credited for more high-profile front-page exclusives – which helped make my future more secure with the *Star*. Being thrown in at the deep end in the opening months and the constant pressure, but exciting challenge, of looking for new stories, proved an invaluable experience in my training.

It was possible then to wait until the last minute to finish a story before the press rolled. It meant on occasions searching for one story late at night to complete the front page. With the *Star* – like many other Welsh newspapers – now printed in England, it is impossible to carry a report of any major event that has happened the evening before the weekly goes on sale.

Among other duties that I was entrusted with at the start of my career with the *Star* was covering council meetings, court cases and inquests. The *Star* covered every case in the Llanelli magistrates' court and I was usually sent there two mornings a week to report on them. Junior barristers were frequently on duty and several of them are now judges. One of them was the then Justice Roderick Evans, and I had the privilege of being asked to help translate in a motoring case that came before him. The defendant had requested that the case be held in Welsh and I agreed to a request from the Clerk of the Court, Mr Danny Davies, to be an interpreter. Another barrister who appeared at Llanelli was Ray Singh, who is a former Commissioner for Race Equality and a district judge who was always friendly and helpful. When we met again years later, following Ray Gravell's emotional funeral at Stradey, he recalled those days in the Llanelli magistrates court.

I gradually added to my experience and skills. To gain a better knowledge of law, local government and to learn shorthand, I attended two eight-week block release NCTJ (National Council for the Training of Journalists) courses at the College of Food of Technology in Cardiff. Getting an insight into how other newspapers worked also proved useful, with my fellow students mainly from publications in the West Country or north Wales. One of them, Paul Mewies, who worked on the *Wrexham Leader* at the time, is seen regularly reporting on ITV. Another, Elwyn Roberts, was a Welsh-speaking reporter from Denbigh who I befriended

Robert Lloyd, who was editor of the *Llanelli Star* and the *Carmarthen Journal* until November 2008.

Robert Lloyd a oedd yn olygydd y Llanelli Star *a'r* Carmarthen Journal *tan fis Tachwedd 2008.*

Thechnoleg yng Nghaerdydd. Peth arall a brofodd yn ddefnyddiol oedd cael gweld sut oedd papurau eraill yn gweithredu yng nghwmni fy nghyd-fyfyrwyr, y mwyafrif ohonynt yn gweithio i gyhoeddiadau yng ngorllewin Lloegr neu ogledd Cymru. Un o'r rhain oedd Paul Mewies, a weithiai ar y *Wrexham Leader* ar y pryd ond a welir yn rheolaidd bellach yn cyflwyno ar ITV. Roedd un arall, Elwyn Roberts, Cymro Cymraeg, yn newyddiadurwr o Ddinbych. Daethom yn ffrindiau, a byddem yn cyfarfod â'n gilydd mewn gwahanol eisteddfodau yn y gogledd. Erbyn hyn mae e'n newyddiadurwr ar ei liwt ei hunan yng ngogledd Cymru ar ôl cyfnod o weithio ar y *Daily Post*.

Un o uchafbwyntiau fy mhrofiad yn y coleg oedd holi un o'm harwyr mawr, maswr y Llewod Prydeinig a Chymru, Barry John, fel rhan o brosiect cwrs, ond un o'r eiliadau a wnaeth greu cryn embaras oedd gorfod gofyn iddo am ei lofnod ar gyfer merch i un o'm cydweithwyr ar y *Star*.

Yn ystod fy mhrentisiaeth hyfforddi daeth cyfle annisgwyl i mi am ddyrchafiad. Digwyddodd hyn yn dilyn penderfyniad Esdale Maclean i symud i bapur arall. Gadawodd hyn le gwag ar gyfer Golygydd Chwaraeon. Gan fy mod i erbyn hyn wedi dechrau adrodd ar rygbi a phêl-droed fe wnes i ddweud wrth y Golygydd fod gen i ddiddordeb yn y swydd. Cefais wybod yn gyfrinachol gan un o'r argraffwyr mai un prawf y byddai'n rhaid i mi ei basio fyddai ceisio enwi pob aelod o dîm y Sgarlets a oedd wedi colli 10–9 yn erbyn De Affrica ym mis Ionawr 1970. Euthum ati i ddysgu ar fy nghof enwau holl aelodau'r tîm. Yna dyma ddeall mai tric oedd y cyfan! Eto i gyd profodd y gorchwyl yn ddefnyddiol ar gyfer fy her newydd. Roedd sicrhau bod enwau, canlyniadau a ffeithiau eraill yn gywir yn hollbwysig wrth gynhyrchu tudalennau chwaraeon. Golygai bod yn gyfrifol am y tudalennau hyn y byddai angen dysgu'n gyflym, dod i ddeall yr angen am yr hyd iawn i storïau, a chynllunio tudalennau ar bapur ac isolygu. Roedd hyn yn ychwanegol at drefnu profion ar gyfer y newyddiadurwyr eraill a oedd yn derbyn hyfforddiant newyddiadurol.

O ganlyniad i'r newidiadau parhaus a oedd yn digwydd yn sgil dyfodiad y dechnoleg newydd, cefais fy hun yn dal i ddysgu gydol yr amser hyd at fy symudiad o'r *Star*. Ar wahân i ychydig dros flwyddyn fel gohebydd bro gyda'r *South Wales Evening Post*, fe wnes i barhau i fod yn gyfrifol am dudalennau chwaraeon papur wythnosol Llanelli am ran helaeth o bedwar degawd. Pan drosglwyddwyd y gwaith o is-olygu i sgrin y prosesydd geiriau, byddwn hefyd yn cynhyrchu tudalennau newyddion fel rhan o'm dyletswyddau.

Er i rygbi ddod ag enwogrwydd byd-eang i'r dre, byddai nifer fawr o lwyddiannau eraill, gan unigolion a thimau mewn campau gwahanol, yn digwydd byth a hefyd. Roedd hi'n bwysig i'r rhain gael eu cofnodi mewn papur wythnosol, a oedd yn archif pwysig i'r dre a'r ardal.

Bûm yn dyst i lawer iawn o newidiadau staff yn ystod fy nghyfnod o 34 blynedd, cyfnod a welodd newidiadau hanesyddol i'r *Star*. Yn ystod y cyfnod hwn gwelwyd pedwar golygydd gwahanol. Bu farw Geoff Lloyd, y gŵr a wnaeth fy nghyflogi, dros y Nadolig 1986 pan oedd e'n Llywydd Urdd Golygyddion Papurau Newydd Prydain. Y golygydd a'i holynodd oedd Spencer Feeney, a benododd yn ddiweddarach Robert Lloyd fel is-olygydd. Roedd y ddau cyn hynny wedi cydweithio ar dudalennau chwaraeon yr *Evening Post*. Roeddwn i eisoes yn eu hadnabod, ac wedi eistedd gyda nhw mewn aml i gêm rygbi ynghyd â llawer o ddigwyddiadau eraill.

Gwelwyd llawer o newidiadau. Y mwyaf arwyddocaol oedd y trawsnewidiad o argrafflen i bapur tabloid yn 1989. Pan adawodd Spencer Feeney yn 1991 i fod yn olygydd yn Stoke, fe'i holynwyd gan Robert Lloyd fel Golygydd y *Star*. Ond ailunwyd y

and thereafter met in eisteddfodau in the North. He is now a freelance journalist in north Wales having previously reported for the *Daily Post*.

One of my highlights of college experience was interviewing a rugby hero of mine, British Lions and Wales fly half Barry John, for a course project, but the most embarrassing moment was requesting his autograph for a *Star* colleague's daughter. During my training apprenticeship, there was an unexpected early promotion opportunity for me. It happened as a result of Esdale Maclean's move to another newspaper, which left a vacancy for Sports Editor. Having already started covering rugby and soccer, I informed the Editor of my interest in the position. One of the printers confided to me, that as part of a test for the position, it would be necessary to name the entire Scarlets team that had lost 10–9 to South Africa in January 1970. After finding the names and memorising them, it turned out to be a practical joke, but proved an useful exercise for my new challenge. Getting names, scores and facts accurate was essential in the production of the sports pages. Being given responsibility for these pages meant having to learn quickly, getting the right length of stories, page planning on paper and sub-editing.

With the constant changes that new technology was introducing I continued learning up until my departure from the *Star*. Apart from just over a year as a district reporter with the *South Wales Evening Post*, the sports pages of Llanelli's weekly continued to be my responsibility over four decades. When subbing transferred to the PC screen, I also produced news pages as part of my duties.

Although rugby has brought the town international fame, there were constantly many other outstanding achievements from individuals and teams in other sports. It was important that these were recorded in a weekly newspaper, which is an important town archive.

I saw many staff changes during my 34 year stint, a period of historic transformation for the *Star*. During that time, I served under four different editors. Geoffrey Lloyd, who had employed me, died during Christmas 1986 when he was the President of the Guild of British Newspaper Editors. He was succeeded by Spencer Feeney who later appointed Robert Lloyd as deputy editor. They had previously worked on the sports pages of the *Evening Post*. I had sat next to them in rugby matches and other sporting events and already knew

Andy Pearson, former *Llanelli Star* Editor

Andy Pearson, cyn-olygydd y Star

Spencer Feeney, former *Llanelli Star* Editor who is now Editor in Chief of *South West Wales Media* which includes the *Evening Post, Star* and *Carmarthen Journal.*

Spencer Feeney, cyn-olygydd y Star *sydd nawr yn brif olygydd y* South West Wales Media, *yn cynnwys yr* Evening Post, Star *a'r* Carmarthen Journal.

bartneriaeth eto yn 2002 gyda Feeney, brodor o Abertawe, yn dychwelyd i fod yn olygydd yr *Evening Post* a Robert Lloyd unwaith eto yn ddirprwy iddo.

Ond mae'r papur nos yn cydweithio hyd yn oed yn agosach â'r papurau wythnosol nawr. A dychwelodd Robert Lloyd i fod yn Olygydd y *Llanelli Star* a'r *Carmarthen Journal.* Mae Spencer Feeney yn Brif Olygydd y *Post* a Phapurau Newydd De-orllewin Cymru, y grŵp sy'n rheoli'r papurau lleol. Andrew Pearson, cyn-olygydd storïau nodwedd ar y *Post* oedd Golygydd y *Star* pan wnes i ymddeol.

Mae'r *Star* yn parhau i fod yn gam cyntaf pwysig i newyddiadurwyr, ac y mae nifer fawr o blith y rhai a gychwynnodd yno yn ystod y 34 blynedd a dreuliais i yno yn dal swyddi pwysig yn genedlaethol ac yn rhyng-genedlaethol yn y cyfryngau. Yn eu plith mae Tony O'Shaughnessy, Jason Phelps a Nick Parry yn gweithio erbyn hyn gyda'r BBC, a Catherine Evans, sy'n ohebydd a chyflwynydd newyddion gydag ITV Cymru. Mae Nick yn enghraifft dda o un a gafodd gyfle i ymuno â phrosiect profiad gwaith. Gwnaeth gymaint o argraff fel iddo gael ei benodi'n ohebydd i'r *Star*. Bu'n gweithio am gyfnod fel golygydd newyddion cyn i'r *Post* ei benodi fel gohebydd ardal yn Llanelli. Fe dderbyniodd Cathryn Harrison-Rees hyfforddiant gyda'r *Star* cyn mynd i weithio yng Nghaerloyw, yna gweithio fel is-olygydd ar y *Western Mail*, ac yn ddiweddar fel golygydd storïau nodwedd ar yr *Evening Post*. Ar ôl iddi briodi, fe'i hadwaenir hi bellach fel Cathryn Ings, ac mae hi nôl lle y cychwynnodd ac yn Olygydd Cynorthwyol y *Star* a'r *Journal*. Cymerodd sedd y golygydd pan adawodd Robert Lloyd ar ddiwedd 2008.

Enghraifft arall yw Andrew Gallimore o Langennech, sydd â phrofiad helaeth o weithio ym myd y cyfryngau. Mae e hefyd yn awdur nifer o gyfrolau. Dewisodd eraill a fu'n gweithio i'r *Star* droi at weithio mewn swyddi pwysig ym myd cysylltiadau cyhoeddus.

Fe wnaeth amryw gwestiynu fy noethineb o oedi'n hir ar bapur wythnosol, a chefais fy nhemtio unwaith i gynnig am swydd ar ddesg chwaraeon yr *Evening Post*. Fodd bynnag, o ganlyniad i aros yn fy nhref leol a glynu wrth fy mhapur lleol, sef y *Star*, llwyddais i gyflawni llawer. Yn ystod fy mlynyddoedd yn y swydd llwyddais i ddod i gysylltiad â llawer o enwogion yn y byd chwaraeon, ac enwau amryw ohonynt bellach yn chwedlonol. A chefais ymweld â lleoliadau enwog fel Parc yr Arfau, Stadiwm y Mileniwm, Stadiwm Wembley a Neuadd Albert. Mae hyn yn ychwanegol at adrodd ar Gwpan Rygbi'r Byd, gornest focsio am bencampwriaeth y byd, cricedwyr prawf ar y Strade ynghyd â nifer o gêmau pêl-droed a rygbi cofiadwy. Bu fy mhenderfyniad i aros ar y *Star* hefyd yn fodd i mi ennill ymddiriedaeth cewri fel Phil Bennett, Terry Griffiths, Jeff Jones a Colin Jones.

Drwy aros yn fy nhref enedigol, a glynu at weithio gyda'r papur wythnosol lleol, y *Llanelli Star*, llwyddais i gyflawni uchelgeisiau a fyddai wedi bod y tu hwnt i'm cyrraedd petawn i wedi dewis symud i rywle arall.

both of them.

The *Star* underwent many changes during this period, with the most significant being the transformation from broadsheet to tabloid in 1989. When Mr Feeney left in 1991 to become Editor in Stoke, Robert Lloyd became his *Star* successor. However, the partnership was back in harness in 2002 with Swansea born Mr Feeney returning as the Editor of the *Evening Post* and Mr Lloyd again his deputy.

By now the evening paper is working even closer with the weeklies and Mr Lloyd returned as the Editor of both the *Llanelli Star* and the *Carmarthen Journal*. Mr Feeney is the editor in chief of the *Post* and South West Wales Newspapers, under which the local papers are now run. Andrew Pearson, a former features editor at the *Post*, was the *Star* Editor when I retired.

The *Star* continues to be an influential first stepping stone for journalists and many who began their careers there during my 34 years now have important positions nationally in the media. Among them are Tony O'Shaughnessy, Jason Phelps and Nick Parry, now working for the BBC and Catherine Evans, who is an ITV Wales reporter and news reader. Nick Parry was first given a chance as work experience and made such an impression that he was appointed as a *Star* reporter, had a stint as news editor before the *Post* appointed him as their Llanelli reporter. Cathryn Harrison-Rees trained with the *Star* before working in Gloucester, sub-editing on the *Western Mail* and recently worked as features editor of the *Evening Post*. Having married, she is now Cathryn Ings and is back where she started as assistant editor of the *Star* and *Journal*. She moved into the editor's chair when Robert Lloyd vacated the position at the end of October 2008.

Andrew Gallimore from Llangennech has also worked in the media and has written various books while other ex-members of staff have moved on to high-profile public relations positions.

Many questioned the wisdom of my staying too long on a weekly newspaper, and I was once tempted to apply for a position on the *Evening Post* sports desk.

However, as a result of staying with my home town weekly, the *Star*, I achieved a lot. During my many years there, I met many famous celebrities and sporting legends, attended venues such as the Arms Park, the Millennium Stadium, Wembley and the Albert Hall. I also reported on the World Rugby Cup final, a world boxing title fight, Test cricketers in Stradey and many memorable rugby and soccer matches. Staying at the weekly also helped gain the trust of contacts such as Phil Bennett, Terry Griffiths, Jeff Jones and Colin Jones.

By staying in my home town and with its weekly newspaper, the *Llanelli Star*, I achieved ambitions that would have been impossible to experience if I had moved elsewhere.

PENNOD 3

DYSGU TRWY SYMUD

Yr unig adeg na fûm gyda'r *Llanelli Star*, mewn gyrfa a barodd am bedwar degawd yn gweithio yno, oedd pan gefais gyfle i ddringo'r ysgol newyddiadurol yn gynharach na'r disgwyl.

Wedi dim ond tair blynedd gyda'r papur wythnosol, profodd y gwahoddiad i symud at unig bapur dyddiol y fro, y *South Wales Evening Post,* i fod yn ormod i'w wrthod. Er gwaetha'r ffaith i mi fwynhau'r profiad o weithio fel Golygydd Chwaraeon y *Star*, teimlwn hi'n fraint i mi gael fy ystyried fel ymgeisydd am y swydd o ohebydd lleol newydd i'r *Post* yn Llanelli.

Daeth y swydd yn rhydd pan adawodd un o ohebyddion y papur a weithiai yn swyddfa'r papur cyfnosol yn Llanelli, am swydd ddarlledu gyda gorsaf radio leol gyntaf Cymru, Sain Abertawe. Roedd cyn-Gyfarwyddwr Rheoli'r *Star*, Charles Braham, hefyd yn aelod o'r consortiwm a ddarparodd y gefnogaeth ar gyfer sefydlu'r orsaf ac roedd ef hefyd yn gyfrifol am y fenter.

Pan ddeallodd y *Post* fod David yn gadael fe wnaeth y Golygydd, Iorwerth Lewis, fy ngwahodd i i'w swyddfa ym mhencadlys y *Post* yn Stryd Adelaide yn Abertawe. Syndod i mi fu cael fy nerbyn fel gohebydd ardal gyda nhw. Gan nad oeddwn i wedi bod yn newyddiadura ond am ychydig dros dair blynedd ac yn dal o dan hyfforddiant, wyddwn i ddim a oedd gen i ddigon o brofiad ar gyfer y gwaith. Er hynny teimlais fod hwn yn gyfle rhy dda i'w golli, a chredais y byddai'n fuddiol cael gweithio ochr yn ochr â'r newyddiadurwr uchaf ei barch yn Llanelli, Harry Davies.

Câi Harry ei adnabod fel Harry 'Sgarlet' Davies am mai Sgarlet oedd y ffugenw a ddefnyddiai o dan ei adroddiadau yn y *Post*. Roedd gan Harry hawl i'r enw gan iddo chwarae fel mewnwr i'r Sgarlets yn 1934 a 1935 ac roedd ei dad, Ben Davies, chwaraewr rhyngwladol dros Gymru yn yr un safle, wedi bod yn gapten ar y clwb yn nhymor 1894–95.

Roedd Harry wedi bod yn gefn i mi eisoes pan eisteddwn wrth ei ymyl ef a'i frawd Wilf yn lloc y wasg ar Barc y Strade. Roedd Wilf hefyd yn ohebydd uchel ei barch ac wedi bod ar un adeg yn Olygydd y *Star* gan weithio'n ogystal yn Fleet Street cyn yr Ail Ryfel Byd. Wedi iddo fod yn gapten ar ei gatrawd ym Melita, dychwelodd i Lanelli wedi'r rhyfel. Bu'n cyfrannu fel newyddiadurwr ar ei liwt ei hun i bapurau Llundain cyn ymddeol, gan adrodd ar y gêmau ar y Strade.

Un o'r dylanwadau mwyaf ar yrfa Barrie, sef un o ohebwyr enwocaf de Cymru, Harry Davies. Cyn-ohebydd yr *Evening Post* yw Harry, a oedd yn 93 yn Ionawr 2008. Yma mae'n arwyddo copi o'i lyfr *Looking Around Llanelli*.
Llun: Jeff Connell

One of the biggest influences on Barrie's career, Harry Davies, and one of the most respected South Wales journalists. He started on the Llanelli Star *before he working for many years as the district reporter for the South Wales Evening Post. He was 93 in January 2008. Harry signs a copy of his book* Looking Around Llanelli.

Chapter 3

A LEARNING POST-ING

The only time I had away from the *Llanelli Star*, in a career that spanned four decades, was when I had the chance to step up the newspaper ladder sooner than expected.

After only three years with the weekly, the invitation to move to the area's daily newspaper, the *South Wales Evening Post,* proved too tempting to turn down. Despite enjoying the experience of being the Sports Editor of the *Star*, I felt honoured when I was considered as a candidate to be a new district reporter for the *Post* in Llanelli.

The vacancy was created when one of the reporters based in the evening newspaper's offices in Station Road, Llanelli, David Thomas, left for a broadcasting career with Wales' first independent local radio station. He became one of the news presenters with Swansea Sound. The *Star*'s former Managing Director, Charles Braham, was a member of the consortium that provided the backing and he was also in charge of the station.

When the *Post* learnt that David was leaving, its Editor, Iorwerth Lewis, invited me to his office at the *Post* headquarters in Adelaide Street in Swansea. It came as a surprise when he invited me to become a district reporter with them. Having only been a journalist for just over three years, and still training, I had doubts whether I had enough experience to accept the challenge. However, I felt it was too good an opportunity to miss, and thought it would be beneficial to work alongside the most respected journalist in Llanelli, Harry Davies.

He was affectionately known as Harry "Scarlet" because that was his pen name for his reports on the Llanelli rugby team in the *Post*. Harry was fully entitled to use this title as he had played scrum half for the Scarlets in 1934 and 1935 and his father Ben Davies, a Welsh international in the same position, was captain of the club in the 1894–95 season.

Harry had always been helpful when I had sat next to him and his brother Wilf in the press box at Stradey. Wilf also was a highly-respected journalist, having once edited the *Star*, and worked for many years in Fleet Street before the Second World War. After captaining his regiment in Malta,

Profodd Harry i fod yn brif fentor i mi. Cychwynnodd ei yrfa gyda'r *Llanelli Star* a bu'n gweithio i wythnosolyn arall, y *Llanelly Mercury* cyn ymuno â staff yr *Evening Post*. Yn ystod ei yrfa filwrol bu'n ohebydd rhyfel yn India cyn dychwelyd i ailgydio yn ei ddyletswyddau fel gohebydd staff i'r *Post* yn Llanelli.

Byddai pawb – arweinwyr y Cyngor, penaethiaid yr Heddlu, y chwaraewyr a swyddogion y Sgarlets – oll yn parchu ei ddull boneddigaidd ond cadarn o ohebu. Profodd y flwyddyn a dreuliais ochr yn ochr â Harry i fod y cyfnod mwyaf dylanwadol a buddiol wrth i mi ennill profiad gyrfaol yn y grefft o newyddiadura. Fe wnaeth y profiad a enillais o weithio gydag ef brofi'n gam allweddol yn fy natblygiad gohebyddol o ran dysgu crefft wedi i mi basio fy mhrofion llaw-fer a dilyn y gwersi ar y gyfraith a llywodraeth leol yn y coleg, cymwysterau a oedd yn angenrheidiol ar gyfer y gwaith o newyddiadura.

Roedd y swyddfa ar gyfer y gohebyddion yn y *Llanelli Evening Post* yn Heol yr Orsaf, yng nghefn yr adeilad. Yno yn hytrach na defnyddio fy nheipiadur cludadwy, ceid hen beiriant llawer mwy solet ar gyfer cynhyrchu adroddiadau. Roedd y gwaith dyddiol yn llawer prysurach na'r hyn yr oeddwn yn gyfarwydd ag ef ar y *Star*. Yn hytrach na gweithio i derfyn amser wythnosol roedd hwn yn derfyn amser dyddiol. Yr amser olaf ar gyfer cyflwyno adroddiad i argraffiad Llanelli fyddai 10.30 y bore a phetai unrhyw stori newydd yn yr ardal yn torri yn y *Western Mail*, byddai'r ddesg newyddion yn mynnu adroddiad wedi ei ddiweddaru ar gyfer y *Post* ar yr un diwrnod.

Ar y *Star* doedd dim angen cysylltu â'r heddlu a'r gwasanaeth tân ond unwaith y dydd er mwyn derbyn gwybodaeth am unrhyw ddamweiniau neu ddigwyddiadau eraill i adrodd arnynt. Un o'm gorchwylion ar y *Post* oedd cysylltu â nhw'n llawer amlach. Yn ogystal â ffonio unwaith bob awr o'r swyddfa byddai disgwyl i mi hefyd wneud galwadau o'm cartref i'r heddlu a'r gwasanaeth tân. Petai yna ddigwyddiad o bwys, byddai gofyn i mi fynd yno er mwyn llunio adroddiad ar gyfer y rhifyn nesaf o'r *Post*.

Yn ystod fy wythnosau cyntaf ar y *Post* byddwn yn dilyn Harry Davies y rhan fwyaf o'r amser er mwyn dysgu ganddo sut i weithredu fy nyletswyddau fel gohebydd. Yn dilyn ei gyfarwyddiadau cynnar dechreuais ennill ymddiriedaeth mwy o gynghorwyr a swyddogion llywodraeth leol yn ogystal â sefydlu cysylltiadau da â'r heddlu a swyddogion y CID. Aeth llawer o'r rhain ymlaen i ddringo i safleoedd o bwys yn yr heddlu.

Fel rhan o'm hyfforddiant treuliais fisoedd cyntaf 1975 yn y brif swyddfa yn y *Post* yn Abertawe. Roedd y stafell newyddion yn llawer mwy modern na'r un a brofais yn y *Star* na swyddfa'r papur nos yn Heol yr Orsaf yn Llanelli. Roedd hi ar y llawr cyntaf yn y pencadlys yn Stryd Adelaide lle'r oedd y Golygydd Newyddion, Frank Gold, â gofal y tîm golygyddol.

Roedd y derbynwyr copi, sef y teipyddion a oedd yn derbyn y newyddion dros y teliffon, yn gweithio yn yr un stafell. Roedd ganddynt sgriniau o'u blaenau, ac ar yr ochr arall i'w desgiau nhw roedd y ddesg chwaraeon. Byddai'r golygyddion copi, a fyddai'n paratoi'r storïau ar gyfer eu cyhoeddi, ar ddesgiau eraill.

Ymhlith tîm y gohebyddion chwaraeon roedd dau gyn-ohebydd o'r *Llanelli Star*, John Burgum a Peter Jones, a buont yn gymorth i wneud i mi deimlo'n gartrefol mewn swyddfa a oedd yn fwy o dipyn na'r un yr oeddwn yn gyfarwydd â hi. Roedd y Golygydd Chwaraeon hefyd, Ron Griffiths, yn wyneb cyfeillgar yr oeddwn yn gyfarwydd ag ef drwy fod y ddau ohonom wedi bod yn mynychu'r un gêmau rygbi ar gyfer ein gwahanol bapurau. Yn anffodus mae Peter a Ron bellach wedi'n gadael.

Gan nad oedd gen i unrhyw gysylltiadau yn Abertawe byddwn yn derbyn cyfarwyddiadau

he returned home to Llanelli after the war. Until his retirement, Wilf freelanced for London newspapers, covering rugby matches at Stradey.

Harry proved to be my main mentor in journalism. His reporting career started with the *Llanelli Star*, and he had also worked for another weekly, the *Llanelly Mercury*, before joining the staff of the *Evening Post*. During his army service, he was a war correspondent in India, before returning to resume his duties as the *Post*'s staff reporter in Llanelli.

Council leaders, police chiefs, the players and officials of the Scarlets all respected his polite but firm reporting manner. Spending a year with Harry proved for me to be the most beneficial and influential part of learning the reporting craft. The experience I gained working with him provided a major step in my reporting progress, after passing my shorthand tests and studying the essential law and local government lessons for journalism at college.

The reporter's room in the *Llanelli Evening Post* office in Station Road was at the back of the building. There, instead of having to use my portable typewriter, I had access to a more solid old-fashioned machine to produce my reports. It was a more hectic routine than I had been used to at the *Star*. Instead of a weekly deadline, it was now daily. The latest we could submit reports for the same day's Llanelli edition was 10.30 a.m. and if any new stories from our area appeared in the *Western Mail*, the news desk would demand an updated account for the same day's *Post*.

At the *Star*, it was only necessary to contact the police and fire service once a day to check if there were any accidents or incidents to report. However, one of my duties at the *Post* was to contact them on a far more regular basis. In addition to making the hourly checks at the office, I would also make calls at home to the police and fire service. If there was a major incident, it would mean attending it, in order to get the report for the next edition of the *Post*.

During the first couple of weeks at the *Post*, I shadowed Harry Davies most of the time to learn how to efficiently carry out district reporting duties. After his initial introductions, I started to gain the trust of more councillors and local government officers, in addition to establishing good contacts with police and CID personnel. Many of those officers went on to gain top positions in the force.

As part of my training, I spent the first few months of 1975 in the head office of the *Post* in Swansea. The news room was a far more modern office than I had previously been used to at the *Star* or the evening newspaper's Llanelli base in Station Road. It was located on the first floor of the Adelaide Street headquarters, with the News Editor, Frank Gold, in charge of the editorial team.

The copy takers, the typists who would receive the reports sent over the telephone, were located in the same room. They had a screen in front of them, and on the other side was the sports desk. The sub-editors, who would prepare the reports for publication, were on another desk.

Among the sports team were two former *Llanelli Star* journalists, John Burgum and Peter Jones, who helped make me feel at home in a larger office than I was used to. The Sports Editor Ron Griffiths was also a friendly welcoming face I knew, having covered rugby matches alongside him. Sadly, Peter and Ron have since died.

Without any contacts of my own in Swansea, I used to wait for instructions from Frank Gold or other senior reporters. My

ar gyfer fy nyletswyddau oddi wrth Frank Gold neu oddi wrth uwch ohebwyr eraill. Byddai gofyn i mi fynychu achosion yn llys ynadon Abertawe a chyfarfodydd pwyllgorau Cyngor Gorllewin Morgannwg yn Neuadd y Ddinas ynghyd â chasglu barn pobl ar y stryd ar wahanol bynciau.

Roedd yna nifer o weithgareddau eraill i'w cyflawni, a mater o falchder i mi fyddai gweld fy enw o dan y storïau hyn ym mhapur enwog Abertawe. Roedd un o'r rhain yn ymwneud â digwyddiad pêl-droed rhyngwladol yn y Mwmbwls, un a oedd â chysylltiadau Eidalaidd. Datgelais fod llanc dwy ar bymtheg oed, Carlo Prete, wedi trefnu i dîm o Genoa chwarae yn erbyn Mumbles Rangers. Trefnodd y gêm o ganlyniad i'w gysylltiadau â nhw ac fel teyrnged i'r diweddar Billy Johns, sefydlydd y Mumbles Rangers. Dro arall ymwelais â Bae Caswell i adrodd ar agoriad parc natur.

Yn dilyn fy nghyfnod o hyfforddiant yn Abertawe, yn ôl â mi i ohebu'n lleol yn Llanelli. A minnau ar ddyletswydd ar ddydd Sadwrn wedi i mi ddychwelyd gwahoddwyd fi i ddathliad ym Mharlwr y Maer yn Neuadd y Dref yn Llanelli i adrodd ar dderbyniad lle'r oedd y Maer, y Cyng. Edgar Thomas, yn croesawu clwb pêl-droed y dref wedi iddynt ennill Cwpan Cymru. Ar ddiwedd y cyfarfod fe wnes i ganfod bod tocyn parcio ar fy nghar, a oedd mewn stryd nid nepell o'r swyddfa yn Heol yr Orsaf!

Uchafbwynt fy ngyrfa gyda'r *Post* oedd medru cofnodi dyfodiad Eisteddfod Genedlaethol yr Urdd i Lanelli yn 1975. Roedd hyn fel gwireddu breuddwyd gan i mi fod yn rhan o'r paratoadau ar gyfer yr ŵyl o'r dechrau, pan wahoddwyd hi i'r dref ddwy flynedd yn gynharach. Petawn i'n dal gyda'r *Star*, ni fyddai wedi bod yn bosibl i mi fynychu'r digwyddiad yn ddyddiol.

O ganlyniad i mi gael fy ngwahodd ar y pwyllgor cyhoeddusrwydd, fe wnes i adnewyddu fy nghysylltiad â Chadeirydd y Pwyllgor Gwaith, Denis Jones, sef fy athro dosbarth cyntaf pan oeddwn i'n ddisgybl yn Ysgol y Strade.

Roedd bod yn aelod o'r Pwyllgor Cyhoeddusrwydd yn golygu y medrwn sicrhau storïau egscliwsif o'r Eisteddfod ar gyfer y *Post*. Yn eu plith roedd datganiad gan y Trefnydd, Elvey McDonald, fod nod yr apêl, sef £25,000, wedi ei gyrraedd wythnos cyn agoriad yr Eisteddfod. Roedd Trefnydd Cynorthwyol yr Eisteddfod hefyd, Geraint Davies, yn ffynhonnell dda am stori. Roeddwn i eisoes yn ei adnabod fel aelod o'r grŵp Hergest, band yr oeddwn i wedi rhoi sylw iddo yn fy ngholofn bop yn y *Star*.

Ymhlith erthyglau eraill a ysgrifennais wrth baratoi at ddyfodiad yr Eisteddfod oedd y cyhoeddiad mai Gerald Davies o Lansaint, asgellwr y Llewod a Chymru, fyddai'n Llywydd yr Eisteddfod. Datgelais hefyd y cynllun ar gyfer trefnu modurgad ar gyfer croesawu'r Eisteddfod i'r dref.

Yn ystod yr Eisteddfod, a gynhaliwyd ar dir Castell y Strade, roedd gofyn am gario'n ddyddiol y canlyniadau a storïau'n ymwneud â nhw. Ar ddyletswydd gyda mi roedd Adrian Howells, a fyddai fel arfer yn gweithio o Abertawe. Bu profiad Adrian yn amhrisiadwy ar gyfer casglu storïau i gyd-fynd â'r canlyniadau. Erbyn hyn mae'n uwch gynhyrchydd yn stiwdio deledu Tinopolis yn Llanelli.

Yn dilyn yr Eisteddfod cefais y profiad gwahanol o fod yn ohebydd ardal ar bapur cyfnosol. Ar ôl rhoi sylw i ddigwyddiad mor hapus bu'n rhaid i mi weithio ar un o'r storïau mwyaf trawmatig i mi fod yn rhan ohoni erioed. Trodd yr haf i fod yn un syber iawn wedi i'r heddlu ein hysbysu fod bachgen wedi mynd ar goll yn ystod penwythnos olaf mis Mai. Ar ddydd Llun, 2 Mehefin, adroddodd tudalen flaen y *Post* fod Stephen Powell, naw oed o'r Bynea, wedi diflannu.

Un o orchwylion mwyaf anodd gohebydd yw cyfweld perthynas yn dilyn profedigaeth. Yn

duties included covering cases at the Swansea magistrates' court, Swansea and West Glamorgan County Council committee meetings in The Guildhall, and getting the opinions on the city streets on various topical subjects.

There were also several other interesting features that I undertook, and it gave me a great sense of pride when I saw my name attributed to them in the famous Swansea publication. One of these was an international soccer occasion in Mumbles, which had an Italian link. It reported that 17 year-old Carlo Prete had sent a Genoese team to play Mumbles Rangers. He had arranged the match as a result of his contacts with them, and as a tribute to the late Billy Johns who had founded Mumbles Rangers. On another occasion I visited Caswell Bay to report on the creation of a nature reserve.

After the Swansea training stint, it was back to district reporting in Llanelli. On one of my Saturday duties, shortly after my return, I attended a celebration that proved to be costly. It had been my first visit to the Mayor's Parlour in Llanelli Town Hall to cover a civic reception which the Mayor, Coun. Edgar Thomas, hosted for Llanelli RFC after they won the Welsh Cup. Following the event I found a parking ticket on my car which I had left in a street near the Station Road office!

The highlight of my time at the *Post* was being able to cover the Urdd National Eisteddfod in Llanelli in 1975. It was like a dream come true, for I had been involved with the preparations for the Eisteddfod once it had been given the go-ahead two years previously. Had I still been with the *Star*, it would not have been possible for me to attend it daily.

As a result of being recruited to the publicity committee, I had renewed my contact with the executive committee chairman, Mr Denis Jones, who had been my first form teacher at the Llanelli Boys Grammar School and my headmaster when I was a pupil at Ysgol y Strade.

As a member of the publicity committee, I was able to get the Eisteddfod stories for the *Post* exclusively. Among them was the statement from the Organiser, Elvey McDonald, that the appeal target of £25,000 had been met a week before the event. The assistant organiser for the Eisteddfod, Geraint Davies, was also a good source for stories. I had already known Geraint as one of the members of Hergest, a band that had featured in my Welsh pop column in the *Star*.

Among the other articles I wrote in the build up to the event was the announcement that Llansaint's British Lions and Wales wing, Gerald Davies, would be the Urdd Eisteddfod President. The plans for a motorcade through all the villages in the area to welcome its arrival were also revealed.

During the Eisteddfod, which was based in the grounds of Stradey Castle, it was required to supply results and stories every day on a regular basis. On duty with me for the Eisteddfod week was Adrian Howells, who was normally based in Swansea. Adrian's experience proved invaluable in getting stories to accompany the competition results. He is now a senior producer at the Tinopolis studios in Llanelli.

Following the Eisteddfod, it was back to the contrasting work of being a district reporter for an evening newspaper. After covering a joyful event, I then experienced working on one of the most traumatic stories that I ever covered. It turned into a sombre summer after the police informed us that a boy had gone missing during the last weekend of May. On Monday, 2 June, the

yr achos hwn golygodd ymweliadau dyddiol â chartref mam y bachgen, sef Margaret Powell, a'r teulu yn Heol Ysbyty. Roedd y desg hon ymddangos fel tasg ymwthiol, ond yr oedd angen ymddygiad llawn cydymdeimlad. Ar ôl fy ymweliad cyntaf daeth ychydig yn haws cysylltu â'r teulu i ofyn am unrhyw newyddion. Gwnaent fy ngwahodd i mewn bob amser a byddent yn fwy na hapus cael y cyhoeddusrwydd a allai arwain at ei ganfod.

Ond, yn anffodus, yn dilyn chwilio dyfal a nifer o adroddiadau iddo gael ei weld doedd dim diwedd hapus i'r stori. Fel yr adroddodd y *Post*, canfuwyd ei gorff wedi ei ddal mewn tro yn ffliw simdde Ysgol Gynradd Llwynhendy. Fe'u canfuwyd gan y gofalwr, Cedar Florini, wrth iddo lanhau'r simdde a pharatoi'r lle ar gyfer tymor ysgol newydd. Cafwyd ymateb cymysg gan y fam pan holais i hi wedyn. 'Mae hi'n ergyd greulon,' meddai hi, 'ond o leiaf mae ganddon ni nawr yr heddwch o wybod iddo gael ei ganfod.'

Trychineb arall yr adroddwyd arni yn ystod yr haf hwnnw oedd marwolaeth dau o gricedwyr yr Hendy wedi i'r car yr oeddent yn teithio ynddo daro yn erbyn bws ar ffordd yr A48 ger Pontlliw. Un ohonynt oedd Vivian Jones a'r llall oedd Ian Thomas, a adwaenwn pan oedd e'n ddisgybl yn Ysgol y Strade. Goroesodd trydydd teithiwr, Paul Hubball, a oedd wedi ennill medal enillwyr Cwpan Pêl-droed y *Llanelli Star*, ond fe fu'n gaeth i'w gadair olwyn o ganlyniad. Fodd bynnag daeth mwy o lwyddiant i Paul wedyn wrth iddo ennill medalau niferus am chwarae bowls cadair olwyn. Roedd Paul yn 40 pan fu farw yn 1994.

Ychydig oedd y cyfleoedd i wneud unrhyw ymchwil sylweddol yn y *Post* oherwydd y terfyniadau amser. Er hynny, unwaith yr wythnos byddai cyfle i ohebyddion gyflwyno stori nodwedd fwy sylweddol. Ar un diwrnod byddai Derek Rees yn cyflwyno cyfraniad Sir Benfro, David Roberts yn adrodd hanesion Caerfyrddin ac yna Trevor Dargavel a Dave Merchant yn portreadu ardal Castell Nedd.

Byddai'r golofn ar gyfer ein hardal ni, 'Looking Around Llanelli', yn ymddangos ar ddydd Gwener fel arfer. Roedd Harry Davies wedi dechrau ei chyflenwi yn 1958, a daeth yr erthyglau wythnosol hyn yn rhan bwysig o archifau Llanelli. Cynhwysir llawer ohonynt fel casgliad yn y gyfrol *Looking Around Llanelli with Harry Davies* a gyhoeddwyd gan Gyngor Tref Llanelli yn 1985.

Cefais y cyfle i rannu'r dyletswyddau o ddarparu'r storïau nodwedd hyn i'r golofn gyda Harry ddeng mlynedd cyn cyhoeddi'r gyfrol. Rhoddodd hyn gyfle i mi gynnal cyfweliadau y tu allan i'r swyddfa, cyfarfod â phersonoliaethau a oedd a diddordebau anarferol ac i ymchwilio ar gyfer hanesion mwy diddorol.

Fe wnaeth cyn-Arlywydd Uganda, Idi Amin, hyd yn oed ymddangos yn un o'm colofnau. Digwyddodd hyn o ganlyniad i hobi anarferol merch naw oed o Borth Tywyn. Wrth i mi ymweld â chartref Patricia Ann Davies, merch gweithiwr mewn ffatri ceir, John Hedley Davies, a'i wraig Marjorie, clywais am ei diddordeb mewn casglu bathodynnau catrodau milwrol. Cychwynnodd y cyfan wedi i'w thad dderbyn bathodynnau fel rhan o ymgyrch cyhoeddusrwydd canolfannau gwerthu petrol. Roedd Patricia wedi llwyddo i brynu dros 700 ohonynt oddi wrth y Fyddin, yr Awyrlu a'r Llynges Frenhinol a llwyddodd i gasglu enghreifftiau o Rwsia, America, Awstralia, Gwlad Belg a'r Almaen. Fe sbardunodd hyn hi i ysgrifennu llythyr i Uganda yn gofyn am fathodyn oddi wrth y Cadlywydd Idi Amin, yr arlywydd unbenaethol a alltudiwyd yn 1979.

Roedd yna thema forwrol pan ddisgrifiais ran Llanelli ym mwriad un cwpwl i fynd ar fordaith uchelgeisiol. Fe wnes i gyfarfod â Maurice a Maralyn Bailey yn y Doc Gogleddol cyn iddynt adael ar eu cwch hwylio, yr *Auralyn II,* i ddilyn mordaith alltudiol i Batagonia. Fe wnaethon nhw ddisgrifio, pan

front page of the *Post* revelead that nine-year-old Stephen Powell from Bynea had disappeared.

One of the most difficult duties for a reporter is to interview a relative following a bereavement. In this case, it meant daily visits to the Yspitty Road home of Stephen's worried mother, Margaret Powell, and her family. It felt like a highly-intrusive task for which a sympathetic approach was needed. After making the first contact with the family, however, it became easier to regularly check with them for any news. They always invited me in and were only too pleased to get publicity in order to aid their quest to find their son.

Sadly, after many searches and several reported sightings there wasn't to be a happy ending. The task after Friday, July 25, was to get the family's reaction following the discovery of the boy's body. The *Post* reported that he had been found trapped in the bend of Llwynhendy Primary School`s chimney flu. Caretaker Cedar Florini had made the gruesome discovery as he cleaned the chimney in preparation for a new school term. Stephen's mother had mixed emotions when interviewed. Her reaction was: "It is a terrible blow, but at least we are now at peace, knowing he has been found."

Another tragedy reported during the same summer was the death of two Hendy cricketers when the car in which they were travelling was in collision with a coach on the A48 road to Pontlliw. One of them was Vivian Jones and the other was Ian Thomas, whom I knew when he was a pupil at Ysgol y Strade. Another ex-school colleague, Paul Hubball, who had won a *Llanelli Star* Cup winners medal in soccer, survived but was confined to a wheelchair as a result. Paul did, however, achieve more success in sport after his accident, winning many medals in wheelchair bowls. Paul was 40 when he died in 1994.

There were only rare opportunities to do any lengty research for stories at the *Post* because of the daily deadlines. However, once a week it was possible for district reporters to present a more in-depth feature. On one day Derek Rees would supply the Pembrokeshire contribution, David Roberts introduced Carmarthen's tales and personalities while Trevor Dargavel and Dave Merchant were responsible for portraying the Neath area.

The column for our area, *Looking Around Llanelli*, appeared in the *Post* usually on a Friday. Harry Davies had created the column in 1958 and the articles since then have become an important part of Llanelli's archives. A vast collection of them are included in a book entitled *Looking Around Llanelli with Harry Davies* published by Llanelli Town Council in 1985.

I was given the opportunity to share with Harry the duties of supplying features for the column ten years before the book was published. It gave me a chance to do out of office interviews, meeting personalities with unusual hobbies and to research any interesting stories.

Former Ugandan President Idi Amin appeared in one of my contributions. It was as a result of a nine-year-old Burry Port girl's unusual hobby. In visiting Patricia Ann Davies, the daughter of car factory worker John Hedley Davies and his wife Marjorie, I learned about her fascination for collecting regimental badges. It started when her father received badges as part of a petrol station promotion. Patricia managed to collect over 700 of them from the Army, RAF and Royal Navy and, included in the military collection, were badges from Russia, America, Australia, Belgium and Germany. Her hobby even prompted her to send a letter to Uganda requesting a badge from Field Marshall Idi Amin, the former dictator

holais nhw, eu mordaith flaenorol yn 1973 pan suddwyd eu cwch wedi i forfil ei daro. Bu'r ddau yn llechu ar rafft rwber ar y Môr Tawel am 117 o ddyddiau cyn iddynt gael eu hachub. Bu farw Maralyn yn 2002 yn 61 mlwydd oed.

Bu cyfrannu i'r golofn 'Looking Around Llanelli' yn brofiad difyr yn ystod fy arhosiad byr ar y Post lle bûm i hefyd yn rhan o ymweliad Brenhinol. Yng nghwmni Harry cyfrennais hanesion am y Tywysog Charles fel Uwch Gyrnol Catrawd Frenhinol Cymru yn derbyn Rhyddfraint y Fwrdeistref ar ran y gatrawd. Cynhaliwyd y seremoni liwgar hon ym Mharc Howard.

Cyn diwedd 1975 roeddwn i 'nôl yn gweithio i'r Llanelli Star. Wedi i mi adael am y Post roedd fy hen swydd i'n dal yn wag. Yna, pan ddaeth swydd uwch yn wag gofynnodd y Golygydd, Geoffrey Lloyd, a fyddwn i â diddordeb mewn dychwelyd i fod yng ngofal chwaraeon unwaith eto, a chael hefyd ddyletswyddau uwch yn golygyddol uwch, yn cynnwys ymgymryd â dyletswyddau cynhyrchu hefyd.

Sylweddolwn ei bod hi'n annhebygol y cawn y fath gynnig byth eto. Wedi i mi benderfynu mai yn Llanelli y gorweddai fy nyfodol, a chan wybod hefyd fy mod i'n awyddus i wneud mwy ym maes chwaraeon unwaith eto bu'r demtasiwn i ddilyn y Star yn ôl i Stryd Murray yn ormod. Doedd hwn ddim yn benderfyniad hawdd i'w wneud gan fy mod i'n mwynhau'n fawr cael gweithio gyda Harry Davies, a doeddwn i ddim am iddo ef gredu fod fy mhenderfyniad i adael yn adlewyrchiad arno ef.

Er hynny, daeth cyfleoedd newydd i weithio gyda Harry wedi iddo helpu i sefydlu Papur Llafar y Deillion yn Llanelli. Syniad cyn-ymgeisydd Rhyddfrydol i Gyngor y Dref, Harold Owen, oedd hyn. Roedd e'n gyn-weithredwr switsfwrdd yn Neuadd y Dref. Clywodd Harold, a oedd ei hun yn ddall, mewn cynhadledd sut y gellid trosglwyddo cynnwys papur newydd i dâp fel gwasanaeth i'r dall a'r rheiny oedd ag anabledd gweld.

O ganlyniad, cynhaliwyd cyfarfod cyhoeddus ar gyfer sefydlu Papur i'r Deillion yn Llanelli a gofynnwyd i Harry Davies drefnu'r tîm golygyddol ar gyfer y gwasanaeth newydd. Un arall a chwaraeodd ran yn y fenter oedd y darlithydd a'r darlledwr o Sain Abertawe, Gareth Hughes, gŵr arall a fu'n ddylanwadol yn fy ngyrfa.

Gofynnwyd i mi gyfrannu i'r papur sain a gychwynnodd ei wasanaeth yn 1976 pan gâi ei recordio mewn stafell yn Ysbyty Bryntirion, cyn i'r stiwdio symud i lawr uchaf YMCA Llanelli yn Stryd Stepney. Heddiw fe'i recordir mewn stiwdio bwrpasol yn Stryd y Frenhines, a fi yw un o'r golygyddion gyda Norman Lewis yn uwch olygydd. Roeddwn i wedi gweithio gyda Norman pan oedd e'n ohebydd chwaraeon gyda'r Evening Post ac yn Gyfarwyddwr Rheoli'r Star.

Gyda dros 300 o wrandawyr mae hwn yn un o bapurau mwyaf poblogaidd Llanelli ac fe'i gwerthfawrogir yn fawr. Rwy'n dal i fod yn falch o gael bod yn rhan o'r fenter ac rwy'n dal i dderbyn cynghorion gan Harry Davies, a oedd yn 93 mlwydd oed ym mis Ionawr 2008.

and president who was deposed in 1979.

There was a nautical theme when I described the part Llanelli was to play in a couple's ambitious sea voyage. I met Maurice and Maralyn Bailey at the North Dock before they left on their yacht *Auralyn II* following a migratory route to Patagonia. They also described, when I interviewed them, how in 1973 their previous yacht capsized after a whale struck it, and how they had survived for 117 days on a rubber raft in the Pacific Ocean before being rescued. Maralyn died in 2002 at the age of 61.

Contributing to 'Looking Around Llanelli' was enjoyable during my short stay at the *Post*, where I also experienced covering a royal visit. Along with Harry, I wrote stories when Prince Charles as Colonel in Chief of the Royal Regiment of Wales received the Freedom of the Borough on their behalf. The colourful ceremony took place at Parc Howard.

Before the end of 1975, I was back working with the *Llanelli Star*. After leaving there for the *Post*, my previous position as sports editor had not been filled. When a senior vacancy became available, the Editor Geoffrey Lloyd asked me if I would be interested in returning to take charge of sport again, and to play a more senior role in editorial to include carrying out other production duties.

I knew it was unlikely that I would be given such an opportunity again. Having decided that my future was to stay in Llanelli, and being keen to get more involved in covering sport again, the temptation to follow the *Star* back to Murray Street proved too much. It was not an easy decision to take as I enjoyed working with Harry Davies, and didn't want him to think my decision reflected in a way on him personally.

However, further opportunities of working with Harry Davies arose after he helped establish the Llanelli Talking Newspaper for the Blind. It was the idea of former Liberal Town Council candidate Harold Owen, a switchboard operator at the Town Hall. Harold, who was blind himself, had heard at a conference how the contents of newspapers could be transferred to tape as a service for the blind and visually handicapped.

As a result, a public meeting was held to set up a Talking Newspaper in Llanelli and Harry was asked to organise the editorial team for the recorded service. Another involved in the venture was Swansea Sound broadcaster and lecturer, Gareth Hughes, who also proved influential in my career.

I was invited to be one of the readers, with the first recording in 1976 being in a room in Bryntirion Hospital, before the studios moved to the top floor of the Llanelli YMCA in Stepney Street. Nowadays, the recording is done in a purpose-built studio in Princess Street and I am one of its editors with Norman Lewis the senior editor. I worked with Norman when he was sports reporter for the *Evening Post* and Managing Director of the *Star*.

With over 300 listeners the Talking Newspaper, is one of the most popular and appreciated newspapers in the Llanelli area. I am still proud to be involved in it and still get advice from Harry Davies, who was 93 in January 2008.

Pennod 4

ADNABOD CEWRI SGARLAD

Ymhell cyn i mi gychwyn gyrfa a olygai adrodd ar gêmau'r Sgarlets, rown i eisoes wedi casglu amrywiaeth o femorabilia pan own i'n gefnogwr. A minnau'n fachgen ysgol, cawn wylio gêmau o'r Tannerbank, ac roedd gen i gysylltiad teuluol â thîm y Strade yn y chwedegau cynnar. Y rheswm dros hyn oedd bod fy nhad-cu, Oliver Hughes, yn perthyn i dad un o'r chwaraewyr. Arferai alw'n rheolaidd yng nghartref Dai Warlow yn Marble Hall Road ac roedd e wedi trefnu i fab hwnnw, John, gasglu llofnodion chwaraewyr i mi. Mae'r llyfr gwerthfawr hwnnw gen i o hyd gyda llofnodion chwaraewyr o holl brif glybiau'r gwrthwynebwyr o Gymru a Lloegr fel Caerlŷr, yr Harlequins a'r Wasps. Ymhlith yr enwau Cymreig enwog sy yn y llyfr mai Norman Gale, capten Llanelli ar y pryd, Clive Rowlands, Barry John, Max Wiltshire a Morton Howells

Fe chwaraeodd John Warlow dros gant o gêmau i'r Sgarlets fel prop ac enillodd gap dros Gymru yn 1962 yn erbyn Iwerddon. Y flwyddyn wedyn fe arwyddodd dros Sain Helen gan chwarae rygbi proffesiynol, lle bu'n llwyddiannus iawn. Mae e nawr yn byw ym Mhorth Tywyn.

Wrth i mi barhau i ddilyn y Sgarlets, cedwais lyfrau sgrap yn llawn toriadau o'r papurau newydd a byddwn hefyd yn ychwanegu fy adroddiadau a'm sylwadau fy hun atyn nhw. Ychydig a feddyliwn ar y pryd y byddai fy ngyrfa'n ymwneud ag adrodd ar y Sgarlets i'r *Llanelli Star*.

Esdale Maclean, y Golygydd Chwaraeon, a Ron Cant oedd y prif ohebwyr rygbi pan benodwyd fi'n is-ohebydd. Ar ôl dau fis cefais y cyfle i adrodd ar gêmau. Roedd hyn i mi yn wireddu breuddwyd.

Ar yr union adeg pan own i'n parhau fy hyfforddiant, fe wnes i – yn annisgwyl – gymryd at awenau golygydd chwaraeon y *Star* ac arweiniodd hynny at gyfle i gyfarfod â sêr y Sgarlets yn rheolaidd. Roedd hyn yn cynnwys cyswllt clòs â'r athrylith o hyfforddwr Carwyn James ynghyd ag un o chwaraewyr mwya'r clwb, Phil Bennett.

Roedd y ddau yn enwog am eu rhan ym muddugoliaeth enwog 9–3 y Sgarlets dros Seland Newydd ar y Strade ar 31 Hydref 1972, ond nid adroddais ar y gêm ar gyfer y *Star*. Rown

Kevin Thomas yn gwisgo crys Felin-foel. Roedd Kevin yn faswr a chefnwr dawnus i Lanelli.

Kevin Thomas playing fly half for Felin-foel. Kevin was a talented Scarlets fly half and full back.

CHAPTER 4

LINKS WITH SCARLET GIANTS

Way before entering a career that included reporting on the Scarlets matches, I had collected a variety of memorabilia when I was a fan. As a primary schoolboy, I was taken to watch games on the Tannerbank, and I had a close family connection with the Stradey side in the early 1960s. This was because my grandfather, Oliver Hughes, was related to one of the forwards' dad. He used to visit Dai Warlow's home in Marble Hall Road regularly and had asked if his son John could get players' autographs for me. I still have this prized book which inside bears the signatures of players from all the leading Welsh clubs and English opposition such as Leicester, the Harlequins, and the Wasps. Among the famous Welsh names in the books are Norman Gale, who was Llanelli captain at the time, Clive Rowlands, Barry John, Max Wiltshire and Morton Howells.

John Warlow made more than 100 appearances for the Scarlets as prop and gained a Welsh cap in 1962 against Ireland. The following season he signed for St Helens in Rugby League in which he had a successful career. He is now living in Burry Port.

As I continued to follow the Scarlets, I compiled scrapbooks using cuttings of newspaper reports and would also add my own reports and comments alongside them. Little did I think at the time that my career would involve covering the Scarlets for the *Llanelli Star*.

Esdale MacLean, the Sports Editor, and Ron Cant were the main rugby writers when I was appointed as junior reporter. After a few months, I was given the chance to report on matches. It was like a dream come true for me.

While still continuing my training, I unexpectedly took over as the sports editor of the *Star*, and it lead me to meeting the Scarlets stars on a regular basis. It also enabled me to establish good contacts with a coaching genius ahead of his time, Carwyn James, and one of the club's greatest players, Phil Bennett.

Both were famous for their part in the Scarlets historic 9–3 win against New Zealand at Stradey on 31 October,

Former Scarlets wing, Andy Hill, crosses for another try. He broke every club record during his career.
Photograph: Alan T. Richards

Cyn-asgellwr Llanelli, Andy Hill, yn croesi'r llinell am gais unwaith eto. Torrodd bob record sgorio yn y clwb yn ystod ei yrfa.

39

Cyn-chwaraewr y Crysau Duon, Frano Botica, yn ymuno â Lanelli a'r ddechrau'r oes broffesiynol.
Llun: Jeff Connell

Former All Blacks star Frano Botica who joined the Scarlets at the start of the professional era.

i'n ffodus i gael bod yno gan mai fy ngwaith arferol, ar brynhawn dydd Mawrth, fyddai chwilio am storïau newyddion.

Yn ffodus, fe wnaeth Wilf Davies, un o newyddiadurwyr hunangyflogedig enwog Fleet Street yn Llanelli ofyn am gymorth, ac fe gefais ganiatâd i wneud hynny gan Olygydd y *Star*, Geoff Lloyd. Golygai hynny y câi Wilf ysgrifennu ei adroddiad wrth i'r gêm fynd yn ei blaen. Câi ei gopi wedyn ei drosglwyddo i fi yng nghefn lloc y wasg a byddwn i wedyn yn rhuthro i lawr y grisiau i ffonio'r adroddiadau drwodd. Profodd i fod yn brynhawn prysur iawn gan i'r gêm fod mor gyffrous a'r newyddiadurwyr wrthi'n taflu eu copïau dros eu hysgwyddau!

Er hynny llwyddais i gwblhau fy nyletswyddau yn ogystal â gweld y sgorio allweddol heb sôn am weld y golygfeydd hanesyddol ar y diwedd. Fi oedd un o'r rhai cyntaf i longyfarch Carwyn James wrth iddo fynd i'r stafell newid.

Yn fuan ar ôl y digwyddiad hanesyddol hwnnw dechreuais adrodd ar gêmau'r Sgarlets yn rheolaidd ar gyfer y *Star*. Ni allwn fod wedi dewis gwell adeg i wneud hynny gan i hyn gyd-ddigwydd â chyfnod mwyaf llwyddiannus y clwb.

Hwn oedd y prif reswm dros i mi benderfynu mai aros ar bapur wythnosol Llanelli fyddai fy nyfodol. Yn ystod y saithdegau yn unig adroddais ar nifer o gêmau cwpan terfynol gan ddod i adnabod nifer dda o'r chwaraewyr gorau i chwarae erioed dros y Sgarlets a Chymru.

Ar ddiwedd fy nhymor llawn cyntaf cefais deithio yng nghwmni chwaraewyr a swyddogion ar eu bws i wledd yn y Barri i ddathlu eu buddugoliaeth gwpan gyntaf. Teimlwn yn freintiedig cael bod yng nghwmni sêr fel Delme Thomas, Phil Bennett, Roy Bergiers a Ray Gravell wrth fynd i ddigwyddiad mor bwysig. Fe wnaeth hyn fy helpu i ddod i adnabod y sêr hyn yn well heb sôn am fwynhau'r noson yn ogystal.

Fy mhrif gyswllt ar y dechrau oedd yr hyfforddwr, Carwyn James, y deuthum i'w adnabod yn gynharach drwy gyfrwng mudiadau Cymraeg. Byddai Carwyn bob amser yn un hawdd cael ato a byddai'n bleser cael ei holi. Fe wnaeth y profiad o wrando arno lawer i ddatblygu fy ngyrfa fel gohebydd rygbi.

O sylweddoli fod adrodd ar y Sgarlets yn gyfrifoldeb mawr, fe wnawn i hefyd fynychu'r sesiynau hyfforddi ganol yr wythnos ar y Strade, fel llawer iawn o'r cefnogwyr. Ac o fod yno deuai'n glir pa mor drwyadl oedd paratoadau Carwyn. Ef a heuodd yr hadau a fyddai'n datblygu'r Sgarlets i fod yn glwb rygbi pwerus. Byddai ein tîm cenedlaethol hefyd wedi elwa o'i sgiliau hyfforddi, ac fe gynigiodd gymryd gofal llwyr ohono, yn cynnwys dewis y chwaraewyr. Ar y pryd roedd pwyllgor, a elwid y Pum Mawr, yn

1972, a game which I didn't cover for the *Star*. I was fortunate to be there, however, being that as the match was on a Tuesday afternoon, my task as a junior reporter should have been to search for news stories.

However, Wilf Davies, a well-respected Fleet Street freelance for Llanelli, appealed for help and the *Star* Editor, Geoff Lloyd, allowed me to provide that help. This meant that Wilf would write his report as the game progressed, and then the paper would be passed to me at the back of the committee box. I then had to run down a flight of stairs to phone the report through. It proved a frantic afternoon because as the game became more and more exciting the reporters in the box just threw their sheets anywhere over their shoulders!

However, I managed to carry out the duties and as well as seeing the vital scores and the memorable after-match scenes. In addition, as the final whistle went, I was one of the first to congratulate coach Carwyn James as he headed to the dressing room.

It wasn't long after that memorable occasion that I started covering the Scarlets for the *Star* on a regular basis. I couldn't have wished for a better time to do so, because it coincided with the most successful era in the history of the club.

It was the main reason for me deciding that my future was to stay with Llanelli's weekly newspaper. During the 70s alone I covered many cup final appearances and got to know several of the best players ever to appear for the Scarlets and Wales.

At the end of the first season I was able to travel with players and officials on their coach to a banquet in Barry to celebrate their first cup-winning success. I felt privileged to be accompanying the likes of Delme Thomas, Phil Bennett, Roy Bergiers and Ray Gravell to such a prestigious event. It helped me get to know these stars better and they made sure I enjoyed the evening as well.

My main contact was initially with coach Carwyn James whom I had previously known through Welsh-language organisations. He was always approachable and a pleasure to interview. Listening to him helped my development as a rugby journalist.

Aware that reporting on the Scarlets was a big responsibility, I also attended the midweek training sessions at Stradey, which also attracted many fans. In these sessions

Emyr Lewis crosses for a Scarlets try.

Emyr 'Tarw' Lewis yn croesi'r llinell gais.

Former Scarlets captain and Welsh international, Phil Davies.

Cyn-gapten Llanelli a'r chwaraewr rhyngwladol, Phil Davies.

41

Sais a fabwysiadwyd yn Gymro, Tony Copsey, yn neidio am y bêl.

The Welsh adopted English born lock Tony Copsey wins a Scarlets line out.

gyfrifol am y dewis. Fe ysgrifennais stori tudalen gefn yn cefnogi cynnig Carwyn a mater o falchder i mi flynyddoedd wedyn fu gweld toriad o'r stori wedi ei ddefnyddio gan Max Boyce yn un o'i lyfrau.

Pan wnaeth Carwyn adael Llanelli i hyfforddi dramor ac i gymryd at waith darlledu yn y cyfryngau cymerwyd at y swydd hyfforddi gan y bachwr Norman Gale. Roedd hwn yn siaradwr mwy plaen ac roedd yn anodd delio ag ef. Pryd bynnag y gwnawn ei ffonio byddai'n cychwyn drwy anghytuno â'r hyn fyddwn i newydd ei ysgrifennu am y clwb. Edmygwn ei onestrwydd a deuthum yn raddol i ennill dealltwriaeth dda gyda hyfforddwr a ddaeth â mwy o glod i'r clwb.

Yn wahanol i'r sefyllfa heddiw, pan mai asiantiaid a chynadleddau'r wasg yw'r brif ddolen gyswllt rhwng gohebwyr a chwaraewyr, medrwn gysylltu'n uniongyrchol â sêr Sgarlets y saithdegau unrhyw amser. Byddai rhai yn cysylltu â mi yn fy swyddfa. Un o'r rhai fyddai'n galw'n fwyaf rheolaidd fyddai'r cawr hwnnw Ray Gravell.

Un tro roedd Derek Quinnell yn galw 'nôl wedi i mi adael neges iddo. Ar y pryd roedd gan y *Star* weithwraig switsfwrdd. Pan glywodd enw Quinnell credai fod rhywun yn twyllo a gwrthododd ei drosglwyddo i'm desg i! Ond ni wnaeth hynny effeithio ar y stori yr oeddwn i'n gweithio arni na'r berthynas rhwng Derek, un o flaenwyr mwyaf y clwb, a minnau. Gallai'r clo a'r chwaraewr rheng ôl, a enillodd 23 o gapiau dros ei wlad, hawlio na wnaeth erioed golli yn erbyn Seland Newydd. Fe'u hwynebodd am y tro cyntaf fel chwaraewr di-gap ar daith y Llewod yn 1971. Roedd hi'n fraint cael ei adnabod a chael hefyd ysgrifennu amdano a'i lwyddiannau – un o nifer o chwaraewyr Llanelli a ddaeth i fyny drwy rengoedd y tîm ieuenctid.

Teimlwn yr un fath pan gawn y cyfle i lunio'r penawdau a holi'r chwaraewr gorau a welodd y Sgarlets erioed, Phill Bennett. Roedd yn falch o'i bentref, y Felin-foel, ac fe wnâi dewin y Llewod a Chymru yn siŵr bob tro y byddai ganddo amser i sgwrsio â mi.

Rown i gydag e ar un o adegau isaf ei yrfa. Crëwyd syndod cenedlaethol pan hepgorwyd ef yn llwyr o'r garfan ar gyfer y gêm ryngwladol yn erbyn Lloegr yn 1976. Er gwaetha'i siom roedd e'n bresennol ar y noson honno ar gyfer cyflwyno gwobr hir-wasanaeth ar ran y *Llanelli Star*. Teimlai hi'n ddyletswydd arno i fod yno i dalu teyrnged i Arthur Rees, a gydnabuwyd am ei waith diwyd fel un o swyddogion Sêr y Doc Newydd. Yn y diwedd, fodd bynnag, fe wnaeth Bennett chwarae yn erbyn Lloegr wedi i'r un a ddewiswyd yn ei le, John Bevan, a'r eilydd,

it was evident that James' preparations were meticulous. He sowed the seeds for the Scarlets to develop into a major force in rugby. The Welsh side could also have benefitted from his coaching skills, as he had offered to take full charge of the national side including selection. At the time, a committee known as The Big Five were the Welsh selectors. I wrote a back-page piece supporting Carwyn's claim, and years later I proudly saw the cutting of the story used in a Max Boyce book.

When James left Llanelli to coach abroad and launch a broadcasting and media career, the club's former skipper and Welsh hooker, Norman Gale, took over as coach. His manner was blunter than that of Carwyn and he was not so easy to deal with. Whenever I would ring him, he would firstly tell me if he disagreed with anything I had written about the club. But I admired his frankness and eventually developed a good understanding with a coach who brought more glory to the club.

Unlike these days, when agents and press conferences are the main avenue for journalists to approach players, I could contact the Scarlets superstars of the 70s at any time and many would ring me in the office. Legendary British Lions and Wales centre Ray Gravell was a regular caller.

On one occasion Derek Quinnell was returning my call after I had left a message, and at that time the *Star* had a switchboard operator. She thought he was a hoax caller and put the phone down on him! The incident, however, did not affect the story I was doing nor my contact with Derek, one of the club's greatest forwards. The lock and back row forward, who earned 23 Welsh caps, had the distinction of never playing on a losing side against New Zealand. The first time he faced them was as an uncapped player on the 1971 British Lions tour. It was a privilege to have got to know him and to have been able to report on the outstanding achievements of one of the many players to have come through the Llanelli youth ranks.

I felt the same about writing the headlines and regularly interviewing the club's greatest ever player, Phil Bennett. Proud of his Felin-foel village, the British Lions and Wales wizard, despite his fame, would always make time to talk to me.

I was with him on the evening of one of the lowest points of his career. It was a national sensation when Bennett was dropped completely from the squad for the Welsh

Scarlets former British Lions and Wales centre Peter Morgan. The talented centre and fly came from Haverfordwest.

Chwaraewr y Sgarlets, Cymru, a'r Llewod Peter Morgan. Daeth y canolwr a'r maswr talentog hwn o Hwlffordd.

Arwr '72, Delme Thomas – y clo a arweiniodd Lanelli i fuddugoliaeth yn erbyn y Crysau Duon.

Scarlet hero Delme Thomas, the Welsh international lock, who led the Scarlets to their famous win against the All Blacks in 1972.

Ieuan Evans, un o asgellwyr mwyaf llwyddiannus Llanelli, a ddaeth yn seren i Gymru a'r Llewod.

One of Llanelli's most successful wings, Ieuan Evans, who became a Wales and British Lions star.

David Richards, fethu â chwarae oherwydd anafiadau.

Yn dilyn ei berfformiadau disglair i'r Llewod ar daith fuddugol 1974 yn Ne Affrica a thros Gymru wrth ennill y Goron Driphlyg a'r Gamp Lawn fe'm gwahoddodd i'w gartref yn Nyffryn y Swistir ar gyfer cyfweliad llawn i'r *Llanelli Star*. Pan ddaeth yn amser iddo hongian ei sgidiau fe wnaeth Bennett gadw mewn cysylltiad i fyny at yr amser pan wnes innau gwblhau fy ngholofn olaf i'r papur. Pan ddaeth yr adeg honno fe anfonodd i mi gerdyn yn dymuno'n dda, ac ymhlith fy nhrysorau heddiw mae'r momento hwnnw o'r daith lwyddiannus yn 1974, a roddodd i mi i nodi cwblhau 30 mlynedd gyda'r *Star*.

Tri o chwaraewyr eraill o Lanelli ar y daith honno yn 1974 oedd Roy Bergiers, J J Williams a Tommy David, ac yn eu cwmni nhw a Bennett fe ymunais mewn dathliad i'w croesawu gartref yng Nghlwb Ceidwadwyr Llanelli yn Stryd y Farchnad. Fe wnaeth David, a oedd yn gryn gymeriad, ddychwelyd wedyn at ei glwb cartref, Pontypridd. Profodd Bergiers a Williams hefyd i fod yn ffynonellau gwerthfawr iawn.

Daeth llawer o'r cyfleoedd i gymysgu â'r sêr hyn ynghyd ag eraill o sêr y Sgarlets, heb sôn am enwogion cenedlaethol, o ganlyniad i gysylltiad â Les Morris, y gŵr a fu'n brysurach na neb yn codi arian i'r clwb. Yn ogystal â chodi arian drwy hysbysebu a nawdd, trefnai hefyd giniawau mawr blynyddol i gydredeg â gêmau rygbi pwysig. Fel cydnabyddiaeth am roi sylw i'r achlysuron hyn byddwn yn derbyn gwahoddiad, a chael cyfle i glywed areithiau gan bobl fel Arglwydd Chalfont, Cliff Morgan a'r Canon Don Lewis ynghyd â chyfarfod â phersonoliaethau teledu fel Windsor Davies a Keith Floyd. Un o funudau mawr fy mywyd oedd bod yn bresennol mewn cinio ar noswyl y gêm rhwng Llanelli a Maoris Seland Newydd. Yno cefais gyfle i ysgwyd llaw â George Nepia, un o chwaraewyr chwedlonol y genedl honno. Cyflwynais iddo lun ohono'i hun ar y Strade, rhywbeth a'i plesiodd yn fawr.

Roedd Les Morris ymhlith rhai o'r gweithwyr hynny y tu ôl i'r llwyfan, fel petai, a haeddai lawer mwy o sylw. Eraill oedd Harold Jones, Handel Thomas, sef tad un o gyn-fewnwyr y Sgarlets, Gareth, a Harry Howells. Yn parhau'r gwaith da ar hyn o bryd mae Joe Lewis a Les Williams.

Ar yr union adeg pan gyrhaeddodd Phill Bennett i wisgo'r crys rhif 10 roedd gan y clwb faswr arall a fyddai, mewn unrhyw gyfnod gwahanol, wedi chwarae dros Gymru. Roedd gan Bernard Thomas sgiliau amrywiol a'i galluogai i lithro drwy amddiffynfeydd. Ond gallai ei natur oriog greu rhwystredigaeth ymhlith hyfforddwyr ar adegau. Pan oedd Norman Gale yn

international against England in 1976. Despite Bennett's disappointment, he turned up on the same evening to present a service-to-sport award on behalf of the *Llanelli Star* at the New Dock Stars clubhouse. He felt it was his duty to be there to pay tribute to the contribution of the award winner Arthur Rees, in recognition of his diligent work as a New Dock official. Bennett eventually played in the international after the original fly half choice, John Bevan, and the reserve for the position, David Richards, withdrew through injury.

After his brilliant displays on the 1974 Lions triumphant Test series in South Africa and Triple Crown and Grand Slam glory with Wales, I was on each occasion invited to his Swiss Valley home to get in-depth accounts for the *Llanelli Star*. When he had finished playing, Bennett continued to contact me up until I compiled my last sports pages for the *Star*. He sent me a good wishes card then and among my most treasured possession is a momento from the 1974 Lions tour which he presented me with after I had completed 30 years with the *Star*.

The other Llanelli players on the 1974 tour were Roy Bergiers, J J Williams and Tommy David and, with Bennett, I joined them in a welcome home celebration at the Llanelli Conservative Club in Market Street. David, who was a great character, eventually returned to his home club Pontypridd. Bergiers and Williams also proved to be good contacts.

The opportunity to mix with these and other Scarlets stars and national celebrities was as a result of liaising with one of the club's greatest fund raiser, Les Morris. In addition to bringing revenue through advertising and sponsorship, he organised annual banquets to coincide with major rugby occasions. As a reward for publicising them, I always had an invite and heard great speeches from the likes of Lord Chalfont, Cliff Morgan, and Canon Don Lewis and met television celebrities such as comedian Windsor Davies and Keith Floyd. One of the most special moments for me was attending a dinner on the eve of Llanelli playing the New Zealand Maoris. I shook hands with Maori full back legend George Nepia and gave him a photo taken of him at Stradey. He was delighted.

Les Morris was among many working behind the scenes at Stradey who deserved better recognition. Among others were Harold Jones, Handel Thomas, the father of former Scarlets scrum half Gareth, and Harry Howells. These days

Scarlets skipper Phil Davies lifts the Welsh Cup once again in Cardiff.

Phil Davies yn codi Cwpan Rygbi Cymru unwaith eto.

Chwaraewyr yn dathlu ar ôl ennill Cwpan Cymru yn 1974. Yn y saithdegau fe enillodd Llanelli y cwpan bedair gwaith – hwy oedd Cewri'r Cwpan.
Llun: Alan T. Richards

The Scarlets players celebrate after winning the 1974s Welsh Cup Final. They won it four times in the 1970s and after that continued to be the cup giants.

hyfforddwr dywedodd wrtha i fod Thomas wedi galw i ddweud na fyddai ar gael y Sadwrn canlynol. Pan ofynnodd Gale beth oedd y rheswm, ei ateb oedd y byddai'n chwarae yn yr Eidal ar y penwythnos hwnnw!

Un arall o oes aur y saithdegau y deuthum yn ffrindiau ag ef oedd Gareth Jenkins. A ninnau'r un oedran, rown i'n gyfarwydd ag ef yn Ysgol Fodern Stebonheath, pan oedd e'n un o flaenwyr gorau rygbi ysgolion. Roedd e'n siaradwr plaen ac yn berson ymroddedig. Fe wnes i ddilyn datblygiad ei yrfa o fod yn un o chwaraewyr di-gap gorau'r clwb i'w lwyddiant fel hyfforddwr llwyddiannus.

Gareth Jenkins, fel chwaraewr rheng ôl, oedd un o arwyr ifanc y fuddugoliaeth o 9–3 dros Seland Newydd yn 1972. Ni wna unrhyw gyfrinach o'r dylanwad a gafodd Carwyn James arno, yn enwedig pan benderfynodd droi at hyfforddi wedi'r anaf a ddaeth â'i yrfa fel chwaraewr a'i obeithion rhyngwladol i ben. Gyda chyn-ganolwr Llanelli, Alan Lewis, a orfodwyd i roi'r gorau i'r gêm yn dilyn torri ei goes, fe wnaethon nhw ffurfio'r bartneriaeth hyfforddi fwyaf llwyddiannus mewn rygbi clwb. Pan oeddwn i wrthi'n adrodd ar lwyddiannau pellach yn yr wythdegau a dechrau'r nawdegau, nhw oedd ar flaen y gad. Roedd eu llwyddiant yn cynnwys dwy fuddugoliaeth yn erbyn Awstralia, yr ail yn nhymor 1992-93 pan gyflawnodd y clwb y dwbwl wrth ennill y bencampwriaeth a'r cwpan.

Golygai'r fath lwyddiant i'r clwb lawer i Jenkins. Pan enillai'r Sgarlets, adlewyrchid hynny gan y wên ar wynebau pobl y dref. Ar noswyl un gêm gwpan derfynol, a'r clwb yn chwarae ynddi, rown i'n cerdded drwy'r dref pan welais rywun yn rhedeg tuag ataf. Gareth oedd e. Rhedeg oedd ei ffordd o gael gwared â'i emosiynau cynyddol.

Roedd ganddo hefyd y ddawn o ddarganfod a datblygu talentau newydd i'r dyfodol. Ac un o agweddau mwyaf pleserus fy ngwaith fel gohebydd a golygydd chwaraeon y *Star* oedd adrodd ar rai o'r talentau hyn o'r ysgolion neu'r tîm ieuenctid yn datblygu i fod yn chwaraewyr dawnus ac yn enillwyr a chwaraewyr rhyngwladol.

Yn Llanelli mae yna bob amser ddiddordeb dwfn am faterion oddi ar y cae parthed y clwb a digon o sibrydion am hyn a'r llall. Cyn belled ag yr oeddwn i yn y cwestiwn, y chwaraewyr oedd bwysicaf. Byddai pwysau arnynt pryd bynnag y gwisgent y crys coch. Byddwn felly'n sicrhau y byddwn yn rhoi sylw i'w perfformiadau yn hytrach na mynd ar ôl unrhyw faterion dadleuol. Byddai hyn yn help i mi ennill ymddiriedaeth capteiniaid fel Phil May. Roedd ef yn un o lawer o ieuenctid a

Joe Lewis and Les Williams are the ones who carry the fund-raising burden.

At the same time as Bennett appeared in the Llanelli no. 10 jersey, the club had another fly half who could easily have played for Wales in any other era. Bernard Thomas had great all round skills and would often glide through defences. His unpredictability, however, could at times frustrate coaches. When Norman Gale was in charge he told me that Thomas had rung him once to say that he would be unavailable to play the following Saturday. When Gale asked why, the young fly half's reply was that he would be playing in Italy that weekend!

Another player from the golden 70s decade with whom I got on well was Gareth Jenkins. He was the same age as me and I knew him when he was a Stebonheath Secondary Modern pupil; he was one of the most feared forwards in schoolboy rugby. A forthright and dedicated rugby personality, I covered his development from being one of the club's best uncapped players to becoming a successful coach.

Flanker Gareth Jenkins was one of the young heroes of the 9–3 win over New Zealand in 1972. He makes no secret of the fact that Carwyn James was a great influence, particularly after deciding to undertake coaching duties following a knee injury which prematurely halted his international ambitions.

Together with former Llanelli centre, Allan Lewis, who was forced to finish playing because of a broken leg, they formed the most successful coaching partnership in club rugby. As I covered further memorable successes in the 1980s and early 1990s, they were the guiding lights. This period included two wins against Australia, the second being in the 1992-93 season when the club also completed a Welsh championship and cup winning double.

It meant a lot for Jenkins to see the club reach such heights. Whenever the Scarlets won, he felt it put a smile on faces in the town. On the eve of one Welsh Cup Final in which the club were playing, I was walking home from the office when I saw a person running, heading towards me. It was Jenkins, who told me it was his way of working off his pent-up emotions.

Jenkins also had the knack of discovering and developing future stars. Reporting on the progress of such talent from schools or youth players and developing into match winners

Phil Bennett running out onto the Stradey pitch in his final game for Llanelli.

Phil Bennett yn rhedeg allan ar Barc y Strade ar gyfer ei gêm olaf dros Lanelli.

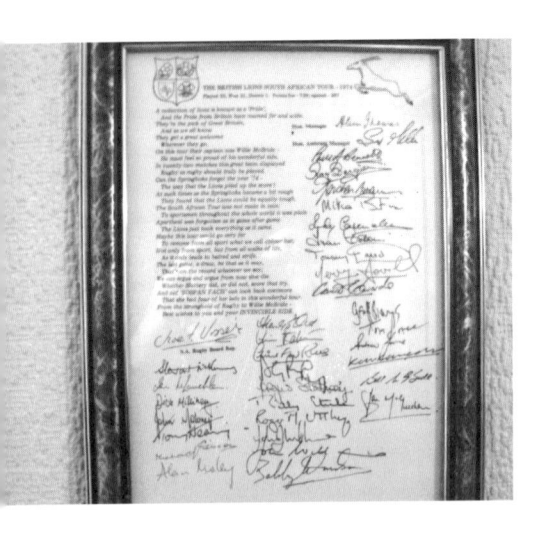

Darn o farddoniaeth wedi'i fframio, gyda llofnodion holl garfan Llewod 1974 a fu'n fuddugol yn Ne Africa. Rhodd oddi wrth Phil Bennett i Barrie ar achlysur dathlu 30 mlynedd gyda'r papur.

A framed poem with the autographs of the 1974 British Lions squad that were invincible in South Africa. Phil Bennett presented Barrie with this when he celebrated 30 years with the newspaper.

welais yn datblygu o fod yn llanc ysgol addawol i fod yn un o gewri'r Sgarlets a Chymru. Daeth May allan o Ysgol Ramadeg y Bechgyn, Llanelli, a Sêr y Doc Newydd fel un o chwaraewyr addawol yr ail reng. Chwaraeodd i dîm Cymru a enillodd y Goron Driphlyg gan fod yn rhan o garfan Cwpan y Byd yn 1991. Dylasai fod wedi ennill mwy na saith cap, ac yntau'n un o gapteiniaid mwyaf ysbrydoledig y Sgarlets ac yn chwaraewr ail reng o fri.

Mater arall a roddodd i mi bleser mawr i'w ddatgelu yn y *Star* oedd medru adrodd fod cyn-bartner Phil May gyda Sêr y Doc Newydd, Laurence Delaney, wedi ennill cap yn 1991, a hynny ddim cyn pryd. Daeth ei lwyddiant rhyngwladol yn hwyr yn ei yrfa wedi iddo ymddangos dros 500 o weithiau i'r Sgarlets gan brofi i fod yn un o'u props mwyaf gwydn. Pleser arbennig i mi oedd medru gweld bechgyn a welswn yn cychwyn eu gyrfaoedd yn Ysgol Uwchradd Fodern y Strade yn mynd ymlaen i chwarae dros y Sgarlets a'u gwlad. Yn eu plith roedd Keri Coslett, brawd y seren Rygbi'r Gynghrair o Lanelli, Kelvin. Datblygodd Keri i fod yn giciwr cyson a sicr fel cefnwr i'r Sgarlets cyn iddo ymuno ag Aberafan, lle bu hefyd yn hyfforddi. Y rheswm iddo symud oedd ei fod yn gorfod cystadlu am ei le fel cefnwr â'r sawl a ddaeth yn gefnwr nesaf Cymru yn y safle hwnnw, Clive Griffiths.

Ar ôl ymddangosiad cyntaf cofiadwy dros Gymru yn erbyn Lloegr, dywedodd Griffiths – cymeriad hynod hunanhyderus – wrtha i mai yn Rygbi'r Gynghrair yr oedd ei ddyfodol. Yn fuan wedyn ymunodd â Sain Helen lle profodd ei hun yn chwaraewr a hyfforddwr hynod lwyddiannus ar lefel clwb ac yn rhyngwladol. Dychwelodd i Rygbi'r Undeb yn 1997 a bu'n hyfforddwr ar yr amddiffyn i dîm Cymru am bum mlynedd.

Fe ddatblygodd David Nicholas, cyn-ddisgybl gyda mi yn Ysgol y Strade, i fod yn asgellwr cyffrous i'r Sgarlets. Pan dorrais y newydd iddo ei fod wedi cael ei ddewis dros Gymru, credai fy mod i'n tynnu ei goes. Aeth ymlaen i ennill pedwar cap.

Moment arall o falchder oedd gweld un arall o fechgyn yr ysgol, Alun Davies, yn chwarae dros Gymru yn 1984. Roeddwn i gydag ef ar ein diwrnod cyntaf yn Ysgol Uwchradd Fodern y Strade. Yn fuan iawn datblygodd i fod yn un o sêr yr ysgol fel blaenwr gan fynd ymlaen wedyn i ennill ei gap ar lefel ysgol. Roedd y cap llawn a dderbyniodd yn anrhydedd a lawn haeddai, ond dylasai fod wedi cael ei ddewis ddau dymor cyn hynny. Pan ddewiswyd ef roedd e newydd adennill ei ffitrwydd llawn ar ôl dioddef o niwmonia. Roedd hi'n anodd iddo wneud cyfiawnder â'i hun ac fe orchfygwyd y tîm 28–9 yn erbyn tîm cryf Awstralia ym Mharc yr Arfau yng Nghaerdydd.

Bryd hynny roedd y Sgarlets yn chwarae'n rheolaidd yn erbyn

and internationals was the most satisfying part of being the rugby reporter and sports editor of the *Star*.

In Llanelli there is always interest and rumours about off the field matters regarding the rugby club. As far as I was concerned, the players were the main focus of interest. There was always pressure on them whenever they pulled on the Scarlets jersey. I therefore made sure that I publicised their performances and progress rather than getting involved in any controversy. Such a policy helped me gain the trust of captains such as Phil May. He was one of many I saw develop from being promising schoolboys to becoming giants of Scarlets and Wales. May emerged from the Llanelli Boys Grammar School and New Dock Stars as a great second row prospect. He played in a Triple Crown winning Welsh team and took part in the 1991 World Cup but should have won far more than seven caps, having proved to be one of the Scarlets' most inspirational skippers and outstanding second row forwards.

Announcing in the *Star* that May's former New Dock colleague Laurance Delaney had gained an overdue cap in 1991 was also very satisfying. His international honours came late in a long Scarlets career in which he made more than 500 appearances and proved to be one of their most durable props. I also found it particularly pleasing to see boys that I had seen start at Stradey Secondary Modern School when I was a pupil there, become full blown Scarlets and internationals. Among them was Keri Coslett, brother of former Llanelli-born Rugby League ace Kelvin. Keri proved a sound and a great kicker at full back for the Scarlets before joining Aberavon where he also coached. The reason Keri moved was because he was competing with Wales' next player in that position Clive Griffiths.

After making an outstanding debut for Wales against England, Griffiths, a confident personality, told me his future lay in Rugby League. Shortly after telling me that, he moved to St Helens and proved to be a highly successful player and coach at club and international level. He returned to Rugby Union in 1997 and was the Welsh defence coach for five years.

David Nicholas was a former Ysgol y Strade colleague who developed into an exciting Scarlets wing. When I broke the news to him at work that he had been selected for Wales, he thought I was joking. He won four caps.

Seeing another Strade boy, Alun Davies, play for Wales in 1984 was also a proud moment. I had accompanied him on

The *Star* produced this special page preview by Jonathan Davies after I interviewed him to preview a match between Neath and Llanelli. Was this his first contribution in the media?

Argraffodd y Star *y dudalen arbennig hon gan Jonathan Davies ar ôl i Barrie ei gyfweld ar gyfer gêm rhwng Castell-nedd a Llanelli. Ai hwn oedd ei gyfraniad cyntaf i'r cyfryngau?*

Yr asgellwr rhyfeddol, Ieuan Evans, cyn un o gêmau Llanelli. Chwaraeodd yr arwr o Gaerfyrddin ei gêm gyntaf i'r clwb yn 1984.

Wonder-wing Ieuan Evans before one of the Scarlets matches. The Carmarthen legend made his debut for the club in 1984.

timau o Loegr. Wrth i mi adrodd ar y gêmau hynny, yr uchafbwynt i mi oedd medru adrodd ar y gêmau a chwaraeent yn Llundain a byddwn bob amser yn ceisio gwylio'r gêmau yn erbyn y Cymry yn Llundain ar Old Deer Park.

Chwaraewr arall y deuthum i'w adnabod yn dda oedd partner Ray Gravell yng nghanol y cae yn yr wythdegau, sef Peter Morgan. Fe wnaeth y chwaraewr hwn o Hwlffordd chwarae dros ei glwb a thros ei wlad fel mewnwr. Mewn un gêm chwaraeodd dros Bontypridd ar Heol Sardis adeg tymor 1979-80. Eisteddai Syd Miller, rheolwr taith y Llewod y tymor wedyn, o fy mlaen yn yr eisteddle a chlywais e'n canmol sgiliau pasio Morgan. Pan gyhoeddwyd enwau'r garfan wedyn clywais fod Morgan wedi ei ddewis, un o'r dewisiadau mwyaf annisgwyl ar gyfer y daith. Cefais y pleser o ffonio'i gartref yn Hwlffordd i dorri'r newyddion da i'w fam.

Pan oedd Phil May yn gapten ar y Sgarlets yn y nawdegau cynnar fe gyrhaeddodd llanc deunaw oed o Flaendulais ar gyfer sesiwn ymarfer ar y Strade. Ei enw oedd Phil Davies, ond methodd gymryd rhan oherwydd ei fod e'n dioddef o annwyd trwm. Deuthum yn ffrindiau â Phil wedyn wrth iddo fynd ymlaen i olynu May fel capten.

Parhaodd Davies i fod yn gyswllt da wrth iddo ddatblygu i fod yn glo a chwaraewr rheng ôl gwirioneddol wych. Pan adawodd i fod yn hyfforddwr i Leeds yn 1996 cedwais mewn cysylltiad ag ef. Ailgychwynnodd ein cyfeillgarwch pan ddychwelodd i fod yn Gyfarwyddwr Rygbi Rhanbarth y Sgarlets, penodiad na wnaeth bara ond am ddau dymor.

Byddai cyfle hefyd i gadw cysylltiad â chwaraewyr pan fyddent yn derbyn triniaeth gan ffisiotherapydd y clwb, David Jenkins. Fe'i penodwyd ef yn dilyn colli un o gymeriadau mwyaf poblogaidd y clwb, Bert Peel, y ffisiotherapydd drwy gydol y saithdegau ac i mewn i'r wythdegau cyn iddo farw'n sydyn yn ystod y gêm yn erbyn y Cymry yn Llundain ar ddydd Gŵyl San Steffan 1981. Trawyd ef yn wael ar ymyl y maes a bu farw'n ddiweddarach yn yr ysbyty. Enillodd ei ŵyr, Dwayne Peel, enwogrwydd drwy gael ei ddewis fel mewnwr dros Gymru a'r Llewod, a'r Sgarlets, wrth gwrs.

Fe wnaeth tad Wayne a mab Bert, sef Dennis, barhau â'r gwaith am gyfnod byr cyn penodiad David Jenkins dros dymor hir. Ac yntau'n gyn-godwr pwysau a chwaraeodd dros dîm ieuenctid Llanelli, Dai Tships, fel y'i gelwid, bu'n ddolen gyswllt wych gyda'r Sgarlets. Cadwai mewn cysylltiad â mi yn rheolaidd gan roi gwybod am unrhyw anafiadau, ac fe fyddai'n fy nghyflwyno i'r chwaraewyr pan ddeuent i'r stafell driniaeth.

his first day at the Stradey Secondary Modern School. It wasn't long before he became one of the forward stars there, eventually gaining school international honours. His senior honour was well deserved but he should have gained it a couple of seasons earlier. When Davies did play he had only just returned to full fitness after suffering from pneumonia. It was difficult for him to do full justice to himself in a 28–9 defeat against the formidable Wallabies at Cardiff Arms Park.

The Scarlets were playing English clubs on a regular basis. In reporting those matches, the highlight for me always was being able to cover their encounters in London. I would in particular try to see those games against London Welsh at Old Deer Park.

Another player I got to know well was Ray Gravell's midfield partner in the 1980s, Peter Morgan. He came from Haverfordwest and played for both club and Wales at fly half. During one match he played at Sardis Road in Pontypridd in the 1979-80 season, Syd Miller, manager of the Lions tour the following summer, was sitting in front of me in the stand, and I heard him complimenting Morgan's passing skills. When the tour party was eventually announced I heard that Morgan was a shock choice and I had the pleasure of ringing his Haverfordwest home and giving his mother the good news.

When Phil May was captain of the Scarlets in the early 1980s, an 18 year-old youth international forward from Seven Sisters turned up at a training session at Stradey. He was Phil Davies, but he was unable to take part in training due to a heavy cold. After that I became friendly with Davies who eventually succeeded May as captain.

Davies continued to be a good contact as he developed into an outstanding lock and back row forward. When he left to become a successful coach with Leeds in 1996, I kept in touch with him. We renewed our acquaintance when he returned as Director of Rugby for the Scarlets region, an appointment that only lasted two seasons.

I could also keep in contact with the Scarlets players when they were having treatment with the club's physiotherapist, David Jenkins. He was appointed shortly after the sad loss of one of the club's most popular characters, Bert Peel, who had treated injuries in the 1970s and during the early 1980s until he collapsed on the touchline during the Scarlets match against London Welsh on Boxing Day 1981, and died later in

The scoreline when the Scarlets beat Fiji in one of the most exciting games ever seen at Stradey.

Y sgôr ar ôl i Lanelli guro Ffiji, un o 'r gêmau mwyaf cyffrous a welwyd yn y Strade.

Y maswr dawnus o Drimsaran, Jonathan Davies yn chwarae i Lanelli

Trimsaran's rugby genius Jonathan Davies in the Scarlets jersey.

Fy nghipolwg cyntaf o Ieuan Evans, y seren o Gaerfyrddin, oedd pan gymerodd ran mewn gêm ymarfer cyn agoriad y tymor i'r Sgarlets yn 1984. Yn y *Star* fe ysgrifennais: 'Chwaraewr arall sydd wedi rhoi hwb i'w obeithion o chwarae ar y lefel uchaf, mae'n rhaid, yw'r canolwr o Gaerfyrddin, Ieuan Evans. Profodd ei allu i osgoi cael ei ddal gyda chais unigol gwych yn yr ail hanner.'

Er hynny, ni wnaeth ei berfformiad sicrhau lle iddo ar unwaith yn y garfan. Chwaraeodd yn gyntaf dros Gastell-nedd ar gychwyn y tymor cyn ymuno â'r Sgarlets a datblygu i fod yn asgellwr gyda'r gorau yn byd. Bu gan Evans, yn ystod ei dymor agoriadol, ran mewn buddugoliaeth annisgwyl ac enwog yn erbyn Awstralia. Ar ddiwedd ei yrfa dros Lanelli yn 1997 trefnwyd gêm dysteb iddo ar y Strade gyda Jonah Lomu o Seland Newydd ymhlith y sêr oedd yn chwarae. Un o eiliadau mwyaf cofiadwy'r gêm oedd pan wnaeth Jonathan Griffiths dacl anhygoel ar Lomu i atal cais a ymddangosai'n ddiatal.

Roedd Griffiths a Ieuan Evans yn nhîm y Sgarlets a enillodd y gêm derfynol orau i mi ei gweld erioed. Phil May oedd yn gapten a Phil Davies yn rhif wyth wrth iddynt wynebu'r ffefrynnau, Caerdydd, yn nhymor 1984-85. Griffiths sgoriodd yr unig gais, gyda'r maswr Gary Pearce â chic adlam yn allweddol yn y fuddugoliaeth o 15–14. Y tu allan i'r stafell lle cynhaliwyd y wledd wedi'r gêm gwelais nifer o chwaraewyr Caerdydd, yn cynnwys Terry Holmes, yn ddigon torcalonnus wedi i'w tîm golli.

Pan oedd Pearce gyda'r Sgarlets fe glywyd sibrydion y byddai mewnwr Caerdydd, Geraint John, yn symud i'r Strade. Pan ofynnais am farn Pearce, ei ateb di-flewyn-ar-dafod oedd bod ganddo ef ei hun well cymwysterau. Edmygais ei hunanhyder, ac fe aeth ymlaen i gyfiawnhau ei sylw. Roedd yn ddeallus o ran tactegau, ac fe sgoriodd bwyntiau allweddol yn erbyn Awstralia, Fiji ac mewn nifer o gêmau pwysig eraill cyn iddo ymuno â Hull i chwarae'n broffesiynol.

Tra oedd Pearce yn chwarae dros Lanelli fe wnaeth Jonathan Davies o Drimsaran fynd o'r tu arall heibio i chwarae dros Gastell-nedd. Byddwn yn ysgrifennu am dalentau disglair Jonathan pan chwaraeai dros Ysgol Gynradd Trimsaran. Mewn pencampwriaeth saith-bob-ochr dan un ar ddeg oed ym Mhont-iets yr adroddais gyntaf arno i'r *Star*.

Gyda Jonathan yn byw yn Nhrimsaran, teimlwn ei bod hi'n bwysig cofnodi ei gyflwyniad cofiadwy i rygbi dosbarth cyntaf ynghyd â'r llwyddiannau mawr a ddaeth wedi hynny. Byddai fy sgyrsiau ag ef bob amser yn Gymraeg a byddai'n ymddangos yn gysurus yn ei sgyrsiau â mi. Roedd hi'n anochel y byddai'n ymuno â Llanelli, y clwb yr arferai ei gefnogi pan oedd yn grwt. Gwelais

hospital. His grandson Dwayne Peel has won more fame after earning British Lions and Wales honours as scrum half with the Scarlets.

Dwayne's father and Bert's son Dennis had briefly taken over the physio duties before the long term appointment of David Jenkins. A former weightlifter and Llanelli Youth player Dai Chips, as he was known, proved an excellent link with the Scarlets. He would regularly keep me updated about any injury news and would introduce me to players when they visited the treatment room.

My first glimpse of the Carmarthen-born star Ieuan Evans was when he took part in a pre-season trial for the Scarlets in August 1984. In the report that I wrote in the *Star*, I said: "Another player who must have boosted his first class chances was Carmarthen centre Ieuan Evans. He proved his elusiveness with an excellent solo try in the second half."

His performance did not, however, earn him an instant place in the squad. He initially played for Neath at the start of the season before joining the Scarlets where he graduated into a world class wing. Evans, in his debut season for them, featured in an unexpected and famous victory against Australia. At the end of his Llanelli career in 1997, he had a Testimonial Match at Stradey in which New Zealand's Jonah Lomu was one of the invited stars. One of the memorable moments was when the former Scarlets and Wales scrum half Jonathan Griffiths produced a diving tackle to stop Lomu scoring a certain try.

Griffiths and Ieuan Evans were in the Scarlets team which produced the best cup final victory that I witnessed. Phil May was captain and Phil Davies the number 8 when they faced cup favourites Cardiff in 1984-85. Griffiths scored the only try, with a dropped goal in injury time from fly half Gary Pearce decisive in the 15–14 win. Outside the suite where the after-match function was being held, I saw many Cardiff players, including Terry Holmes, looking quite distraught after their team's loss.

When Pearce was with the Scarlets, there was a rumour that Cardiff fly half Geraint John was moving to Stradey. Asked about this, Pearce bluntly told me that he had better match winning credentials. I admired Pearce's confidence and he went on to fully justify his comments. Tactically astute, he supplied match winning points against Australia, Fiji and several other games before joining Hull in Rugby League.

Jonathan Davies on target for Wales against England.

Jonathan Davies yn cicio gôl adlam dros Gymru.

Hyfforddwr llwyddiannus Llanelli a'r Llewod, Carwyn James.

The British Lions and Llanelli successful coach, Carwyn James.

ei ymddangosiad cyntaf dros Lanelli yng nghystadleuaeth Saith-Bob-Ochr Cwmtawe, a bûm yn ddigon ffodus i fod yno hefyd i fwynhau ei ddathliadau wedi ei berfformiad yn y gêm gwpan derfynol lwyddiannus yn erbyn Castell-nedd yn 1988, perfformiad a enillodd iddo wobr Chwaraewr Gorau'r Gêm.

Pan adawodd Jonathan i chwarae rygbi proffesiynol llwyddiannus, trodd y sylw at ei olynydd, Colin Stephens. Gwyddwn am ei bosibiliadau disglair gan i'w berffformiadau cynnar ymhlith llwyddiannau Ysgol y Strade gael eu cofnodi mewn gwahanol adroddiadau ar rygbi ysgolion.

Enillodd Stephens gryn enwogrwydd rhyngwladol yn gynnar gyda'i ddwy gôl adlam hwyr yn y fuddugoliaeth o 13–9 dros Awstralia. Rown i'n eistedd wrth ei ymyl yn y dathliad wedi'r gêm pan ddatgelodd wrtha i iddo deimlo o'r dechrau mai hon fyddai ei gêm fawr wedi iddo ennill y jacpot ar y peiriant gamblo yng ngwesty'r tîm cyn y gêm. Ni fu'r cefnogwyr bob amser yn garedig wrtho, serch hynny, yn arbennig yn ystod y cyfnod pan gollodd dipyn o'i hyder. Hyn a'i gyrrodd i wynebu her newydd fel chwaraewr ac fel hyfforddwr dros Leeds, lle mae'n byw o hyd.

Roedd yna fwy o lwyddiant i adrodd arno wrth i'r Sgarlets newid i fod yn glwb proffesiynol ac yna i ranbarth newydd. Dilëwyd y pwyllgor rheoli a swydd y Cadeirydd. Â'r pwyllgor hwnnw ac â'r cadeirydd yr arferwn drafod a bellach fe'u disodlwyd gan brif weithredwr, sef Stuart Gallagher, un y bûm unwaith yn ei gymeradwyo fel capten a chlo i'r clwb yn y chwedegau. Esboniodd wrtha i'r cynlluniau ar gyfer y dyfodol, ac fe wnes i eu datgelu yn y *Star* yn egscliwsif. Roedd e'n awyddus i hyrwyddo'r clwb yn lleol ac yn barod bob amser i ateb llu o gwestiynau mewn cyfnod newydd i ranbarth newydd clwb y dref.

Wedyn dyma ychwanegiadau newydd i'r chwaraewyr, dau ohonynt yn Saeson a ddaeth yn chwaraewyr rhyngwladol dros Gymru wedi iddynt helpu i arwain y Sgarlets i mewn i gyfnod newydd. Roedd Rupert Moon o Walsall yn dipyn o ddyn sioe, yn awyddus i blesio'r dorf ac yn edrych am sylw. I mi yn y cyfryngau byddai ef ar gael bob amser ac roedd e'n gapten y byddai wrth ei fodd yn cael ei holi. Daeth yn gymeriad mor boblogaidd gan y cefnogwyr fel iddynt bleidleisio drosto droeon fel mewnwr gorau'r clwb erioed.

Y llall i wneud argraff fawr ar y Sgarlets a Chymru oedd Tony Copsey, clo o Romford. Roedd yntau hefyd yn awyddus i gael cyhoeddusrwydd ac yr oedd yn un hawdd dygymod ag ef. Ar ddiwedd ei yrfa daeth yn rhan o'r ochr fasnachol, a byddwn yn trafod gydag ef yn rheolaidd. Pan adawodd e'r Sgarlets bu'n

It was when Pearce played for the Scarlets that Trimsaran-born Jonathan Davies bypassed Stradey to play for Neath. I wrote about Davies' dazzling talents when he starred for Trimsaran Primary School in an under 11s sevens tournament in Pontyates which I covered for the *Star*.

With Davies living in Trimsaran, I felt it was important to record his impressive introduction into top class rugby, together with the many achievements that followed. My regular interviews with him would always be in the Welsh language, and he always appeared comfortable speaking to me. It was inevitable that he would eventually join Llanelli, the club he had watched as a schoolboy. I saw his fist appearance for them in the Cwmtawe Sevens and was also fortunate to savour the celebrations after his Man of the Match display in the Scarlets cup final triumph over Neath in 1988.

After Davies departed to become a Rugby League match winner, the spotlight was immediately switched to his Scarlets successor Colin Stephens. I was aware of his exciting potential as his impressive performances were recorded in reports of Ysgol y Strade's many successes in schools rugby.

Stephens earned early international recognition and his two late dropped goals sealed the Scarlets 13–9 victory over Australia. I was sitting next to him in the after-match function in which he told me that he always felt it was going to be his day when he won the jackpot on the one-armed bandit in the team's hotel before the match. However, the Stradey crowd weren't always kind to the fly half when he hit a bad patch and this prompted Stephens to seek a new challenge when he went to play and coach in Leeds, an area in which he still lives.

There was more success to write about in the Scarlets transition into a professional club and eventually into a new region. The management committee and the post of chairman were scrapped. It was with this committee and its chairman I used to deal but Stuart Gallacher, whom I had cheered on as skipper and lock for the club in the 1960s, now became the chief executive. He explained to me the plans for the future which I was able to reveal exclusively in the *Star*. He was keen to promote the club locally and was always ready to answer many questions in a new era for the town's world famous region.

There were also several new additions to the club which included two English-born players who became Welsh

Gareth Jenkins, who became the Scarlets and Wales coach, on the attack against Australia in 1975. Photograph: Alan T. Richards

Gareth Jenkins, a ddaeth yn hyfforddwr Llanelli a Chymru, yn ymosod yn erbyn Awstralia yn 1975.

Un o chwaraewyr mwyaf enwog y Crysau Duon, George Nepia, yn cwrdd â'r dorf ar y Strade pan ymwelodd y Maoris yn Nhachwedd 1982.

George Nepia, the legendary All Blacks full back, meets fans at Stradey when the Maoris played the Scarlets in November 1982.

gyfarwyddwr rheoli gyda'r Harlequins am saith mlynedd a nawr mae e'n brif weithredwr y London Wasps.

Yn y cyfamser roedd y Sgarlets yn dal i ddatblygu talentau lleol a dau a lwyddodd i ddwyn y penawdau fel chwaraewyr ar lefel ieuenctid a than un ar hugain oedd meibion y cawr hwnnw o flaenwr, Derek Quinnell, sef Scott a Craig.

Scott oedd y cyntaf o'r ddau i greu perfformiadau a fynnai hawlio penawdau'r *Star*. Parhaodd i greu argraff pan symudodd i Wigan am bris trosglwyddo a oedd yn record ym myd rygbi proffesiynol ar y pryd cyn dychwelyd yn hwyrach i'r Strade i greu mwy o hanes drwy gael ei ddewis i chwarae dros y Llewod fel wythwr gorau'r byd.

Bûm yn dyst hefyd i ddatblygiad Craig i fod yn gawr o flaenwr gan ailadrodd holl nodweddion da ei dad a'i frawd. Daeth ei brif lwyddiant wedi iddo ymuno â Chaerdydd ond fe ddaeth adre i'r Strade i greu digwyddiad teuluol unigryw. Pleser oedd cael bod yno i'w weld ef a Scott yn chwarae gyda'i gilydd dros Gymru ar faes eu tref eu hunain yn 1998. Defnyddiwyd y Strade am fod Stadiwm y Mileniwm yn dal i gael ei datblygu ar y pryd ac roedd y brodyr Quinnell yn rhan o'r fuddugoliaeth o 43–30 dros yr Ariannin. Scott hefyd oedd yr wythwr pan gurodd Cymru'r Eidal 23–20 yn gynharach yn y flwyddyn ar y Strade, y tro cyntaf i Gymru ddefnyddio'r maes ar gyfer gêm gartref ers 105 o flynyddoedd.

Wrth i Lanelli gychwyn ar y cyfnod proffesiynol fe geisiodd mwy a mwy sicrhau eu dyfodol ariannol drwy gael tymhorau tysteb. Fe ddaeth y canolwyr rhyngwladol Nigel Davies a Neil Boobyer, yr asgellwr Wayne Proctor a hefyd Rupert Moon ata i ofyn am gyhoeddusrwydd yn y *Star*.

Gwelais Davies, o Drimsaran, yn chwarae ei gêm gyntaf dros y clwb fel maswr rhyngwladol tîm ieuenctid Cymru. Datblygodd i fod yn ganolwr diwyd hirdymor gyda gweledigaeth eang a chreadigrwydd i'r Sgarlets a Chymru. Fe wnes i barhau i gysylltu ag ef wedi iddo ymddeol ac ymuno â Gareth Jenkins fel hyfforddwr.

Pan gyrhaeddodd rygbi proffesiynol faes y Strade fe ddatgelais stori am drosglwyddiad costus a wnaeth beri cryn syndod. Dioddefodd y clwb yn ariannol o ganlyniad i ddod â'r seren o Seland Newydd, Frano Botica, i'r Strade. Er hynny fe ddaeth y cyn-Darw Du, a oedd hefyd wedi enwogi ei hun ym myd rygbi proffesiynol, â llawer o fuddiannau gydag ef. Roedd yn ddyn rygbi deallus mewn sgwrs, a bu'n gymorth i'r Sgarlets ennill Pencampwriaeth Cynghrair Cymru a'r Alban, ennill eu lle yng Nghwpan Heineken gan chwarae rhan amlwg hefyd yn

internationals after helping to guide the Scarlets to achieve further honours. Walsall-born scrum half Rupert Moon was a showman and a crowd pleaser, who always sought publicity. Being involved in the media, he was always accessible and a captain I always enjoyed interviewing. He proved so popular with fans at Stradey that they regularly voted him the best scrum half the club had ever seen.

Tony Copsey, a lock from Romford, also made a big impact with the Scarlets and Wales. He also was publicity conscious and easy to deal with. When he became involved on the commercial side at the end of his career, I used to contact him frequently. After leaving the Scarlets, he became managing director with the Harlequins for seven years and is now chief executive with London Wasps.

The Scarlets also continued to develop local talent and two players who made the headlines as Llanelli youth and under 21s players were ex club forward giant Derek Quinnell's sons Scott and Craig.

It was firstly Scott who regularly produced performances that made the *Star* headlines. They continued when he made his record-breaking move to Wigan to star in Rugby League, but eventually returning to Stradey and becoming a British Lion as the world's best number 8 brought him more fame.

I also saw Craig develop into a rugby giant who showed all the forward qualities that his father and brother had previously shown. Most of his success came after joining Cardiff, but he did return to Stradey for a historic family occasion. I was pleased to be able to report the proud moment when both he and his brother Scott played for Wales in the same international on their home ground in 1998. Stradey was used while the Millennium Stadium was being developed and the Quinnells featured in the 43–30 win against Argentina. Scott was the number 8 when Wales had toppled Italy 23–20 earlier in the year at Stradey, the first time the home nation had used the ground for an international in 105 years.

As Llanelli entered the professional era, more senior players sought financial security through testimonial seasons. International centres Nigel Davies and Neil Boobyer, wing Wayne Proctor and Moon sought my support to provide publicity in the *Star* for them.

I saw Nigel Davies, from Trimsaran, initially make his debut for the club as a promising youth international fly half. He developed into a hard working and long serving

natblygiad darpar faswr Cymru.

Ar yr un adeg ag yr oedd Botica yn dal gyda'r Sgarlets, denwyd mwy o chwaraewyr newydd yn cynnwys yr ystlyswr Simon Easterby, a ddatblygodd i fod yn chwaraewr sefydlog dros Iwerddon ac yn gapten y rhanbarth. Ond y chwaraewr y cymerais i sylw arbennig ohono oedd maswr ifanc Caerfyrddin, Stephen Jones, a oedd eisoes wedi dangos ei ddawn fel capten Cymru ar lefel iau. Ers iddo ennill ei le yn y tîm llawn fe wnaeth Jones gyfaddef fod ymarfer gyda Botica wedi bod yn gymorth mawr. Yn ystod ei dymor cyntaf gyda'r Sgarlets fe profodd Jones i fod yn gefnwr, canolwr a maswr amryddawn a dibynadwy.

Gweithiodd yn galed ar ei gêm drwyddi draw gan dderbyn gwahoddiad annisgwyl i ymuno â charfan Cymru ar gyfer y daith hunllefus i Dde Affrica ym mis Mehefin 1998. Cyn iddo ymadael dywedodd wrtha i mai dewis wrth gefn oedd e ond y byddai disgwyl iddo gadw'n gwbl ffit. Er hynny, syndod iddo oedd derbyn galwad tra oedd e'n gweithio ar fferm cyfaill. Ychydig ddyddiau wedyn daeth ymlaen fel eilydd yn y grasfa o 96–13 i ennill ei gap cyntaf.

Y gêm honno oedd cychwyn gyrfa lwyddiannus i Jones fel chwaraewr rhyngwladol, ond fe ddioddefodd rhai o chwaraewyr eraill Llanelli o'r profiad chwerw hwnnw yn Ne Affrica. Profodd ei fedydd tân cynnar i fod yn ormod i'r cefnwr Darril Williams o Bontarddulais. Enillodd ei gap cyntaf yn y prawf olaf ond hwnnw fu'r unig gap iddo. Dyna fu diwedd ar yrfa addawol ar y lefel uchaf a gadawodd i ddilyn gyrfa fel deintydd. Yn sicr, bu ei fedydd fel chwaraewr rhyngwladol yn brofiad digon poenus! A dyna Garan Evans, yr asgellwr cyffrous o Drimsaran, wedyn yn colli ei le yn nhîm Cymru am nifer o wahanol resymau. Er hynny profodd Evans y gallai barhau i gael gyrfa lwyddiannus gyda'r Sgarlets ac y mae nawr yn rheolwr tîm y rhanbarth.

Y siom fwyaf i mi cyn gosod fy ysgrifbin yn y drôr am y tro olaf oedd y rhwystredigaeth o weld y Sgarlets yn colli allan ddwywaith ar fod yn bencampwyr cystadleuaeth Ewrop. Roedd y Cwpan Heineken yn bencampwriaeth newydd gyffrous i adrodd arni. Ymwelais â thri o feysydd pêl-droed enwog i wylio gêmau Ewropeaidd. Un oedd Loftus Road, cartref Queen Park Rangers, lle cyfarfu'r Sgarlets â'r London Wasps. Dyma'r unig le i mi weld gweinydd yn dod â phaned o de i mi yn lloc y wasg ar hanner amser!

Bûm yn y ddau arall ar gyfer gêmau cynderfynol a chefnogwyr Llanelli wedi cyrraedd yn llu. Y cyntaf o'r ddau oedd y Madejski Stadium yn Reading i chwarae yn erbyn Northampton yn 2000. Y llall oedd y City Ground, cartref Nottingham Forest, yn erbyn Caerlŷr. Fe aeth Northampton a Chaerlŷr ymlaen i ennill y cwpan. Ar y ddau achlysur, bu'n rhaid i mi adrodd ar y modd y gadawodd y Sgarlets i gyfleoedd euraid lithro o'i dwylo, gan golli'r ddwy gêm i giciau cosb yn yr amser a ganiateid ar gyfer anafiadau.

Mae'r rhanbarth yn parhau i ddatblygu chwaraewyr a phleser i mi oedd gweld cynifer yn dangos addewid yn y tîm o dan un ar hugain cyn ennill eu lle yn y tîm llawn gyda'r Sgarlets ac ennill anrhydeddau dros Gymru. Gwelais gyn-ystlyswr a chapten Cymru, Gwyn Jones, yn chwarae drostynt cyn iddo ymuno â Chaerdydd a dioddef yr anaf i asgwrn ei gefn a ddaeth â therfyn anffodus ar ei yrfa. Eraill a lwyddodd i ddringo'r ysgol o'r tîm dan un ar hugain oedd y cefnwr Justin Thomas, y canolwyr Mathew Wintle a Neil Boobyer, yr asgellwr Wayne Proctor a'r prop Spencer John.

Un o'r chwaraewyr mwyaf addawol a welais yn y tîm ifanc hwnnw oedd y mewnwr Mike Phillips pan ddaeth i Lanelli o Hendy-gwyn ar Daf. Ar yr un adeg roedd Dwayne Peel yn gwneud argraff ddyfnach hyd yn oed drwy ennill cap llawn dros ei wlad cyn iddo sefydlu ei hun fel y dewis cyntaf yn nhîm y Sgarlets. Fe achosodd hyn gryn gyfyng-gyngor i glwb y

centre with great vision and creativeness for the Scarlets and Wales. I continued to contact Davies after he retired from playing and he teamed up with the Scarlets coaching chief, Gareth Jenkins.

When professional rugby suddenly hit the Scarlets, I revealed a sensational but costly signing. The club suffered financially as a result of bringing the Kiwi ace, Frano Botica, to Stradey. However, the former All Blacks fly half, who had also starred in rugby league, brought rewards on the field. A knowledgeable rugby personality to talk to, his brilliance helped the Scarlets win a Welsh and Scottish League Championship and Heineken Cup qualification; he also played a big part in the development of a future Welsh fly half.

At the time Botica was still with the Scarlets, many more signings were unveiled including flanker Simon Easterby, who became an established Irish international and the region's captain. But the player I took note of in particular was young Carmarthen fly half Stephen Jones, who had a successful pedigree as Wales captain at junior level. Since establishing himself in the Scarlets team, Jones remarked that training with Botica had proved a great help. During Jones's first season with the Scarlets, he proved versatile and reliable as full back, centre and fly half.

He worked hard at his overall game and had an unexpected invitation to feature in Wales' nightmare tour to South Africa in June 1998. Before he left, he told me that he was on stand-by and had needed to stay fit. However he was very suprised when he received a call-up while working on a friend's farm. A few days later he came on as replacement to win his first cap in the 96–13 defeat.

It was the start of a successful career with Wales for Jones, but other Llanelli players suffered as a result of the South Africa experience. The premature international baptism proved too much for the full back from Pontarddulais, Darril Williams, with that last Test in South Africa being his only cap. It also proved to be the end of a promising career at the top level as he thereafter concentrated on his career as a dentist. His international baptism had proved painful enough! Garan Evans, an exciting wing from Trimsaran, also lost his Wales place for many seasons following that game. However, Evans continued to prove a good Scarlets servant and is now the team manager of the Scarlets region.

The biggest disappointment before putting my writing pen away was seeing the Scarlets frustratingly twice missing out being crowned European champions. The Heineken Cup was an exciting new competition to cover and I visited three famous football grounds to see three European cup games. One was the home of Queens Park Rangers at Loftus Road where the Scarlets played London Wasps away. Their press box was the only one where I have had a waiter serving me tea at half time!

The other two were semi final venues for which Llanelli fans turned out in force. The first was in 2000 in Reading's Madejski Stadium when Northampton were the opponents. The other was in Nottingham Forest's City Ground where Leicester were the semi finalists in 2002. Sadly for the Scarlets both Northampton and Leicester went on to win the Heineken Cup. On both occasions, I had to reflect how they had allowed a golden opportunity to slip, losing both games to injury time penalties.

The region continues to develop players and I found it pleasing to see many show promise for the Llanelli under 21 side before becoming senior players with the Scarlets and gaining Welsh honours. I watched ex

Strade ac fe geisiodd yr hyfforddwyr droi Phillips yn ganolwr mewn ymgais i'w gael i aros. Er hynny fe benderfynodd symud, er mwyn sicrwydd ariannol a gwireddu uchelgais, fel y gwnaeth cynifer o chwaraewyr addawol y clwb.

Ers i mi adael lloc y wasg ar y Strade, teimlaf yn ddiolchgar i mi gael parhau i ysgrifennu i'r *Star* am benodiad Gareth Jenkins fel hyfforddwr Cymru gyda Phil Davies yn ei olynu fel hyfforddwr y Sgarlets. Bu'r modd y collodd y ddau eu swyddi yn ddidostur ac yn anffodus.

Er gwaethaf hynny mae Jenkins yn ôl lle mae'n haeddu bod, a hynny ar gychwyn pennod newydd yn hanes rhanbarth y Sgarlets ac yn hanes y clwb mewn cartref newydd ar Barc y Sgarlets. Rwy'n parhau i gynnal cysylltiadau da yno gan gyfrannu ambell erthygl i raglen y gêmau.

Y garfan enwog cyn gêm Llanelli yn erbyn y Crysau Duon yn 1972.
Y tynnwr lluniau oedd Alan T. Richards a dynnodd y rhan fwyaf o luniau rygbi'r *Star* hyd yn hwyr yn yr wythdegau.

The famous squad before Llanelli's epic game against the All Blacks in 1972. Alan T. Richards, a freelance photographer, took this photo, and many other famous ones for the Llanelli Star *until the late 1980s.*

Wales skipper and flanker Gwyn Jones play for them before joining Cardiff where he suffered the spinal injury that ended his career. Full back Justin Thomas, centres Mathew Wintle and Neil Boobyer, wing Wayne Proctor and prop Spencer John were among others to emerge from the under 21 team.

One of the best prospects I saw in that development side was scrum half Mike Phillips when he came to Llanelli from Whitland. At the same time Dwayne Peel was making an even bigger impact, making his Welsh senior debut even before establishing himself as first choice in the Scarlets side. It gave the Stradey outfit a dilemma and the coaches tried to convert Phillips to play in the centre, hoping he would stay. However, like many other great prospects developed by the club and region, he moved on for financial security and ambition.

Since leaving the Stradey press box, I am grateful to have been given the chance to write in the *Star* about the appointment of Gareth Jenkins as Welsh coach and Phil Davies being appointed as his Scarlets replacement. The manner in which both were dismissed from their positions was ruthless and unfortunate.

However, Jenkins is now back where he belongs at the start of a new chapter in the Scarlets region and club's history in a new home at Parc y Scarlets. I still maintain good contacts with them and contribute occasional articles to their match programmes.

PENNOD 5

AR Y STRADE

Roedd mynd i'r Strade i wylio'r Sgarlets yn chwarae yn golygu rhan o dyfu lan yn Llanelli. Fel y rhelyw o fechgyn, fy mhrofiad cyntaf o'r maes rygbi byd-enwog oedd gweiddi cymeradwyaeth o'r Tannerbank. Y Tannerbank enwog oedd y safle poblogaidd lle safai'r cefnogwyr go iawn cyn i reolau diogelwch arwain at godi eisteddle ar y man lle'r arferai fod.

Rwy'n cofio mynd i'r gêmau gyda'm tad-cu. Cymerai tua ugain munud i gerdded ar hyd y Stryd Fawr cyn dilyn trac y rheilffordd tuag at fynedfa Rhodfa Parc y Strade o'r maes. Yn y dyddiau hynny câi bechgyn ysgol eistedd ar ochr y llinell ystlys. O'r fan honno ymddangosai'r chwaraewyr fel cewri.

Yn y dyddiau cynnar hynny pan ddechreuais fynychu'r Strade roedd enwau'r chwaraewyr yn ddieithr. Ddim tan y chwedegau y deuthum yn ymwybodol o'u henwau. Rwy'n cofio gweiddi'n frwd dros y tîm yr oedd y blaenwr rheng ôl Aubrey Gale yn gapten drosto, a gweld y Delme Thomas ifanc yn chwarae ei gêm gyntaf yn yr ail reng. Y tymor wedyn, y blaenasgellwr arall, John Leleu, oedd y capten.

Ymhlith chwaraewyr y Strade a wnaeth gryn argraff arnaf roedd y mewnwr Dennis Thomas, ynghyd â chwaraewyr rhyngwladol fel y cefnwr Terry Davies, yr asgellwr Robert Morgan, y canolwr Ken Jones a'r bachwr Norman Gale. Yr wythwr oedd Marlston Morgan, chwaraewr deinamig a aeth ymlaen i fod yn arweinydd di-ail. Etholwyd Robert Morgan i fod yn aelod o bwyllgor y clwb wedi iddo ymddeol ac aeth ymlaen i fod yn gadeirydd yn 1977. Roedd e'n un o'r swyddogion a wnaeth i mi deimlo'n gartrefol pan gychwynnais adrodd ar gêmau ar y Strade.

Fel cefnogwr ifanc, byddwn bob amser yn cadw golwg ar loc y wasg er mwyn gweld pa ohebyddion enwog fyddai'n eistedd yno. Roedd y lloc bryd hynny yn union o flaen lloc y pwyllgor. Pan ddaeth hi'n amser i mi gael eistedd yn sedd y *Star* yno, teimlwn fy mod i'n freintiedig o gael y cyfle i fod ymhlith y fath gwmni. Teimlad arswydus oedd hwnnw yn 1972 pan eisteddais yno am y tro cyntaf fel gohebydd ar faes y bûm yn ei fynychu cyn hynny fel cefnogwr. Rown i'n ymwybodol y byddai'n rhaid i mi nawr fod yn ddiduedd wrth lunio fy ngholofnau ar y Sgarlets mewn adroddiadau a gâi eu darllen gan lawer. Teimlwn o'r dechrau y byddai angen i mi gymryd fy lle yn lloc y wasg yn gynnar. A'r

Llun o Barc y Strade o'r awyr cyn cynnal un o gêmau cyntaf Pencampwriaeth Cwpan y Byd 1999.

An aerial photograph of Stradey Park before it staged one of the opening games in the 1999 Rugby World Cup.

Chapter 5

THE STRADEY EXPERIENCE

Part of growing up in Llanelli included going to Stradey to watch the Scarlets play. Like many other boys, my first experience of the world famous ground was cheering from the Tannerbank side. The famous Tannerbank was where fans once stood before safety regulations led to a new stand being built to replace it.

I remember going to matches with my grandfather. It would take about 20 minutes to walk along High Street before following the railway track to the Stradey Park Avenue entrance of the ground. In those days, schoolboys were allowed to sit on the touchline, and the players looked like giants to us from there.

Their names were unfamiliar to me in the early years when I started going to Stradey. It was in the early 60s that I began to become more aware of their identity. I remember cheering on the side, which back row forward Aubrey Gale captained, and seeing a young Delme Thomas making his debut in the second row. The following season, the captain was John Leleu, another flanker.

Among the Scarlets who impressed me when I supported them then were scrum half Dennis Thomas and internationals such as full back Terry Davies, wing Robert Morgan, centre Ken Jones and hooker Norman Gale. The Number 8 was Marlston Morgan, a dynamic player who also became an exemplary leader. Morgan was elected to the club's committee after his retirement and went on to become the chairman in 1977. He was one of the officials who made me feel welcome when I started covering rugby matches at Stradey.

As a young fan, I always used to look to see which famous rugby scribes were sitting in the press box, located then in the front of the committee box. When I sat in the *Star*'s seat there, I felt privileged being able to sit alongside them. It was a daunting experience when, in 1972, I made my reporting debut at the ground which I had been going to previously as a fan. I was aware that I now had to be impartial in giving my account of the Scarlets in reports

One of the *Star*'s most famous pages after a historical triumph.

Un o dudalennau mwyaf enwog y Star *ar ôl y fuddugoliaeth hanesyddol.*

Y pennawd a'r toriad ar ôl i Lanelli chwarae yn erbyn Seland Newydd yn 1980.

The cutting and headline after the Scarlets produced a plucky performance against New Zeland in 1980.

Mae'r sgôr a'r pennawd yn dangos buddugoliaeth enwog arall i Lanelli yn erbyn Awstralia.

The scoreline and report shows another famous Scarlets victory over Australia.

cyntaf i'm croesawu yno bob amser fyddai Eic Davies. Câi Eic ei ystyried yn ddarlledwr Cymraeg uchel ei barch ac yr oedd hefyd yn ddramodydd ac yn gynhyrchydd. Daeth Huw Llywelyn Davies, ei fab, yn fwy fyth o enw wrth iddo fod yn brif sylwebydd gyda'r BBC ac ar S4C er 1979.

Yn ystod fy nhymhorau cyntaf o adrodd ar gêmau ar y Strade cefais fy nhemtio i gario llyfr llofnodion gyda mi. Yn aml byddwn yn eistedd ochr yn ochr â nifer o ohebwyr enwog, llawer ohonynt wedi bod eu hunain yn chwaraewyr rhyngwladol. Gallai fod yn deimlad brawychus eistedd ochr yn ochr â dau o gewri newyddiadurol fel Wilf Wooller a Clem Thomas. Byddai eu presenoldeb yn amlwg bob amser. Clem, cyn-chwaraewr rhyngwladol yn y rheng ôl, fyddai'r olaf, fel arfer, i gyrraedd lloc y wasg. Er gwaethaf hynny byddai sedd ar ei gyfer bob amser. Byddai'r ddau gymeriad amlwg hyn hefyd yn barod iawn i leisio'u barn yn uchel ar chwaraewyr a digwyddiadau yn ystod y chwarae. Er hynny byddent yn barod iawn i siarad â mi os byddwn i'n eistedd wrth eu hymyl, gan ofyn fy marn yn aml am unrhyw chwaraewyr lleol newydd a oedd wedi eu dewis yn nhîm Llanelli.

Eraill a ddaeth yn ffrindiau oedd cyn-seren griced Morgannwg, Peter Walker, y cyn-Lew a seren rygbi Cymru a Chaerdydd, Bleddyn Williams, a chyn-asgellwr Cymru ac Abertawe, y diweddar Dewi Bebb, a fu farw yn 1996.

Gwelwyd tuedd gynyddol wrth i gyn-chwaraewyr rhyngwladol droi'n ohebwyr rygbi ar ôl rhoi'r gorau i chwarae. O'r herwydd fe wnes i ddod yn fwyfwy cyfarwydd â rhannu lloc y wasg ar y Strade gyda chyn-sêr Cymreig. Er hynny, teimlad rhyfedd oedd gweld rhai fel Gareth Davies yn cymryd ei sedd yno fel Pennaeth Chwaraeon y BBC a gohebydd papurau cenedlaethol flynyddoedd wedi i mi adrodd arnynt yn chwarae eu gêmau cyntaf ar y maes. Rown i wedi gwylio'r bachgen yma o'r Gwendraeth yn chwarae ei gêm ddisglair gyntaf dros y Sgarlets cyn iddo ymddangos wedyn fel un o sêr colegol y gêm rhwng Rhydychen a Chaergrawnt yn 1977. Wedyn fe ymunodd â Chaerdydd gan ennill 21 o gapiau a dod yn un o'r Llewod Prydeinig ar y daith i Dde Affrica yn 1980.

A thyfu wnaeth y duedd i sêr y gwahanol gampau droi'n ohebyddion chwaraeon llwyddiannus pan ddôi diwedd eu gyrfa fel chwaraewyr. Yn ystod y blynyddoedd diwethaf i mi fod yn ohebydd ar y Strade gwelais nifer o gyn-sêr yn eistedd wrth fy ymyl. Byddai capten Morgannwg a batiwr agoriadol Lloegr, Stephen James, bob amser yn gwrtais a pharchus i mi, yr hen hac wythnosol. Un arall oedd Gerald Davies, asgellwr dewiniol y

which would be read by many. I always felt it was important to get to the press box early, and the first to greet me to my new Stradey home was Eic Davies. He was a highly respected Welsh-language broadcaster who was also a playwright and producer. His son Huw Llywelyn Davies has become an even bigger celebrity, having been the BBC and S4C's chief rugby commentator since 1979.

During the first few seasons that I covered matches at Stradey, I was quite tempted to take an autograph book. I would often be sitting next to many other well known journalists, several of them being former internationals. It could feel quite intimidating sitting next to characters such as two of Wales's greatest sporting giants, Wilf Wooller and Clem Thomas. They would always make their presence felt. Ex back row international Clem would usually be the last to arrive in the press box but, nevertheless, he would always be found a seat. Both of these famous characters would also loudly voice their opinion on players or incidents during matches. However, they always talked to me if I was sitting next to them and frequently sought my advice about any new local players in the Llanelli side.

Equally as friendly were former Glamorgan cricket star Peter Walker, Cardiff's former British Lions and Wales ace Bleddyn Williams, and Swansea's international wing Dewi Bebb, who sadly died in 1996.

It became an increasing trend for former internationals to become rugby reporters after retirement. I therefore got more used to sharing the Stradey press box with former Welsh stars. However, it felt strange when the likes of Gareth Davies would take his seat there as Head of BBC Sport and a national newspaper columnist several years after I had reported on them making their playing debut at the ground. I had watched this promising young Gwendraeth schoolboy making his first class debut for the Scarlets before he appeared for Oxford in the 1977 Varsity match. After that he joined Cardiff where he won 21 Welsh caps and became a British Lion on the South Africa tour in 1980.

This trend continued with more and more successful sports personalities becoming journalists after their playing careers. During the last few years that I reported at Stradey, many former sports celebrities sat next to me in the press box with former Glamorgan skipper and England opening batsman Stephen James always respectful and courteous to me as a weekly hack. Another, Gerald Davies, the British Lions and

Ray Gravell on the burst avoiding a tackle.

Ray Gravell yn osgoi tacl.

Fly half Gary Pearce aims for the posts again. He was one of the most successful kickers in the Scarlets history.
Photograph: Alan T. Richards

Y maswr Gary Pearce yn anelu at y pyst. Ef oedd un o gicwyr mwyaf llwyddiannus erioed Llanelli.

Un o flaenwyr gorau erioed Llanelli, Derek Quinnell. Ef yw llywydd y rhanbarth nawr.

One of Llanelli's best ever forwards, Derek Quinnell. He is now the Scarlets region's president.

Llewod Prydeinig a Chymru, un a fyddai'n falch o'i wreiddiau yn Llansaint ac yn un gwerth gwrando arno bob amser.

Yn ystod y 70au bûm yn ffodus hefyd i ddod i adnabod nifer o ohebyddion eraill enwog a pharchus. Pan fyddent am wybod unrhyw newyddion am y Sgarlets byddent yn fy ffonio yn y swyddfa neu gartref. Byddai'r rhain yn cynnwys newyddiadurwyr o bapurau Prydeinig Fleet Street, pobl fel Tom Lyons o Sir Efrog a ysgrifennai i'r *Daily Mirror*, Jim Hill o'r *Daily Express* a Peter Jackson, sy'n dal i fod yn brif ohebydd chwaraeon a cholofnydd y *Daily Mail*.

Byddai yno hefyd groeso arbennig i JBG Thomas o'r *Western Mail* ar y Strade. Roedd e'n ddyn mor ddylanwadol ym myd rygbi yng Nghymru fel y câi ei ystyried gan rai fel chweched dewiswr y tîm cenedlaethol! Fe'i cefais ef bob amser yn llawn cydweithrediad a chymorth. Dim ond ar ôl poeni JBG y dechreuais i o'r diwedd dderbyn tocynnau'r wasg ar gyfer gwylio gêmau rygbi rhyngwladol yng Nghaerdydd. Cyn hynny câi ceisiadau am docynnau gan bapurau rhanbarthol eu gwrthod.

Er hynny, fy nghyd-weithwyr agosaf ar y Strade oedd y brodyr Wilf a Harry Davies; y darlledwr a'r newyddiadurwr y diweddar Gareth Hughes, a oedd hefyd yn hanesydd y clwb, heb anghofio gohebydd arall, sef Norman Lewis. Fel y nodais yn gynharach byddai Harry, a gâi ei adnabod fel 'Scarlet' yn ei adroddiadau i'r *South Wales Evening Post* ar y ffôn byth a hefyd. Harry, fel gohebydd ar ei liwt ei hun, fyddai'n darparu hanes rhediad y gêm a'r sgôr diweddaraf i'r papurau dyddiol a Sul.

Deuthum i adnabod Norman hefyd pan oedd e'n adrodd ar gêmau i'r *Post* fel un o brif ohebwyr chwaraeon y papur yn Abertawe. Bûm yn gweithio oddi tano pan ddaeth yn gyfarwyddwr rheoli'r *Llanelli Star* cyn iddo ddychwelyd wedyn i loc y wasg ar y Strade fel gohebydd ar ei liwt ei hun. Derbyniais gynghorion gwerth chweil hefyd gan Ron Griffiths, golygydd a phrif ohebydd rygbi'r *Post*. Roedd hynny er gwaetha'r ffaith mai ar Abertawe, arch-elynion Llanelli, y gwnâi adrodd fel arfer!

Fe wnaeth gweithio gyda'r gohebwyr lleol a phrofiadol hyn adeg gêmau ar y Strade helpu i ddatblygu fy sgiliau ysgrifennu ar rygbi gan fy nghynorthwyo hefyd i ddatblygu fy null o ymdrin â chwaraewyr a swyddogion y clwb. Enillais hyd yn oed fwy o wybodaeth am y clwb drwy ddod i adnabod Gareth Hughes, a chydweithio'n glòs gydag ef; ef oedd golygydd rhaglenni'r gêmau ac fe luniodd ddwy gyfrol ar hanes y clwb.

Byddai Gareth, Harry, a minnau'n eistedd gyda'n gilydd bob amser yn lloc y wasg ar ddyddiau Sadwrn ac adeg gêmau canol wythnos, a hynny'n sbarduno Ray Gravell unwaith i'n galw ni'n GBH!

Wales wing wizard, was proud of his Llansaint roots and would always be worth listening to.

During the 70s, I was also fortunate to get to know well many respected writers. If they wanted any news about Scarlets matters, they would usually ring me at the office or at home. They included reporters from Fleet Street nationals such as Yorkshireman Tom Lyons of the *Daily Mirror*, Jim Hill of the *Daily Express* and Peter Jackson, who is still *The Mail*'s main sports correspondent and columnist.

There was also a special welcome for JBG Thomas of the *Western Mail* at Stradey. He was such an influential personality in Welsh rugby at the time that many considered him to be the sixth national team selector! I always found him helpful and cooperative, and it was through pestering JBG that I eventually successfully started receiving press tickets to cover Welsh internationals in Cardiff. Applications from weekly newspapers had previously been denied.

However, my closest reporting colleagues at Stradey were brothers Wilf and Harry Davies, broadcaster and journalist the late Gareth Hughes, who was also the club's historian, and not forgetting another reporter, Norman Lewis. Harry was known as 'Scarlet' in his reports for the *South Wales Evening Post*, having once played for the club. Wilf was constantly on the telephone as the freelance reporter supplying up to date scorers and score for the national daily and Sunday newspapers.

I also got to know Norman when he reported on matches for the *Post* as one of the Swansea-based newspaper's main sports writers. He became my boss when he was appointed the *Llanelli Star*'s managing director before returning later to the Stradey press box as a freelance writer. The *Post*'s sports editor and chief rugby writer Ron Griffiths also gave me good advice. That was despite the fact that Llanelli's greatest rivals Swansea was the club he usually reported on!

Working with these experienced local media personalities at Stradey matches helped develop my rugby writing skills, and helped develop my approach in dealing with players and club officials. I gained an even greater knowledge of the club through getting to know Gareth Hughes and working closely with him; he was also editor of the match programme and compiled two books on the history of the club.

Gareth, Harry, and I would sit together regularly in the press box, both on Saturdays and in midweek matches,

Ray Gravell showing his strengths with J.J. Williams in support.

Ray Gravell yn dangos ei gryfder gyda J.J .Williams yn cefnogi

Gerald Davies, Huw Llywelyn Davies a Gareth Charles who have commentated on rugby at Stradey.

Gerald Davies, Huw Llywelyn Davies, a Gareth Charles a fu'n sylwebu ar rygbi ar y Strade.

Yr hyfforddwr dylanwadol,
Carwyn James.

Influential coach Carwyn James.

Maswyr enwocaf Cymru:
Phil Bennett, Barry John, a
Jonathan Davies.

*Three fly half legends: Phil Bennett,
Barry John and Jonathan Davies.*

Yr adegau gorau i mi fod ar y Strade oedd pan fyddwn i'n adrodd ar gêmau teithiol, y gyntaf ohonynt fel newyddiadurwr yn digwydd bod yr un enwocaf yn hanes clwb Llanelli. Mae'n wir na wnes i adrodd ar y gêm chwedlonol honno ar gyfer y *Star* pan gurodd Llanelli Seland Newydd 9–3 yn 1972. Yn hytrach rown i yno i gynorthwyo Wilf Davies, a oedd wrthi'n ysgrifennu ar gyfer un o'r papurau cenedlaethol Prydeinig.

Pan wnes i gychwyn adrodd ar gêmau yn erbyn timau tramor, ceisiwn fod yn fy sedd o leiaf awr cyn y gic gyntaf bob amser. Byddai'n werth bod yno er mwyn blasu'r paratoadau a llyncu'r awyrgylch unigryw.

Adeg gofiadwy arall oedd cael bod yn lloc y wasg ar y Strade ar gyfer y gêm gyntaf erioed ym Mhrydain fel rhan o Gwpan y Byd 1991. Dangosodd Awstralia ddoniau rhyfeddol wrth iddynt guro'r Ariannin 32–19 ac aethant ymlaen i orffen fel ail enillwyr Pencampwriaeth Cwpan y Byd. Y tymor wedyn rown i yno ar ddyletswydd pan ddychwelodd Awstralia ar ddiwrnod pan fyddai'r Sgarlets yn creu mwy o hanes. Bu cais gan Ieuan Evans a dwy gic adlam gan Colin Stephens yn ddigon i arwain at fuddugoliaeth o 13–9 i'r tîm cartref. Fe wnaeth y fuddugoliaeth hon ddenu'r un math o ddathliadau â'r rheiny wedi'r fuddugoliaeth honno yn 1972 yn erbyn y Teirw Duon.

Bûm yn ddigon ffodus i fod ar y Strade i adrodd ar nifer o fuddugoliaethau cofiadwy eraill. Cefais glywed y cefnogwyr yn canu 'Who Beat the Wallabies' yn dilyn y fuddugoliaeth ryfeddol o 19–16 yn erbyn Awstralia ym mis Tachwedd 1984. Cyfrannodd y maswr Gary Pearce 15 o bwyntiau fel y ciciwr a arweiniodd at fuddugoliaeth yn absenoldeb y capten Phil May, a oedd wedi'i wahardd, a thri arall a oedd ar ddyletswydd rhyngwladol. May oedd yng ngofal y tîm y tymor canlynol pan fûm yn dyst i'w ysbrydoliaeth mewn gêm a gaiff ei chofio ar y Strade fel 'Y Ddihangfa Fwyaf'. Ar un adeg roedd y Sgarlets ar ei hôl hi, 25–0 yn erbyn Fiji. Ond ymladdwyd yn ôl gyda'r gwrthdaro gorau erioed yn erbyn tîm teithiol. Fe sgoriodd y blaenasgellwr Alun Hopkins gais hwyr i ennill y gêm 28–25 gyda Pearce yn cyfrannu 15 pwynt unwaith eto.

Cyn belled ag yr oeddwn i yn y cwestiwn roedd bod ar y Strade ar gyfer pob gêm yn achlysur cofiadwy ynddo'i hun ond byddai bod yno i adrodd ar y gêmau llai deniadol ar ddydd Sadwrn neu ganol yr wythnos lawn mor bwysig â bod yno ar gyfer yr achlysuron mawr.

Byddai chwaraewyr clybiau eraill y fro, fel y Felin-foel, Sêr y Doc Newydd, yr Hendy neu'r Tymbl yn gweld y Strade fel y llwyfan mwyaf ar gyfer eu talentau. I'r rhelyw o'r chwaraewyr

which prompted Ray Gravell to once nickname us GBH!

The best occasions to be at Stradey were those when I covered touring games with my first taste of one as a journalist being the most famous in the Llanelli club's history. However, although I didn't report on the legendary 9–3 win against New Zealand in 1972 for the *Star*, I was there helping Wilf Davies, who was reporting for a national newspaper.

When I started reporting on matches against overseas teams, I would always be in my seat at least an hour before kick off in order to savour the build up and to absorb the unique atmosphere.

Being in a press seat in Stradey for the first ever World Cup match in Britain in 1991 was also a memorable occasion. Australia showed outstanding qualities to beat Argentina 32–19, eventually going on to become the second World Champions.

The following season I was there reporting when Australia returned on a day the Scarlets created more history. A Ieuan Evans try and two Colin Stephens dropped goals were decisive in a 13–9 win for the home side. It was a triumph that earned similar accolades to that of the 1972 win against the All Blacks.

I was fortunate to cover many other special victories against international teams. The fans were singing 'Who Beat the Wallabies' after a remarkable 19–16 win against Australia in November, 1984. Fly half Gary Pearce contributed 15 points as the match-winning kicker in a team without suspended skipper Phil May and three players who were on international duty.

May was in charge the following season when I witnessed him inspiring 'The Great Escape' at Stradey. The Scarlets were trailing Fiji 25–0 at one point but staged a superb comeback against a touring team. Flanker Alun Hopkins scored a late try in an astonishing 28–25 win with Pearce once again contributing 15 points.

As far as I was concerned, being at Stradey for every match was in itself a special occasion, but reporting on less glamorous Saturday or midweek clashes was just as important as the many major occasions.

Players from local clubs such as Felin-foel, New Dock Stars, Hendy or Tumble saw Stradey as the biggest stage for their talent. To many, being selected to appear for the Scarlets was only second best to winning a Welsh cap. I felt it was an

The famous and talented outside half, Phil Bennett.

Phil Bennett, maswr enwog a dawnus y Strade.

Phil Bennett yn cicio i'r llinell.

Phil Bennett kicking to touch.

byddai cael eu dewis i chwarae dros Lanelli'r nesaf peth at ennill cap dros Gymru. Teimlwn hi'n ddyletswydd arnaf fel gohebydd, felly, i gofnodi eu llwyddiannau wrth iddynt gael eu dewis, a chawn foddhad mawr wrth gydnabod talent y chwaraewyr lleol hyn wrth iddynt roi perfformiadau cofiadwy.

Daeth Anthony Griffiths o'r Felin-foel i wneud ei farc yn y rheng ôl a bu'n flaenllaw iawn yn y perfformiad hwnnw yn 1984 pan gurwyd Awstralia. Yn ddiweddarach dychwelodd i glwb y pentref ac mae e bellach yn hyfforddwr llwyddiannus. Gwelwyd nifer o berfformiadau cofiadwy ar y Strade gan ystlyswr arall o'r Felin-foel. Denwyd George Jenkins – hwnnw â'r gwallt ffrwcsog – pan anafwyd Gareth Jenkins, a llwyddodd ei berfformiadau egnïol i ennill cefnogaeth y Tannerbank. Daeth y cefnwr Mike Francis a'r canolwr David Prenderville o'r un pentref i arddangos eu doniau dros y Sgarlets gyda'r aml-ddoniog Dai Thomas a'r blaenwyr Phil Rees, Dai Matthias ac Elwyn Morgan ymhlith chwaraewyr Sêr y Doc Newydd a wnaeth gyfraniadau gwych. Gareth Davies a Gareth Roberts o'r Tymbl wedyn, Peter Harries, y mewnwr o Gydweli, Lyndon Jones o Langennech, a chefnwr yr Hendy, Clive Davies, ymhlith llawer o rai eraill. Mewn cyfnodau gwahanol gallent oll fod wedi ymestyn eu rhan yn y garfan a mynd ymlaen i ennill gwobrau uwch.

Pan drodd rygbi'r undeb yn gêm broffesiynol, trodd fy ymweliadau â'r Strade i fod yn brofiadau gwahanol. Cafwyd awyrgylch mwy dwys wrth i rygbi yn Llanelli orfod ymaddasu i fod yn fusnes, i fod yn agored i gystadlaethau newydd ac yna'r clwb yn cael ei dderbyn fel un o ranbarthau newydd rygbi yng Nghymru. Er hynny, mynnwyd y byddai'r clwb yn dal i gael ei adnabod fel y Sgarlets.

Canlyniad arall oedd y byddai'r Sgarlets yn cystadlu'n flynyddol yn erbyn gwrthwynebwyr gorau Ewrop yng nghystadleuaeth newydd Cwpan Heineken. Teimlais fod hyn yn brofiad newydd i minnau hefyd yn fy ngyrfa hir ar y maes wrth i mi gael adrodd ar y fath safon uchel o gystadlu. Roedd hyn yn cynnwys adrodd ar y Sgarlets yn concro nifer o dimau disglair ond anwadal o Ffrainc ar faes y Strade.

Ond y buddugoliaethau a roddodd i mi'r boddhad mwyaf o adrodd arnynt oedd y rheiny dros dimau dethol Lloegr, fel y London Wasps a Chaerlŷr. Cofiaf am Scott Quinnell yn camu dros Lawrence Dallaglio i sgorio un o'r ceisiau wrth i'r Sgarlets ennill 25–15 i fynd ymlaen i rowndiau olaf y gystadleuaeth yn 2000. Fe wnaethon nhw golli i Northampton yn y rownd gyn-derfynol yn Stadiwm y Madejki yn Reading.

Quinnell hefyd oedd yr ysbrydoliaeth pan welais i'r Sgarlets yn

important part of my duty to record their achievement of being selected, and felt it immensely satisfying to report on notable displays from these local players.

Anthony Griffiths came from Felin-foel to make his mark in the back-row, and featured prominently in the 1984 win against Australia. He eventually returned to his village club and is now a successful coach. There were also several outstanding performances at Stradey from another Felinfoel flanker. Bushy haired George Jenkins was recruited when Gareth Jenkins was injured and his dynamic displays earned approval from the Tannerbank.

Full back Mike Francis and centre David Prenderville came from the same village to display their talent for the Scarlets at Stradey with the versatile Dai Thomas and forwards Phil Rees, Dai Matthias and Elwyn Morgan among the New Dock Stars players that made notable appearances. Gareth Davies and Gareth Roberts from Tumble, Peter Harries, a Kidwelly scrum half, Lyndon Jones from Llangennech and Hendy full back Clive Davies were among many others. In another era, they all might have had extended stays in the squad and gained even higher honour.

When rugby union turned professional, going to Stradey became a different experience. There was now a more intense atmosphere as Llanelli rugby adapted to becoming a business, to the introduction of new competitions, and eventually being accepted as one of the new Welsh rugby regions. However, they ensured they were still called the Scarlets.

It also resulted in the Scarlets playing annually against Europe's best opposition in the new Heineken Cup. It was also a new experience in my long reporting career at the ground to report on such a high quality competition including reporting on the Scarlets conquering several flamboyant and temperamental French sides at Stradey.

However, the most satisfying successes I reported on were against highly fancied English sides London Wasps and Leicester. Scott Quinnell stepped over Lawrence Dallaglio to score one of the tries as the Scarlets won 25–15 to progress to the knock out stages in 2000. Unfortunately, they then lost to Northampton in the semi final at the Madejki Stadium, Reading.

Quinnell was once again the inspiration when I saw the Scarlets conquer a stunned Leicester Tigers 24–12 in the 2002 pool stages with Stephen Jones scoring all 24 points. As I

Ieuan Evans at the start of his career heads for the try line .

Yr Ieuan Evans ifanc yn gwibio am y llinell gais.

The famous Scarlets squad line up before the epic clash against the All Blacks in 1972.

Carfan enwog Llanelli cyn y gêm yn erbyn y Crysau Duon yn 1972´.

synnu Teigrod Caerlŷr ac yn eu concro 24–12 yn y rowndiau cynnar. Stephen Jones sgoriodd yr holl bwyntiau. Wrth i mi'n ddiweddarach gerdded allan drwy'r twnnel roedd golwg ddiflas a llawn syndod ar wynebau sêr rhyngwladol fel Austin Healey a Rory Underwood y tu allan i stafell newid Caerlŷr. Er hynny bu hyfforddwr y Teigrod, Dean Richards, a'r capten, Martin Johnston, yn hynod o ganmoliaethus i'r tîm cartref.

Er gwaetha'r fath lwyddiant methodd y Sgarlets â dod â Chwpan Heineken adre i'r Strade, ac ar ôl buddugoliaeth nodedig yn erbyn Caerfaddon yn y rownd go-gyn-derfynol llwyddodd Caerlŷr i dalu'r hen chwech yn ôl yn y gêm gyn-derfynol ar faes Nottingham Forest. Daeth cic gosb lwyddiannus hwyr a hir Tim Stimpson â buddugoliaeth o 13–12 i'r Teigrod.

Wedi i mi roi'r gorau i adrodd ar gêmau i'r *Star* fe wnes i barhau i fynychu gêmau ar y Strade. Gyda rhannau o'r maes wedi mynd i edrych yn ddiraen ac angen atgyweirio arnynt doedd hi ddim yn syndod gweld y clwb yn symud i stadiwm newydd Parc y Sgarlets yn ardal Pemberton ar gyrion Llanelli.

Un o'r atgofion mwyaf parhaol a chofiadwy o'r Strade oedd yr achlysur syber hwnnw ym mis Tachwedd 2007. Bryd hynny trodd y stadiwm yn lle o addoliad ac o ddiolchgarwch adeg gwasanaeth angladdol Llywydd y Clwb, Ray Gravell. Bu farw'r cyn-Lew ac arwr Cymru a Llanelli ar ben-blwydd 35 oed buddugoliaeth y Sgarlets dros y Teirw Duon, gêm y bu ef ei hun yn chwarae ynddi. Eironi o'r mwyaf oedd hyn – y cefnogwyr yn paratoi ar gyfer ymadawiad y Sgarlets o'r Strade tra oedd miloedd ledled Cymru wedi dod yno i ffarwelio ag un o chwaraewyr enwocaf ac anwylaf y fangre. Hyn oedd symbol diwedd cyfnod.

walked through the tunnel afterwards there was a gloomy look of disbelief on the faces of internationals Austin Healey and Rory Underwood outside the Leicester dressing room. However, the Tigers coach Dean Richards and skipper Martin Johnston were very complimentary of the home side.

Despite this success, the Scarlets were unable to bring the Heineken Cup back to Stradey and after an impressive win against Bath in the quarter-finals Leicester gained revenge in the semi-final at the Nottingham Forest City ground. A late long-range Tim Stimpson penalty gave the Tigers a 13–12 win.

Since putting away my reporting pen for the *Star*, I have continued going to watch games at Stradey. However, with many parts of the ground looking shabby and in need of repair, it was no surprise to see the region moving to the new Parc y Scarlets stadium in Pemberton, Llanelli.

One of the lasting and most moving memories of Stradey was the sombre occasion held there in November 2007. Stradey became a place of worship and thanksgiving for the funeral of the club's President, Ray Gravell. The former British Lions, Wales and Scarlets centre died on the 35th anniversary of the victory against the All Blacks in which he had played. It seemed ironic that as the fans were getting ready to see the Scarlets leave Stradey, many others from all over Wales tuned in to say farewell to one of its most famous and loved players. This symbolised the end of an era.

PENNOD 6

ARWYR Y BÊL GRON

Profodd y gwaith o gofnodi siomedigaethau a llwyddiannau clwb pêl-droed Llanelli i fod yr un mor bleserus â medru cofnodi llwyddiannau amrywiol y tîm rygbi enwog byd-eang, y Sgarlets. Drwy ddilyn y Cochion, fel y caiff prif dîm pêl-droed y dref ei adnabod, adroddais ar eu llawenydd wrth ennill y bencampwriaeth, y brwydrau rhag disgyn ynghyd â'r digwyddiadau trist, gan ddod i adnabod nifer o bersonoliaethau a ddaeth yn chwedlau.

Fel crwt ysgol, roeddwn i'n byw gyda'm rhieni ar stad newydd o dai cyngor, Brynamlwg, yn agos at faes y clwb, Stebonheath. Gyda fy ffrindiau, treuliwn oriau hapus yn chwarae y tu ôl i'r gôl ar ochr Abertawe o'r maes. Yn ystod y chwedegau, prin oedd y cyfleoedd i chwarae socer yn yr ysgol, gyda'r prif bwyslais ar gynhyrchu chwaraewyr rygbi'r dyfodol. Roedd cicio'r bêl gron yn rhywbeth na châi ei annog. Ond unwaith y byddai'r gwersi drosodd, y peth poblogaidd i'w wneud fyddai ymuno mewn gêmau cyfeillgar ar gaeau chwarae Llanelli. Treuliwn lawer o amser gyda ffrindiau wrth i ni gystadlu â'n gilydd ar feysydd y 'Stebo' neu Benygaer neu'r Llanerch. Fel llawer o rai eraill, roedd gen i frwdfrydedd tuag at ddilyn gêmau rygbi'r Sgarlets, ond mwynhawn hefyd chwarae a gwylio socer. Byddai'r bechgyn eraill yn cefnogi timau fel Lerpwl, Arsenal, Chelsea, Manchester United neu Leeds United ar y pryd, ond fy nhîm i oedd yr un a gariai enw fy nhref, Cochion Llanelli.

Pan wnes i ddechrau eu cefnogi yn y chwedegau, roedden nhw'n denu torfeydd sylweddol gyda'r mwyafrif yn gwylio o'r banc mawr lle saif y clwb cymdeithasol heddiw. Ymhlith y chwaraewyr lleol yn y tîm oedd Jeff Randall, Dev Davies, Ken Rees, Peter Smith, Peter Johns a Terry Evans, a minnau'n dod i'w hadnabod bob un ar ôl i mi ymuno â'r *Star*. Roedd yn syndod bod ysgolion yr ardal mor amharod i hybu socer o ystyried bod gan y Cochion hanes mor nodedig.

Ymhlith rhai o'r prif dimau i Lanelli eu hwynebu oedd Tottenham Hotspur, a'u hwynebodd ym mis Hydref 1922 i nodi agoriad swyddogol Stebonheath. Bu'r maes yn llwyfan i gêmau cofiadwy eraill, nifer ohonynt yn rhan o gystadleuaeth Cwpan Lloegr. Yn ystod y tymhorau yn y pumdegau pan oedden nhw'n perthyn i Gynghrair y De fe ymunodd criw o Albanwyr â nhw ac yn eu plith roedd Jock Stein. Eironi trist yw'r ffaith iddo farw o drawiad ar y galon yng Nghymru pan oedd yn rheolwr ar dîm cenedlaethol yr Alban wrth iddynt ennill eu lle yn rowndiau terfynol Cwpan y

Un o sêr Clwb Pêl-droed Llanelli yn y saithdegau, Vic Gomersall, sydd nawr yn reolwr masnachol gyda'r clwb.

One of Llanelli AFC's stars of the 1970s, Vic Gomersall, who is now the club's commercial manager.

CHAPTER 6

LLANELLI'S SOCCER LEGENDS

Recording the traumas and triumphs of the Llanelli Soccer Club proved to be just as satisfying as being able to cover the many achievements of the world famous Scarlets rugby team. Through covering the Reds, as the town's soccer flagship was known, I reported on their championship winning joy, their relegation battles and tragedies and got to know several Welsh legends.

As a schoolboy, I lived with my parents in a new council housing estate, Brynamlwg, which was close to the Reds' Stebonheath ground. With friends, I used to spend many happy hours playing behind the goalmouth on the Swansea side there. During the 60s, there were few opportunities to play soccer in school, with the main emphasises being on producing future rugby players. Kicking the round ball seemed to be discouraged. But when the lessons were over, it was popular to join in friendly soccer games in Llanelli's playing fields. I would spend time, with my pals, playing in the Stebo grounds or the Penygaer or Lla\nerch fields. Like many I had a passion for following the Scarlets rugby matches, but I also enjoyed playing and watching football matches. Most boys would support the likes of Liverpool, Arsenal, Chelsea, Manchester United or Leeds then. However, my team was the one that proudly carried the name of my town, Llanelli's Reds side.

When I began watching them in the 1960s, they attracted large crowds with most fans watching from the large bank where the social club is now located. Among local players in the side were Jeff Randall, Dev Davies, Ken Rees, Peter Smith, Peter Johns and Terry Evans, all of whom I got to know well after joining the *Star*.

It was surprising that schools in the area were reluctant to promote soccer considering the fact that the Reds had such an impressive history.

Among the top clubs they had played were Tottenham Hotspur who faced them in October 1922 to mark the official opening of Stebonheath. The ground staged many other memorable matches, with several being in the FA Cup.

Former Wales defender Leighton Phillips chats with former Llanelli AFC Chairman Robert Jones after Robbie James' funeral. Phillips is a former Reds manager.

Cyn-chwaraewr Cymru; Leighton Phillips, yn siarad â chyn-gadeirydd Llanelli; Robert Jones, ar ôl angladd Robbie James. Bu Phillips yn gyn-reolwr ar Lanelli.

Floral tributes on Stebonheath following the tragic death of Robbie James while playing in a midweek match there.

Blodau ar Stebonheah i gofio am Robbie James a fu farw'n sydyn tra chwaraeai yno dros Lanelli.

Tîm llwyddiannus Llanelli gyda Chwpan Gorllewin Cymru. Yn y rhes ôl mae: Gwyn Grant, rheolwr; John Thomas; Glen Williams; Ray Pratt; Denis Lambourne; Peter Fearn; Richie Evans; Vic Gomersall a Clive Kinsey. Rhes flaen: Ivor Percy; Cyril Hartson (tad John); Denley Morgan; Gilbert Lloyd; Alan Foligno; Brian Evans a Hugh Edwards. Llun: Alan T. Richards

The Llanelli line up that completed the double through adding the West Wales Senior Cup to the Welsh league championship title. Backrow: Gwyn Grant, manager; John Thomas; Glen Williams; Ray Pratt; Denis Lambourne; Peter Fearn; Richie Evans; Vic Gomersall a Clive Kinsey. Front row: Ivor Percy; Cyril Hartson (John's father), Denley Morgan; Gilbert Lloyd; Alan Foligno; Brian Evans a Hugh Edwards.

Byd drwy sicrhau gêm gyfartal yn erbyn Cymru ar Barc Ninian ym mis Hydref 1985.

Cyn cychwyn ar fy ngyrfa gyda'r *Llanelli Star*, byddwn bob amser yn chwilio am yr adroddiadau a'r holl newyddion diweddaraf am y Cochion. Yr enw o dan y penawdau oedd un John Burgum, a ymunodd â desg chwaraeon y *South Wales Evening Post* gan ddod wedyn yn ohebydd o bwys a arbenigai ar hynt a helyntion clwb pêl-droed Abertawe. Yn ystod fy misoedd cyntaf o ddysgu fy nghrefft, byddai'r Golygydd Chwaraeon Esdale Maclean a'r Prif Ohebydd Ron Cant yn rhannu'r cyfrifoldeb o adrodd ar dîm pêl-droed y dref. Ond gan fod gen i ddiddordeb ym mhob camp, gwirfoddolwn yn rheolaidd i adrodd ar unrhyw gamp. Yna fe ddaeth fy nghyfle i fynd i faes enwog Clwb Pêl-droed y dref i adrodd ar y Cochion. Gan fod hwnnw'n digwydd bod yn dymor wedi iddynt ennill pencampwriaeth Cynghrair Cymru 1970-71, teimlwn hi'n fraint cael y cyfrifoldeb o bortreadu llwyddiant y Cochion yn y *Star*. Ac er cymaint oedd yr her gyffrous o gael fy anfon i'r Strade, edrychwn ymlaen bob amser at y prynhawniau Sadwrn a'r nosau canol wythnos pan fyddwn yn mynd i Stebonheath.

Capten y tîm a enillodd y bencampwriaeth oedd yr amddiffynnwr dylanwadol Verdun Lewis o Bontyberem a'r sgoriwr rheolaidd oedd yr amddiffynnwr canol, un y cawn drafferth bob amser i sillafu ei enw, sef Paul Mikolajzyk. Roedd prentis proffesiynol cyntaf Abertawe, Dennis Lambourne, yn aelod o'r garfan beryglus hon gyda Tony Nancurvis yn asgellwr disglair.

Cymerodd gryn amser i mi ddod i dderbyn y cyfarchiad tafod-mewn-boch pan gyrhaeddwn y maes pêl-droed: 'Mae'r Sgarlets yn chwarae bant, ydyn nhw? Ond doedd dim unrhyw fwriad bod yn feirniadol, a byddai'r swyddogion, y chwaraewyr a'r cefnogwyr bob amser yn gyfeillgar. Er hynny, roedd hi'n amlwg eu bod nhw'n cael eu hystyried fel y tîm ail orau yn y dref i'r tîm rygbi, a theimlent braidd yn eiddigeddus.

Pan euthum i adrodd ar y tîm pêl-droed am y tro cyntaf, eisteddwn yn lloc y wasg, a oedd yn golygu dwy res yng nghanol yr eisteddle pren yn y Stebo. Yn cyd-eistedd gyda mi oedd un o'r cymeriadau mwyaf lliwgar i fod yn rhan o'r clwb, Kelley Evans, a oedd yn gohebu ar ran yr *Sporting Post*. Byddai'n defnyddio teliffon du y byddai'n rhaid iddo ei weindio ar gyfer anfon copi i'w bapur. Bu gweld Kelley wrth ei waith yn dipyn o sioc i'r system ar y cychwyn gan fy mod i wedi credu y dylai gohebwyr fod yn ddiduedd. Ond gallai Kelley gael ei gyffroi'n llwyr gan sefyll i fyny yn aml a gweiddi ar y dyfarnwr a dweud wrtho beth i'w wneud â'i chwiban. Ond efallai y gellid esgusodi ei ymddygiad gan ei fod e'n

During those seasons in the 1950s when they were in the Southern League, a batch of players from Scotland joined the Reds with Celtic international Jock Stein being one of them. It was a sad irony that he died in Wales after collapsing of a heart attack when in charge of Scotland in their Ninian Park World Cup qualifying draw against the home nation in October 1985.

Before starting my career at the *Llanelli Star*, I would always look out for reports and the latest news on the Reds. The name above those reports then was John Burgum who joined the *South Wales Evening Post* sports desk and became their highly respected Swansea City specialist. Sports Editor Esdale Maclean and chief reporter Ron Cant shared the responsibility of covering the town soccer team's games during the first months I was learning the ropes as a reporter for the *Star*. However, being interested in all sport I constantly volunteered to report on football matches. The chance eventually came for me to carry out the reporting duties at Llanelli's famous football ground. With it being the season after the Reds had won the 1970-71 Welsh League Championship, I felt it a privilege to be given the responsibility of portraying their fortunes in the *Star*. Although it was also an exciting challenge to be sent to Stradey, I always looked forward to the many Saturday afternoons and midweek evenings when I would attend matches at Stebonheath.

The captain of the championship winning formation was influential defender Verdun Lewis from Pontyberem with the regular goalscorer being a centre forward whose name I always had to check, Paul Mikolajzyk. Swansea's first apprentice professional, Dennis Lambourne, was a member of the formidable squad with Tony Nancurvis an outstanding wing.

It took me a while to get used to the tongue in cheek welcome I used to have at Stebonheath. Whenever I arrived, the greeting would often be: "The Scarlets are playing away are they?" It wasn't meant in an offensive manner and the officials, players and fans were always hospitable and friendly. However, it did show that they always felt they were considered second best to the rugby side in the town, and were clearly a bit envious of them.

When I made my reporting debut at Stebo, I sat in the press box which had two rows in the middle of a wooden stand in Stebo. Sitting next to me was one of the most

Former Wales legend Robbie James in the Reds jersey.
Photograph: Jeff Connell

Cyn-arwr Cymru, Robbie James, yn gwisgo crys Llanelli.

Robbie James wins the ball in the air.

Robbie James yn ennill y bêl yn yr awyr.

Ray Pratt o Borth Tywyn oedd prif sgoriwr Llanelli pan enillodd y clwb y Bencampwriaeth Cynghrair Cymru ddau dymor yn olynol.

Ray Pratt from Burry Port was Llanelli's top scorer when they won the Welsh League championship two years running, between 1976 and 1978.

Ray Pratt yn anelu'r y bêl at y rhwyd.

Ray Pratt finds the net for the Reds again.

gyn-seren o dîm y Cochion; yn wir, ef oedd y cyntaf i sgorio iddynt ar faes Stebonheath yn 1922.

Roedd Kelley yn hyddysg mewn aml i gamp ac wedi chwarae 75 o gêmau i'r Cochion mewn un tymor, gan ymddangos ymhob safle i'r clwb. Ef hefyd oedd y cricedwr cyntaf i sgorio cant ar faes Dafen ac er ei fod erbyn hyn yn ei 70au, enillodd fy mharch, a theimlwn yn falch i mi gael y cyfle i'w adnabod. Ers ei farw, enwyd un o wobrau chwaraeon y dref er cof amdano.

Er hynny, y bersonoliaeth fwyaf o blith y Cochion i mi gael y fraint o'i adnabod oedd Gwyn Grant, rheolwr y clwb am dri thymor llwyddiannus pan gipiwyd y bencampwriaeth yn y saithdegau. Cyn hynny roedd Gwyn wedi chwarae ymhob safle i'r Cochion, ar wahân i chwarae yn y gôl. Bu'n cyd-chwarae â Jock Stein dros Lanelli a chafodd sylw gan gyn-reolwr yr Alban a Celtic yn ei hunangofiant.

Gan na fedrwn fod yn bresennol ym mhob un o gêmau'r Cochion, Gwyn Grant oedd fy mhrif ffynhonnell o wybodaeth yn ystod yr oes aur hon. Bob dydd Mawrth awn i'w gartref yn Nafen am gyfweliad. Yn dilyn diwrnod o waith caled yn ffatri geir Morris, llwyddai i greu amser i mi, a byddai ei wraig, Veryna, yn barod gyda dishgled a chacen. Diolch i Gwyn, roedd gen i ddrws agored i'r stafell newid cyn ac ar ôl gêmau, heb sôn am adeg hanner-amser. Rhoddodd hyn gyfle i mi ddod i adnabod y chwaraewyr yn well, ac i ennill eu hymddiriedaeth. Byddai lle i mi hefyd ar fws y tîm ar gyfer gêmau oddi cartref, a'r rheiny'n cynnwys ymweliadau â Ninian Park yn erbyn Caerdydd, Abertawe ar y Vetch a Chasnewydd ar Barc Somerton. Cefais hefyd fod yn rhan o'r ymweliadau ar gyfer gêmau Cwpan Lloegr â meysydd Caerwrangon, Cheltenham a Chaerloyw ymhlith eraill.

Tua diwedd y saithdegau, byddai bachgen bach bob amser gyda'i dad ar y bws. John Hartson oedd hwn, pan oedd ei dad yn chwarae fel blaen ymosodwr i'r Cochion yn ystod yr ail dymor yn olynol iddynt gipio pencampwriaeth Cynghrair Cymru ar ddiwedd y degawd.

Gwnaed y gamp arbennig hon yn bosibl rhwng 1976 a 1978 pan lwyddodd Gwyn Grant i asio talentau lleol â chyn-sêr Abertawe. Ar ôl llwyddo i osgoi disgyn i adran is yn 1975-76 o drwch blewyn, fe ddatgelodd Gwyn, mewn sgwrs, yn ystod yr haf hwnnw, iddo arwyddo'r chwaraewyr pwysicaf iddo erioed eu sicrhau i'r clwb. Llwyddodd i ddenu'r aml-dalentog Gilbert Lloyd a'r golwr Peter Fearn o Gaerfyrddin yn ôl o Abertawe. Fe lwyddodd hefyd i ddenu Denley Morgan, cyn-ddisgybl yn Ysgol Ramadeg Llanelli, yn ôl ar ôl gyrfa lwyddiannus ar y Vetch.

Er gwaethaf cyllideb gyfyngedig, llwyddodd Gwyn Grant hefyd

colourful characters associated with the club, Kelley Evans, who was there reporting on behalf of the *Sporting Post*. He would use a black wind up telephone to provide the copy for the Saturday evening *Sporting Post*. His reporting style initially proved a shock to the system as I believed reporters were supposed to be impartial. But Kelley would get quite excited and often stand up and shout at the referee, telling him what to do with his whistle. However, he could be excused for his style, for he was a famous former Reds player, and the first to score a goal for them at Stebonheath in 1922.

An allround sportsman, Kelley had played 75 games in one Reds season, had appeared in every position for the club and in cricket had scored the first century at Dafen ground. Despite being in his 70s, he earned my respect and I felt proud to have known him. Since his death, one of the town's main sport awards has been named in his memory.

However, the Reds personality I have been most honoured to know was Gwyn Grant, who managed the club for three championship winning seasons in the 70s. Before that Grant had played in every position for the Reds apart from in goal. He was one of Jock Stein's team-mates at the club and is mentioned in the former Scottish manager's autobiography. As I was unable to attend all the club's matches, Grant was my main source for Reds stories during that golden era. Every Tuesday, I would visit his Dafen home for an interview. After a hard day's work in the Morris Motors car factory, he would still make time for me, and his wife Veryna would always provide a cup of tea and cake. Thanks to Grant, I had an open door to the dressing room before and after matches in addition to half time, which enabled me to get to know the players better, and to gain their trust. There was also always a place for me on the team coach to away matches which included visits to watch the Reds play Cardiff City at Ninian Park, Swansea at the Vetch and Newport at Somerton Park. I also accompanied the team to many FA Cup ties, visiting grounds such as Worcester, Cheltenham and Gloucester.

Towards the end of the 70s, a small boy would always be with his father on the team coach. It was John Hartson, the Wales ace, when his dad Cyril was playing centre forward for the Reds during the second successive season they won the Welsh League championship at the end of the decade.

This remarkable achievement between 1976 and 1978 was

Former Swansea City star Wyndham Evans who became manager of his home town club Llanelli.

Cyn-chwaraewr Abertawe, Wyndham Evans, a ddaeth yn rheolwr clwb ei hen dref, Llanelli.

Ray Pratt in the penalty area.

Ray Pratt yn y cwrt cosbi.

Cyn-gadeirydd Llanelli, Robert Jones, yn croesawu Robbie James i Stebonheath.

Former Llanelli Chairman, Mr Robert Jones, welcoming Robbie James, to Stebonheath.

i arwyddo'r Cymro Brian Evans, cyn-asgellwr rhyngwladol medrus, a chyn-seren Manchester City, Vic Gommersall, o Abertawe. Bu'r ddau'n allweddol yn llwyddiant y bencampwriaeth ddwbwl a ddaeth wedyn. Dau arall o Abertawe a ychwanegwyd at y garfan oedd David Lawrence a Carl Slee. Datgelodd Grant i mi iddo orfod mynd i'w boced ei hun ar brydiau i sicrhau y caent eu cyflogau. Roedd hi'n amlwg fod gan y chwaraewyr hyn barch aruthrol i Gwyn, a oedd yn meddu ar ddoniau ysgogol anhygoel.

Er nad oedd timau gogledd Cymru yn rhan o Gynghrair Cymru ar y pryd, roedd hi'n gamp arbennig i ennill y bencampwriaeth ddwywaith. Er mwyn cyflawni hynny rhaid fu goresgyn timau cryfion fel Dinas Caerdydd, Casnewydd, Merthyr ac Abertawe.

Fe wnaeth Grant ddefnydd llawn o dalentau lleol gyda Ray Pratt o Borth Tywyn yn profi i fod yn un o'r ymosodwyr gorau erioed i chwarae dros y Cochion. Ymunodd wedyn ag Exeter City tra chwaraeodd cynnyrch lleol ifanc arall, Paul Morris, dros Henffordd yn y Cynghrair Pêl-droed. Chwaraeodd Huw Edwards gêm gyntaf gofiadwy yn y fuddugoliaeth o 4–1 yn 1976-77 a Mike Hurley oedd yr unig sgoriwr yn ei gêm gyntaf gyda buddugoliaeth o 1–0 y tymor wedyn pan gyflawnwyd y dwbwl dros yr Adar Gleision.

Pan fyddai'r Cochion yn erbyn Abertawe gartref, byddai hynny ar fore Gŵyl San Steffan, a'r Stebo bob amser yn orlawn. Golygai gêm fore y medrai'r cefnogwyr wedyn wylio'r Sgarlets yn wynebu'r Cymry yn Llundain ar y Strade yn y prynhawn. Am flynyddoedd, fe wnes i adrodd ar y ddwy gêm. Un o berfformiadau gorau'r Cochion dros Abertawe oedd pan wnaethon nhw'u curo 2–0 yn rownd derfynol Cwpan Uwch Gorllewin Cymru yn Rhydaman ym mis Mai 1977. Yr unig chwaraewr yn absennol o dîm llawn Cynghrair Cymru Abertawe oedd Robbie James.

Bûm hefyd yn dyst i ddigwyddiadau trist yn ystod y tymhorau cofiadwy hynny pan welais ddamweiniau dau chwaraewr yn dod â'u gyrfa i ben o ganlyniad i dorri coes wrth chwarae dros y Cochion. Un oedd David Lawrence, a oedd wedi dod o Ddinas Abertawe, a'r llall oedd y chwaraewr ysbrydoledig hwnnw Gilbert Lloyd, y chwaraewr amatur Cymreig rhyngwladol o Lanelli. Gêm gymharol ddiddigwyddiad yn erbyn y Caerau oedd honno pan dorrodd Lloyd ei goes. Gwelais y dacl a chlywais y sŵn cracio ofnadwy a olygodd ei gludo i'r ysbyty.

Doedd fawr ddim llwyddiant i'w adrodd wedi i oes aur Gwyn Grant ddod i ben ar ôl ennill pencampwriaeth 1977-78 ond y syndod a deimlais oedd y diffyg cydnabyddiaeth a'r gwerthfawrogiad o'i gamp fawr. Pan ddaeth ei gyfnod fel rheolwr i ben yn yr wythdegau, daeth ei gysylltiad â chlwb Llanelli i ben i bob pwrpas. Yna, i fyny hyd at ei farw yn 2001, treuliai ei brynhawniau Sadwrn gan amlaf

made possible when Grant conjured up a combination of quality local players and former Swansea City aces. After narrowly avoiding relegation in the 1975-76 season, during the following summer Grant told me of important signings that he had managed to make. He brought the versatile Gilbert Lloyd and Carmarthen-born goalkeeper Peter Fearn back to the club from Swansea City. Former Llanelli Grammar School pupil Denley Morgan also joined his home town club after a successful career at the Vetch.

Despite having a limited budget, Grant also signed classy former Welsh international wing Brian Evans and ex-Manchester City player Vic Gommersall from Swansea. The two played a crucial part in the double championship success of the two seasons that followed. David Lawrence and Carl Slee were others from the Swans who were added to the squad. Grant confided to me that at times he had to dig into his own pocket to make sure these players got their wages. It was evident that these players had the highest respect for Grant, who had great motivating qualities.

Although North Wales teams weren't involved in the Welsh League at the time, it was a major achievement to win the championship twice. To do so they had to overcome strong opposition including the likes of Cardiff City, Swansea, Newport and Merthyr.

Grant made full use of local talent with Ray Pratt from Burry Port, proving to be one of the best strikers to play for the Reds. He eventually joined Exeter City while another skilful young product, Paul Morris, played for Hereford in the Football League. Huw Edwards of Gorseinon made a memorable debut in a 4–1 win over Cardiff in 1976-77 and Mike Hurley was a scorer on his debut in a 1–0 win the following season when they completed the double over the Bluebirds.

When the Reds used to play the Swans at home it was on Boxing Day morning, always to a packed Stebo. That would enable fans to go and watch the Scarlets play London Welsh at Stradey in the afternoon. For many years, I covered both matches. One of the Reds' best performances that I witnessed against the Swans was when they toppled them 2–0 in the West Wales Senior Cup final in Ammanford in May, 1977. The only absentee missing from a full strength Football League side was Robbie James.

I also witnessed sad episodes during those memorable seasons, seeing two players suffering career-ending broken

Wales soccer ace Leighton James meets up with Llanelli President Mr John James. Leighton managed the Reds twice. The President died in 2007.

Arwr pêl-droed Cymru Leighton James yn cwrdd â Llywydd Llanelli Mr John James. Bu Leighton yn rheolwr dros Lanelli ddwy waith. Bu farw'r y llywydd yn 2007.

Cyn-seren Lerpwl, Alan Waddle, yn penio'r bêl i Lanelli yn Stebonheath.

Former Liverpool star, Alan Waddle, heads the ball for the Reds.

yn cefnogi timau ei bentref, Dafen, mewn pêl-droed a chriced. Un o'r sgyrsiau olaf i mi ei siario ag ef oedd pan ddatgelodd i mi mor falch y bu o gael ymddangos ar raglen S4C, *Pnawn Da*, a chael cyfle i adrodd hanes ei yrfa a'i lwyddiannau.

Olynwyd Gwyn Grant gan ddau o'r chwaraewyr gorau i'r ardal eu cynhyrchu erioed, a bu'r ddau yn gwbwl agored bob amser pan awn atynt i chwilio am hanesion y Cochion. Un ohonynt oedd Wyndham Evans, a ystyriwn yn chwaraewr addawol iawn pan chwaraeai gydag Ysgol y Bechgyn, Llanelli, ac yng nghynghrair iau Sir Gaerfyrddin. Wedyn cefais gyfle i adrodd am ei berfformiadau gyda Dinas Abertawe ymhob adran, wrth iddo greu record o ran ymddangosiadau i'r Elyrch.

Fe fynegodd Wyndham wrtha i ei falchder o gael y cyfle i reoli clwb ei dref ei hun, a'r modd y llwyddodd i ddenu cymaint o chwaraewyr Abertawe i'r clwb. Mae'n rhaid mai'r seren ddisgleiriaf a welais i o ran fy ngwaith oedd ymosodwr Lerpwl, Alan Waddle, yn 1987. Cyn-seren arall o Lerpwl a wnaeth un ymddangosiad yn unig oedd Phil Boersma.

Cyn – ac ar ôl – teyrnasiad Evans fel rheolwr y Cochion fe gymerodd Gilbert Lloyd at yr awenau. Ef oedd olynydd uniongyrchol Gwyn Grant. Rown i wedi edmygu talentau Lloyd ar y cae. Safai allan fel prif ffynhonnell y chwarae a phrofodd ei fod yn chwaraewr aml-dalentog ac yn sgoriwr rheolaidd. Wedi iddo gael ei benodi'n rheolwr fe gefais fwy i'w wneud ag ef a deuthum i'w adnabod yn well. Gallai fod yn siaradwr plaen gan fod yn barod iawn â'i farn. Ond roedd gen i'r parch mwyaf iddo. Pwysleisiai bob amser yr angen am roi cyfle i dalentau lleol ac, fel arfer, fe lwyddai i gael y gorau ohonynt.

Pan ddaeth Llanelli'n rhan o'r Cynghrair Cymru newydd yn 1992-93, Lloyd oedd wrth y llyw. Roedd arian yn brin ar y pryd a rhaid fu iddo ddibynnu ar dîm ifanc a brofodd i fod yn llawn steil ac yn gyffrous i'w gwylio. Er hynny, amlygwyd sefyllfa fregus y clwb pan ddatgelais y penderfyniadau anodd y byddai'n rhaid iddo'u gwneud. Bûm yn llygad-dyst i ddatblygiad ei fab Gary wrth iddo ddringo o blith yr ieuenctid i'r tîm cyntaf, lle gwnaeth argraff dda o'r cychwyn. Arweiniodd hynny at ddiddordeb ynddo ymhlith clybiau eraill a oedd yn awyddus am ei wasanaeth. Ac er mwyn sicrhau ei ddyfodol yn ariannol, ymunodd â'r Barri, clwb llawn-amser.

Cofiaf gofnodi gymaint o ergyd oedd hyn i uchelgais y clwb lleol a'r modd yr oedd Gilbert mor rhwystredig am na allai fforddio ei gadw yn Llanelli. Daeth ei symudiad ychydig cyn y Nadolig 1995, ac fe wnaeth fy adroddiad ddatgelu mor anodd fu'r dewis a wynebai Gary. Ei ymateb i'm cwestiwn i oedd: 'Fe fydd hyn yn symudiad

legs during matches for the Reds. One of them was David Lawrence who had come to the club from Swansea City, and the other the inspirational record breaking Welsh amateur international from Llanelli, Gilbert Lloyd. Watching an otherwise uneventful league game against Caerau, I saw the tackle on Lloyd and heard a horrific sounding crack that resulted in him being stretchered to hospital with a fractured leg.

There wasn't much success to report for the Reds once the Grant golden era ended after the second season of winning the championship in 1977-78. What I found surprising was the lack of appreciation and recognition accorded to Grant for his remarkable achievements. When his stint as manager ended during the 1980s, it effectively ended his involvement with the Llanelli soccer club. Thereafter, up until his death in 2001, he spent most Saturdays supporting his village sides Dafen in soccer and cricket. One of my last conversations with him was when he told me how privileged he was to be invited to appear on S4C's afternoon programme *Pnawn Da* to reminisce on his achievements.

The managers who followed Grant were two of the best players the area has produced and both proved equally approachable when I sought stories about the Reds. One of them was Wyndham Evans, whom I had known as an exciting prospect with Llanelli Boys Grammar School and in the Carmarthenshire junior league. After that, I was able to report on him playing for Swansea City in all divisions during which time he made record appearances for them.

Evans expressed his delight to me in being able to manage his home town club and he brought several former Swansea City players to the club. The most famous signing on whom I reported was ex-England and Liverpool striker Alan Waddle in 1987. Another ex-Liverpool star Phil Boersma also made one appearance.

Before and after Evans' spell as Reds' manager, Gilbert Lloyd was in charge of the side, and was the immediate successor to Grant. I had always admired Lloyd's talents on the field when I watched the team during the 1970s success. He stood out as the main playmaker and proved to be a versatile and a consistent goalscorer. After he became manager, I had more dealings with him and got to know him better. Lloyd could be blunt and would always speak his mind, but I had the greatest respect for his knowledge and honesty. He always stressed the need to give promising local

Former Llanelli skipper Gilbert Lloyd lifts the West Wales Senior Cup. He received the cup from FAW official Mr Ivor Percy who was also on the Llanelli management board at the time.
Photograph: Alan T. Richards

Cyn-gapten Llanelli, Gilbert Lloyd, yn codi Cwpan Gorllewin Cymru. Derbyniodd y cwpan gan un o swyddogion Pêl-droed Cymru, Mr Ivor Percy, a oedd hefyd ar Fwrdd Rheoli Llanelli ar y pryd.

Achlysur unigryw pan chwaraeodd tîm rygbi Llanelli bêl-droed yn Stebonheath. Yn y llun mae Phil Davies, David Nicholas, Martin Gravelle, Rhys Thomas, Julian Antionazzi, Kevin Thomas, Dennis Davey, David Pickering, Selwyn Williams, Phil Bennett a Gary Pearce.

A unique occasion when the Scarlets played soccer against the Reds in Stebonheath. Included in the line up are: Phil Davies, David Nicholas, Martin Gravelle, Rhys Thomas, Julian Antionazzi, Kevin Thomas, Dennis Davey, David Pickering, Selwyn Williams, Phil Bennett and Gary Pearce.

anodd iawn. Teimlaf fy mod i'n bradychu'r bechgyn. Petai nhad wedi gofyn i mi aros, fe fyddwn i wedi gwneud.'

Datblygodd Gary i fod y cefnwr ôl gorau yn Uwch Adran Cymru. Enillodd wyth medal gyda'r Barri ac fe chwaraeodd hefyd dros Gasnewydd a Chaerfyrddin cyn ail ymuno â Llanelli yn 2006. Bu'n allweddol wrth eu llywio i'w safle gorau yn y cynghrair gan sicrhau lle iddynt yn Ewrop am y tro cyntaf. Ei wobr am ei ymdrechion oedd cael ei ddewis fel Personoliaeth Chwaraeon y Flwyddyn Llanelli, a rhannais fwrdd gydag ef a'i dad, Gilbert, yn y cinio dathlu pan dderbyniodd y wobr ym mis Rhagfyr 2006. Pan gododd Gary i dderbyn y tlws roedd deigryn yn llygad ei dad.

Roedd seren y Sgarlets, Phil Bennett, yn edmygydd mawr o ddoniau Gilbert Lloyd. Roedd seren Llanelli, Cymru a'r Llewod, wrth gwrs, yn chwaraewr socer gwych ei hun. Ac fe wnes i ddatgelu'n egscliwsif yn y *Star* y byddai'n ymuno â'r Cochion pan wnâi ymddeol. Ac fe chwaraeodd yn yr amddiffyn yn nhymor 1985-86. Un arall, gyda llaw, a chwaraeodd rygbi a socer dros Lanelli oedd blaenasgellwr y New Dock Star's, Dennis Davey.

Yn ystod yr wythdegau fe wnes i ddatgelu mewn egscliwsif arall fod y Cochion wedi sicrhau gwasanaeth Leighton Phillips, cyn-amddiffynnwr canol Cymru, Aston Villa ac Abertawe, fel rheolwr. Teimlais hi'n fraint wedyn cael adnabod y gŵr hwn a chydweithio'n agos â'r seren ryngwladol a brofodd yn rheolwr mor boblogaidd ar Stebonheath.

Cyn i'm gyrfa ar y *Star* ddod i ben, deuthum i adnabod ac i ysgrifennu am nifer o gyn-chwaraewyr rhyngwladol dros Gymru a benodwyd fel rheolwyr o bwys. Roedd dau ohonynt ymhlith y goreuon ac ymhlith y rhai a edmygwyd fwyaf wrth gynrychioli eu gwlad. Digwyddodd hyn wedi i'r gwerthwr ceir Robert Jones, cyn-aelod o fwrdd cyfarwyddwyr Abertawe, ddod yn berchennog y clwb pan ddaeth y Cochion yn agos at fod yn fethdalwyr, ac at ddifodiant.

Penodiad cyntaf Jones oedd Robbie James, a enillodd 47 cap i Gymru. Roedd e wedi chwarae dros y Cochion pan oedd John James yn gadeirydd a Gilbert Lloyd yn rheolwr. Ysgogodd Robbie'r cychwyniad gorau i unrhyw dymor cyn i drychineb ddigwydd ym mis Chwefror 1998, ac yntau'n chwarae mewn gêm yn erbyn Porthcawl. Gan fy mod i'n gorfod ymwneud â chynhyrchu a chwblhau rhifyn o'r *Star* ar gyfer ei ymddangosiad fore trannoeth, methais â bod yn bresennol. Pan gyrhaeddais adref hysbyswyd fi gan Sandra, fy ngwraig, fod yna neges wedi dod i mi o Stebonheath yn dweud bod Robbie wedi llewygu ac wedi marw. Fedrwn i ddim credu'r newydd, ond wedi i mi gael fy ngalw'n ôl i'r swyddfa dyma Ysbyty'r Tywysog Philip yn cadarnhau wrtha i ei fod,

players a chance and he always managed to bring the best out of them.

When Llanelli became part of the new League of Wales in 1992-93, Lloyd was in charge. Money was short so he had to rely on a young side who proved stylish and exciting to watch. However, the parlous plight of the club was highlighted when I reported on a tough decision he had to make. I had watched his son Gary progress from the junior ranks to the senior side in which he immediately impressed. This resulted in many other clubs seeking his services and in order to seek financial security, he joined Barry full time. I reported on the fact that it was a blow to the town's ambitions and that Gilbert had expressed his frustration at not being able to afford to keep him at Llanelli. His move came before Christmas 1995 and my report revealed Gary's tough choice. He said: "It is going to be a big wrench. I feel I am leaving the boys down. If my father had asked me to stay I would have."

Gary developed into the best left back in the Welsh Premiership, winning eight championship medals with Barry; he also played for Newport and Carmarthen before rejoining Llanelli in 2006 and helping to guide them to their highest place in the league and secure involvement in an European competition for the first time ever.

Gary's reward for his efforts and previous achievements was being chosen as Llanelli's Sports Personality of the Year and I sat at the same table as him and his father Gilbert at the awards dinner in December 2006. When Gary was presented with the trophy, I detected a tear in Gilbert's eye.

Scarlets rugby legend Phil Bennett was a big admirer of Gilbert Lloyd's skills. The former British Lions and Wales skipper was also himself a talented soccer player, and I exclusively revealed in the *Star* that he was joining the Reds after retiring from rugby. He played in defence in the 1985-86 season. Another player that I watched play both rugby and soccer for the town was ex-Scarlets and New Dock Stars flanker Dennis Davey.

During the 1980s I also exclusively reported that the Reds had secured the services of ex-Wales, Aston Villa and Swansea City centre half Leighton Phillips as manager. I felt it a privilege to get to know him and have regular dealings with the international star, who proved a popular manager at Stebonheath.

Before finishing my career at the *Star*, I reported on many

yn wir, wedi marw. Euthum ati i newid y tudalen flaen ar unwaith, a stopiwyd y wasg yn y *Swansea Evening Post*, a oedd wrthi eisoes yn argraffu'r rhifyn o'r *Star*. Pan gyrhaeddais y gwaith fore trannoeth, ar ôl ychydig oriau yn unig o gwsg, a darllen y newyddion ar y tudalen flaen fod Robbie, yn wir wedi marw, teimlwn fy mod i mewn hunllef.

Roedd olynydd Robbie fel rheolwr y Cochion yr un mor enwog, neb llai na chyn-asgellwr dewiniol Cymru, Leighton James, gyda Wyndham Evans yn ymuno ag ef fel ei gynorthwyydd. Ar y cychwyn ymddangosai Leighton yn sarrug ac yn anodd ei drin. Yn ystod y gêmau cyntaf o dan ei reolaeth byddai'n disgwyl yn ei swyddfa am gyfweliad yn dilyn y chwiban olaf. Pan ofynnwn iddo am ei sylwadau ar y gêm, gofynnai ef am fy ymateb i cyn gwneud sylw.

Eto i gyd, byddai ar gael bob amser am gyfweliad a byddai'n awyddus i ddarparu cyhoeddusrwydd i'r tîm. O ganlyniad llwyddais i ennill ei ymddiriedaeth gan sefydlu perthynas dda ag ef wrth iddo lywio Llanelli i'r pumed safle, yr uchaf erioed i'r clwb yn Uwch Gynghrair Cymru. Er gwaethaf hyn, ni adnewyddwyd ei gytundeb y tymor wedyn. Doedd hynny ddim yn syndod mawr gan y byddai yna ddadlau yn aml rhyngddo ef a Robert Jones a fyddai, yn ei flys am lwyddiant, yn dueddol o ymwneud gormod â materion y tîm. Roedd y cadeirydd yn gyfarwydd ag ymwneud ag enwogion gan ei fod e'n ewythr i Catherine Zeta Jones, a ddaeth i wylio gêm ar Stebonheath yn 1997. Petawn i'n gwybod bryd hynny mor fyd-enwog y byddai hi erbyn hyn fe fyddwn wedi mynd â'm llyfr llofnodion gyda mi!

Da oedd medru adrodd hefyd i'r cysylltiad lleol barhau gyda Neil O`Brian yn profi'n rheolwr-chwaraewr llwyddiannus. Roedd e wedi symud oddi wrth y Cochion fel amddiffynnwr canol ifanc addawol i chwarae dros y pencampwyr, TNS, a hefyd Caerfyrddin. Ar ei ddychweliad i Stebonheath, fe wnaeth O'Brian lywio'r clwb i'r bencampwriaeth gyntaf ers dyddiau Gwyn Grant a'r dwbwl hwnnw yn 1976-77. O ganlyniad, yn ystod y tymor hwnnw, sef 2003-04, llwyddwyd i ennill dyrchafiad yn ôl i Uwch Gynghrair Cymru.

Bu Tony Smolka a Mark Dickeson, cynnyrch Cynghrair Sir Gaerfyrddin, yn sgorwyr ffrwythlon i'r clwb ac fe wnaeth Leighton James roi i mi'r anrhydedd unwaith o gyflwyno gwobr Chwaraewr y Mis i Dickeson o flaen gêm ganol wythnos ar Stebonheath.

Ar ôl rhoi'r gorau i'r swydd o Olygydd Chwaraeon y *Star*, fe wnes i barhau i ddilyn y Cochion gan fod yn dyst wrth iddynt greu mwy o hanes. Fe wnes i barhau fy nghyfeillgarwch ag aelodau'r clwb, yn arbennig gyda'r llywydd John James a wnaeth gyfrannu'n sylweddol tuag at barhad y clwb pan oedd e'n gadeirydd. Deuthum

other ex-Welsh internationals who were appointed as high profile managers. Two of them were among the best and most admired players to have represented the country. These appointments came about after car dealer Robert Jones, a former member of the Swansea City board of directors, became the club owner when the Llanelli club was close to bankruptcy and closure.

His first major managerial appointment was the 47 times capped Robbie James, who had previously played for the Reds when John James was chairman and Gilbert Lloyd manager. Robbie inspired the best ever start to the season before tragedy struck in February 1998 when he played in a match against Porthcawl. As I was involved in the production and completion of *Star* pages for the Wednesday evening deadline, I was unable to attend. When I got home, my wife Sandra informed me that there had been a message for me from Stebonheath that Robbie James had collapsed and died.

It was hard to believe, but after being summoned back to the newspaper office, Llanelli's Prince Philip Hospital confirmed to me that he had died. The front page was changed and the press in Swansea's *Evening Post* halted the printing of the *Star*. When I arrived in the *Star* office after a few hours sleep the following morning, and read the Robbie James death headline, it felt as if it had been a nightmare.

His successor as the Reds manager was equally as famous. He was former Wales wing wizard Leighton James with Wyndham Evans returning to the club as his assistant. Initially, James appeared abrupt and intimidating. In his first matches as manager, he would be waiting in his office for an interview following the final whistle. When asked for comments on the game however, he always sought my opinions before answering.

However, he was always available for stories and eager to provide publicity for the side. As a result I managed to gain his trust and established a good relationship with him as he steered Llanelli to the club's highest ever fifth position in the League of Wales. Despite this, his contract wasn't continued the following season. It wasn't totally surprising as there would often be arguments between him and the chairman Robert Jones, who in his quest for excellence, tended to get too involved in team matters. The chairman was used to dealing with celebrities, being an uncle to Catherine Zeta Jones who attended a match at Stebonheath in 1997. If I had

It was a privilege to be photographed with Leighton James as he presented leading Llanelli scorer Mark Dickeson with a player of the month award.

Braint oedd cael bod yng nghwmni Leighton James wrth iddo gyflwyno gwobr chwaraewr y mis i un o brif sgorwyr Llanelli, Mark Dickeson.

hefyd i adnabod cyn-chwaraewr rhyngwladol profiadol arall, Peter Nicholas, y rheolwr a lywiodd y clwb i'r uchelfannau. Llwyddiant cyntaf y taclwr cadarn, gynt o Arsenal, oedd llywio'r Cochion i bêl-droed Ewrop am y tro cyntaf erioed. Ac fe aethpwyd ymlaen i gyflawni mwy. Gwnaed hynny'n bosibl diolch i berchennog newydd, Nitin Parek, dyn busnes ac entrepreneur a drodd y clwb yn broffesiynol. Fy nghyfraniad i, yn y cyfamser, fu cyflenwi erthyglau i'r rhaglenni. Ond fe wnes i hefyd gyfrannu storïau i'r *Star* yn ystod tymor llwyddiannus 2007-08, pan ddaeth y bencampwriaeth unwaith eto i'r clwb.

Tristwch y sefyllfa oedd mai teyrngedau i bersonoliaethau a adwaenwn yn dda ac a oedd newydd ein gadael oedd nifer o'r erthyglau. Un ohonynt oedd darn ar John James, y llywydd, a fu farw'n fuan wedi iddo deithio i wylio'r clwb yn chwarae yn erbyn FK Vetra o Lithwania yng Nghwpan UEFA.

Teyrnged arall oedd honno i'r chwaraewr a'r rheolwr chwedlonol Gilbert Lloyd. Y flwyddyn cynt, roedd wedi colli ei wraig, Jean. Roedd hi'n un o'r gweithwyr caled hynny y tu ôl i'r llenni ac yn un a wnâi i mi deimlo'n esmwyth bob amser yn ei chwmni, a hynny o'r cyfnod cyntaf pan ddechreuais adrodd am y Cochion yn y *Star*. Yn dilyn marwolaeth sydyn Gilbert fe'i cludwyd oddi ar y cae ar ei daith olaf yn dilyn gwasanaeth angladdol emosiynol ar Stebonheath. Hon oedd fy moment dristaf ar y Stebo, ac arweiniodd at yr adroddiad mwyaf syber i mi ei sgrifennu erioed.

Lleddfwyd y tristwch serch hynny wrth i'r Cochion roi un o'u perfformiadau disgleiriaf ers tymhorau yn fuan wedi'r angladd. Sicrhawyd buddugoliaeth wych 4–0 yn erbyn y pencampwyr, TNS, ac fe rennais yr hapusrwydd wrth i Lanelli fynd ymlaen i ennill Pencampwriaeth Uwch Adran Cymru. Ymddangosai fel petai ysbryd dau gawr fel John James a Gilbert Lloyd wedi codi'r Cochion i'w tri thymor gorau yn hanes y clwb. Fe wnaeth y clwb hefyd ennill Cwpan y Gynghrair gan ymddangos yn ogystal mewn tair gêm derfynol arall.

realised the world famous celebrity she would eventually become, I would have taken my autograph book to that game.

It was also pleasing to report that the local links continued at the club with Neil O'Brian proving a successful player manager. He had moved from the Reds as a promising young centre half to successfully play for Welsh champions TNS and Carmarthen. Returning to Stebonheath, O'Brian guided the club to the first Welsh League championship title since Gwyn Grant's double was achieved in 1976-77. As a result, during that 2003-04 season, they were promoted back to the Welsh Premiership.

Tony Smolka and Mark Dickeson, products of Carmarthenshire League teams, proved to be prolific goalscorers for the club and Leighton James once gave me the honour of presenting a player of the month award to Dickeson before a midweek match at Stebonheath.

After bowing out as sports editor of the *Star*, I still followed the Reds and watched them create more history. I continued my friendship with club members, particularly John James, the president who contributed significantly to the survival of the club when he was chairman. I also got to know another experienced former international, Peter Nicholas, the current manager who has guided the club to further glory. The first major achievement of the ex-Arsenal tough tackling midfielder was getting the Reds into European football for the first time ever. Since then, they have achieved much more. The involvement of a new owner, Nitin Parek, a businessman and entrepreneur, who has transformed the club into a professional outfit, has made that possible. My main writing contribution has been supplying articles for the match programme. However, I also sent contributions to the *Star* during their championship winning 2007-08 season.

Sadly, several of the pieces I wrote were obituaries on personalties with whom I had been closely involved. One of them was on president John James, who died shortly after travelling to watch the club play Lithuanian side FK Vetra in the UEFA Cup.

Another tribute involved the legendary player and manager Gilbert Lloyd. The previous year his wife Jean had died. She had been one of the backroom helpers at the club who had always made me welcome from the time I started covering the Reds for the *Star*. After his sudden death, he was carried out off the field and through the tunnel for a final time after an emotional funeral service at Stebonheath. That was my saddest moment at Stebonheath and the most sombre report that I had ever supplied for the *Star*.

The gloom was, however, alleviated when the Reds produced one of their best performances for years shortly after the funeral. It brought a superb 4–0 win against champions TNS and I shared in their joy as Llanelli went on to win the top Welsh title. It seemed as if the spirit of two stalwarts such as John James and Gilbert Lloyd had lifted the Reds to the best ever seasons in the club's history. They also won the League Cup and appeared in three other finals.

PENNOD 7

CAMPAU'R HAF

Bu tynnu sylw at lwyddiannau yng nghampau traddodiadol yr haf yn gryn her i mi bob blwyddyn. Pan gychwynnodd fy ngyrfa gyda'r *Star*, roedd y papur ar ffurf argrafflen, a dim ond dwy dudalen a gâi eu neilltuo ar gyfer chwaraeon. Gan fod rygbi a phêl-droed yn parhau ymlaen drwy fis Mai, gwaith anodd oedd canfod lle i adroddiadau ar griced, golff, tennis ac athletau. Ni wnaed hyn yn haws wrth i dymhorau chwaraeon y gaeaf gael eu hymestyn; dechreuwyd trefnu mwy o gêmau lleol a rhyngwladol, a dechreuodd y timau pêl-droed a rygbi agor eu tymor ym mis Awst.

Fel bachgen ysgol rown i wedi gwylio llawer o griced, wedi chwarae bowls ac yn cymryd cryn ddiddordeb mewn golff a thennis. Roeddwn i, felly, yn ymwybodol fod timau a phersonoliaethau o'r campau hyn eisoes yn hawlio'r penawdau ac ymdrechais, felly, i roi iddynt y sylw dyladwy. Treuliais lawer o Sadyrnau a nosweithiau wythnos yn gwylio'r nifer fawr o glybiau criced yn yr ardal a oedd yn cystadlu yng Nghymdeithas Griced De Cymru, lle'r oedd y safon yn uchel.

Roedd fy mhrif daith, serch hynny, yn dal i arwain i Barc y Strade, lle treuliwn y rhan fwyaf o'r gaeaf yn gwylio sêr y Sgarlets yn chwarae rygbi. Ond nawr byddwn hefyd yn mynd i'r maes criced y drws nesaf i'r stadiwm enwog, cartref Clwb Criced Llanelli, lle gwelais nifer o chwaraewyr disglair ar lefel sir ac ar lefel y Profion yn perfformio, yn ogystal â'r chwaraewyr arferol.

Cyn i mi ymuno â'r *Star*, roeddwn wedi gweld Morgannwg yn colli o bum wiced yn erbyn Swydd Essex yn y gêm olaf i'w chwarae ar y maes ym mis Medi 1965, ar ôl iddynt chwarae'n gyson yno er 1933. Y cyfle nesaf i'w gweld nhw oedd dros ugain mlynedd yn ddiweddarach yn 1988, y tro hwn fel rhan o'm dyletswydd i adrodd ar chwaraeon i'r *Star*. Wedi i mi ddatgelu bwriad y sir i ddychwelyd i'r maes ar gyfer gêm yn y Cynghrair Sul, adroddais ar David Gower yn arwain Swydd Gaerlŷr i fuddugoliaeth o ddwy wiced mewn gêm a gyfyngwyd i 13 pelawd oherwydd glaw.

Fe barhaodd Morgannwg wedyn i ddefnyddio'r maes tan 1993, gyda thri ymddangosiad yr unigryw Viv Richards yn y tîm yno'n creu mwy o hanes criced i'w gynnwys yn y *Star*. Gwelais ychwaneg o sêr byd-eang yno mewn gêm a drefnwyd fel rhan o dymor nawdd cyn-seren Morgannwg, Geoff Holmes, yn 1991.

Cyn-droellwr Morgannwg, Barry Lloyd, yn bowlio dros Bontarddulais.

Former Glamorgan spinner, Barry Lloyd, bowls for Pontarddulais.

CHAPTER 7

SUMMER SPORT

Highlighting successes in traditional summer sports proved quite a challenge for me each year. When my career with the *Star* began, it was in broadsheet format and only two pages would normally be allocated for sport. As rugby and soccer continued throughout May, it was a tough task to find space for the cricket, golf, tennis and athletics reports. It didn't get any easier when the winter sports seasons were extended even further; increasingly more local and international games would be arranged and Llanelli's rugby and soccer teams began kicking off in August.

As a schoolboy I had watched a lot of cricket, had played bowls and taken an interest in golf and tennis. I was therefore aware that teams and personalities from these sports had previously made the headlines, so I therefore sought to give them the coverage they deserved. Many Saturdays and weeknights were spent watching the many cricket clubs in the area that competed in the high quality South Wales Cricket Association.

My main route still took me to Stradey where I had spent most of the winter watching the Scarlets stars in rugby. But this time it was to the cricket ground next to the famous stadium, the home of Llanelli Cricket Club where I saw many Test and county stars play, in addition to those players who normally played there.

Before joining the *Star*, I had watched Glamorgan lose by five wickets against Essex in what proved to be their final county championship match there in September 1965, having played at the ground since 1933. The next opportunity to see Glamorgan there was over twenty years later in 1988, this time as part of my duties in covering sport for the *Star*. After announcing the Welsh county's return to the ground for a Sunday League game, I reported on England's David Gower skippering Leicestershire to a two wicket win in a game restricted to 13 overs because of rain.

Glamorgan continued to use the ground until 1993 with West Indian batting wonder Viv Richards' three appearances for them there creating more cricket history to be recorded in the *Star*. I saw many other world class cricketers in action there in a match arranged as part of ex-Glamorgan star

Famous Welsh boxer Colin Jones received a bowls trophy as a member of a triumphant Lougor rink. Allan Evans, who is presenting the cup, once played for an American Football team.

Paffiwr enwog Cymru, Colin Jones, yn derbyn tlws bowlio fel aelod o bedwarawd Llwchwr. Mae'n ei dderbyn oddi wrth Allan Evans a chwaraeodd unwaith i dim pêl-droed Americanaidd.

Darren Thomas ac Anthony Cottey gyda thlws a enillon nhw ar ddiwedd tymor llwyddiannus i Forgannwg. Dechreuodd Darren ei yrfa gyda Llanelli a chwaraeodd Cottey bêl-droed dros Lanelli.

Darren Thomas and Anthony Cottey with an award they won at the end of a successful Glamorgan season. Darren started his bowling career with Llanelli while Cottey used to play football for Llanelli.

Ymhlith yr uchafbwyntiau roedd gweld cyn-seren y clwb, Javed Miandad o Bakistan, a'r seren ifanc o India, Sachin Tendulkar, yn sgorio dros hanner cant godidog yr un i dîm Gweddill y Byd, a enillodd o naw rhediad yn erbyn Morgannwg ar faes y Strade.

Fe ddaeth cyfle hefyd i wylio seren o India'r Gorllewin yn chwarae dros Lanelli. Dim ond mewn dwy gêm y cafwyd gwasanaeth Winston Davies, gan iddo chwarae dros Forgannwg am y rhan fwyaf o'r tymor. Bu fy nhaith a wnes i Lansawel i'w wylio'n bowlio dros Lanelli mewn gêm gynghrair yn werth chweil. Er nad oedd e'n bowlio ond gyda hanner ei gyflymdra arferol, cipiodd saith o wicedi Britton Ferry Steel am 38 rhediad.

Gwnaeth ei unig ymddangosiad arall dros Lanelli yn ystod eu gêm aflwyddiannus yn ffeinal Cwpan Stewart Surridge yn erbyn Tre Gŵyr yn y gystadleuaeth 20 pelawd. Bûm yn adrodd yn rheolaidd ar y gystadleuaeth honno a chwaraeid gyda'r nos ac fe ddenai dyrfa fawr oherwydd y batio anhygoel a'r diweddglo cyffrous a geid. Gwelwyd diwedd gêmau Cwpan Stewart Surridge, ysywaeth, yn 1984. Yng ngoleuni'r poblogrwydd ynghyd â'r miliynau o bunnau a werir heddiw ar y cystadlaethau Ugain 20, mae'n rhaid bod trefnyddion y cwpan nawr yn difaru peidio â pharhau â'r gystadleuaeth a sicrhau hawlfraint y gystadleuaeth honno a gyflwynwyd ganddynt flynyddoedd yn ôl.

Seren arall o India'r Gorllewin a welais yn perffromio'n wych oedd Gordon Greenidge, a oedd yn chwarae fel gwestai yn ystod taith y Central Club, Barbados, mewn gêm yn erbyn Llanelli yn 1988. Roedd e'n aelod o glwb Hampshire ar y pryd, ac fe sgoriodd 183, cyfanswm anhygoel o rediadau mewn gêm 44 pelawd gydag un o'i ergydion ffin yn clirio'r wal i mewn i'r maes rygbi tra glaniodd un arall yn y cwrt tennis.

Drwy fynychu gêmau cynghrair Cymdeithas Griced De Cymru ar wahanol feysydd yn yr ardal llwyddais i weld nifer eraill o chwaraewyr prawf yn perffromio ar adeg pan gâi clybiau ganiatâd i gynnwys chwaraewyr tramor. Yn eu plith roedd y batiwr Richie Richardson a'r wicedwr Jeff Dujon, y ddau o'r Caribî. Un arall o'r Caribî, ac un o'r ergydwyr mwyaf a welais erioed, oedd Linton Lewis, a chwaraeai dros Rydaman.

Llanelli a Dafen oedd y clybiau y byddwn yn eu dilyn amlaf, er i mi hefyd fynd i wylio Felin-foel, Llangennech a Phontarddulais ar gyfer y *Star*. Yn aml byddai gan Felin-foel atyniad ychwanegol yn eu tîm, sef Phil Bennett. Pan fyddai ef ar gael, byddai campwr enwocaf yr ardal, yn chwarae'n gyson dros y tîm pan na fyddai'n teithio gyda Chymru neu'r Llewod.

Cyn-chwaraewr arall i'r Sgarlets a wyliais yn chwarae criced yn llwyddiannus oedd Martin Gravelle, batiwr agoriadol dros

Geoff Holmes' benefit season in 1991. Among the highlights was seeing the county's former Pakistan ace Javed Miandad and young Indian ace Sachin Tendulkar produce vintage half centuries for a Rest of the World XI that gained a nine run win against Glamorgan on the Stradey stage.

There was also an opportunity to watch a West Indies star play for Llanelli. But the club was only able to enjoy the services of fast bowler Winston Davis for two games because he was on Glamorgan duty for most of the season. A trip I made to Briton Ferry to see him bowl for Llanelli in a league game was well worth it. Despite bowling half pace, he took seven Briton Ferry Steel wickets for 38.

His other appearance for Llanelli was when they lost in the final of the Stuart Surridge Cup to Gowerton. I regularly covered the 20 over competition played in the evenings. It attracted large crowds because of the spectacular batting and the thrilling finishes it produced. The final overs of the Stuart Surridge Cup competition were, sadly, delivered in 1984. In view of the popularity and the millions of pounds now being ploughed into Twenty 20 cricket, the cup organisers must now be regretting not continuing and patenting the 20 over competition they introduced many years ago.

Another West Indian star whom I saw in spectacular action in Stradey was Gordon Greenidge who guested for Central Club, Barbados, in a tour match against Llanelli in 1988. A member of the Hampshire side at the time, he scored an incredible 183 in the 40 over game with one of his many sixes going over the wall into the rugby ground and another heading for the tennis courts.

Through watching South Wales Cricket Association league matches at local grounds, I also saw several other Test players in action when clubs were allowed to use overseas players. Among them were West Indian stars Richie Richardson and Jeff Dujon while another Caribbean player, Linton Lewis, was one of the biggest hitters I ever saw when he was with Ammanford.

Llanelli and Dafen were the clubs I followed mostly, although I also visited Felin-foel, Llangennech and Pontarddulais to report on matches. Felin-foel frequently had an added attraction in their side when he was available. The area's most famous sports personality, Phil Bennett, was a first team regular when not touring with the British Lions or Wales.

Martin Gravelle hits another six for Llangennech. In addition to showing great rugby skills with the Scarlets, Gravelle was one of the most prolific batsmen in the South Wales Cricket Association.
Photograph: Alan T. Richards

Martin Gravelle yn taro chwech dros Langennech. Yn ogystal â dangos ei ddoniau rygbi gyda Llanelli, roedd Gravelle yn un o fatwyr gorau ei gynghrair.

Phil Bennett prepares for a cricket match with one of his sons, Stephen, who went on to play for Llanelli Cricket Club.
Photograph: Jeff Connell

Phil Bennett yn paratoi i chwarae criced gyda'i fab, Stephen. Chwaraeodd Stephen griced i glwb Llanelli.

Chwaraeodd cyn-fowliwr Morgannwg Steve Barwick dros sawl clwb criced yn ardal Llanelli. Un ohonynt oedd clwb enwog y drefyn y Strade

Former Glamorgan seam bowler Steve Barwick has appeared for several South Wales Cricket Association clubs in the Llanelli area. One of them was the famous town club at Stradey.

Cyn-gapten Dafen, Wyn Lloyd, yn y rhediadau.

Former Dafen captain Wyn Lloyd in the runs.

Langennech. Gallai fod wedi llwyddo mewn gyrfa yn y naill gamp neu'r llall ond dewisodd ganolbwyntio ar astudio i fod yn fferyllydd, ac fe wnaeth hongian ei sgidiau rygbi ar ôl nifer o berfformiadau nodedig i'r Sgarlets. Un o'r perfformiadau gorau a welais ganddo oedd pan gollodd ei glwb 16–10 yn erbyn Seland Newydd yn 1980. Cyn iddo greu argraff ar y maes rygbi, roedd Gravelle eisoes wedi hawlio'r penawdau criced wrth iddo gael ei benodi'n gapten dros Ieuenctid Lloegr, gan ymddangos hefyd dros Gymru a Morgannwg. Roedd yn sgoriwr toreithiog a daeth o fewn dim i sgorio 1,000 o rediadau mewn tymor wrth chwarae yn y cynghrair dros Langennech.

Pan fyddai Gravelle yn wynebu Llanelli mewn criced, chwaraeai'n aml yn erbyn cyn gyd-aelod o'r Sgarlets, Kevin Thomas. Roedd hwnnw'n chwaraewr talentog fel maswr ac mae'n dal i chwarae dros Lanelli yng Nghymdeithas Griced De Cymru, gan fod yn gapten y tîm am ddeuddeg tymor. Oni bai am anaf difrifol i'w ysgwydd, mae'n debygol y byddai Kevin wedi gwisgo crys rhif 10 Cymru. Hyd yn oed ar ôl yr anaf a gostiodd iddo'i le ymhlith y rheng uchaf, parhaodd i chwarae gan arddangos y fath sgiliau dros Lanelli a Felin-foel fel iddo ennill prif anrhydedd chwaraeon y dref, sef tlws Personoliaeth y Flwyddyn Llanelli yn 1997.

Pan ddechreuais adrodd ar griced yn 1972, y capten Llanelli oedd cyn-chwaraewr rygbi Pontyberem, Peter Jenkins. Roedd yn fatiwr deallus ac yn un o'r capteiniaid uchaf ei barch yn hanes y clwb gan gael ei ddewis yn ogystal i arwain tîm cynrychioladol Cymdeithas Griced De-Orllewin Cymru.

Roedd Alun Lewis, hefyd o Bontyberem, yn fatiwr agoriadol cyffrous gydag Ian Binnie a David Francis yn cyfrannu partneriaeth fowlio arbennig. Yn y tîm yn ogystal roedd y batiwr rhyngwladol Brian Rogers, a'r wicedwr oedd Mike Davies, 18 oed. Davies oedd y chwaraewr ieuengaf dros y clwb i chwarae dros Gymru. Roedd ganddo'r potensial i chwarae dros Forgannwg, ond roedd Eifion Jones yn aelod sefydlog o dîm pencampwriaethol y clwb ar y pryd. Mae Davies, a aeth ymlaen i fod yn athro yn Ysgol Gyfun Bryngwyn, bellach wedi chwarae ers dros 40 mlynedd i'r clwb gan dorri pob record fel wicedwr wrth iddo gipio wicedi ymron 800 o fatwyr.

Aelod arall o dîm Llanelli pan fyddwn i'n eu gwylio'n rheolaidd oedd y batiwr Stuart Thomas, a gafodd brawf fel chwaraewr pêl-droed gydag Abertawe. Cychwynnodd ei fab Darren chwarae i dîm iau y clwb ac ymddangosai'n chwaraewr addawol gan arddangos sgiliau bowlio a ddaeth â llawer o anrhydeddau i'w ran ar lefel ysgol. Arweiniodd hyn at gytundeb

Another former Scarlets player whom I watched playing successfully at cricket was Martin Gravelle, an opening batsman for Llangennech. He could have succeeded in a career in either sport but, instead, he concentrated on becoming a pharmacist and hung up his rugby boots after producing many outstanding displays at full back for the Scarlets. One of the best displays I saw him produce was when the club lost 16–10 against New Zealand in 1980. Before making an impact in rugby, Gravelle had already made the headlines in cricket having captained Young England, and he also played for Wales and Glamorgan. A prolific rungetter, in one season he was just nine short of scoring 1,000 runs in the league for Llangennech.

When Gravelle faced Llanelli in cricket he frequently played against his former Scarlets colleague Kevin Thomas. A highly gifted fly half, Kevin Thomas is still playing for Llanelli in the South Wales Cricket Association, having captained them for twelve seasons. Had it not been for a serious shoulder injury Thomas would probably have worn the number 10 jersey for Wales. Even after the blow that cost him top honours, he carried on playing with such matchwinning skills for Llanelli and Felin-foel he earned the town's top sporting accolade, the Llanelli Sports Personality of the Year Award in 1997.

When I first began reporting on cricket in 1972, the Llanelli captain was a former Pontyberem rugby player, Peter Jenkins. He proved to be an astute batsman and one of the most respected skippers in the club's history; he was also chosen to lead the South Wales Cricket Association representative side as well.

Alun Lewis, also from Pontyberem, was an exciting opening batsman to watch with Ian Binnie and David Francis proving a formidable bowling partnership. International batsman Brian Rogers also figured in their line up while the wicketkeeper was 18-year-old Mike Davies, who became the youngest player from the club to appear for Wales. He had the potential to play for Glamorgan, but Eifion Jones was well established in the county's championship winning line up at the time. Davies, who became a teacher at Bryngwyn Comprehensive School, has now played over 40 years for the club and broken all wicketkeeping records with nearly 800 dismissals to his credit.

Another member of the Llanelli side when I watched them regularly was batsman Stuart Thomas, who also had

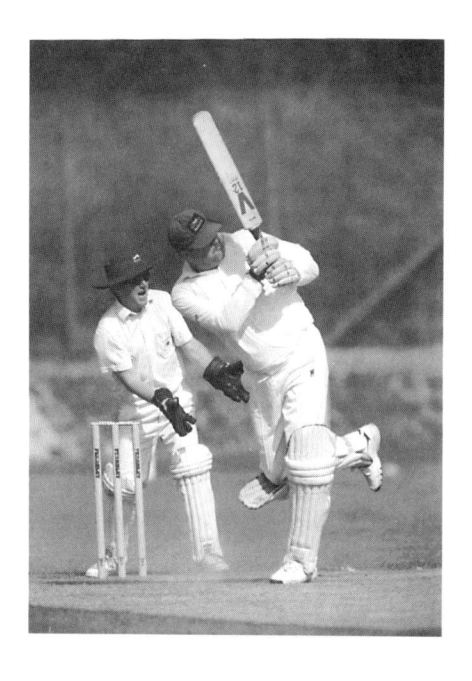

A former Leeds and Swansea City goalkeeper Glan Letheren bats for Dafen.

Cyn-gôl-geidwad Leeds ac Abertawe, Glan Letheren, yn batio dros Ddafen.

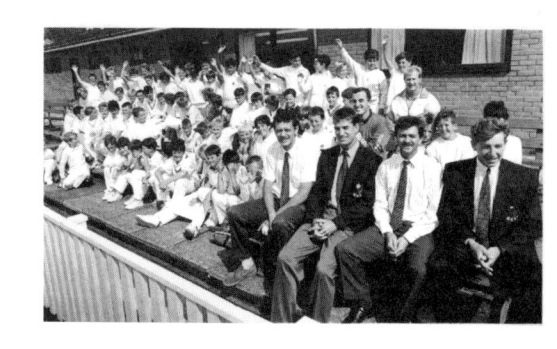

Glamorgan cricketers Steve Barwick, Steve Watkin, Geoff Holmes and Robert Croft with Phil Bennett during a cricket session for schools at Stradey.

Aelodau o dîm criced Morgannwg, Steve Barwick, Steve Watkin, Geoff Holmes, Robert Croft gyda Phil Bennett mewn sesiwn hyfforddi ar y Strade.

gyda Morgannwg lle cipiodd bum wiced yn ei gêm gyntaf. Bu'n anffodus peidio â chael ei gynnwys yn y tîm prawf ar ôl teithio gyda charfan Lloegr A. Pan gafodd Darren dymor elw gyda Morgannwg teimlais yn freintiedig o gael fy ngwahodd i un o'i brif giniawau yng Ngwesty Parc y Strade; chwarae teg iddo nid oed wedi anghofio ei wreiddiau.

Chwaraewr arall a aeth i Forgannwg o Lanelli oedd Wayne Law. Sgoriodd gant godidog yn ei gêm agoriadol ym Mae Colwyn. Mae e bellach yn ôl yn chwarae dros ei gyn-glwb.

Roedd cae criced y Strade, neu'r 'Ranch' fel y câi ei adnabod ar gyfrif yr adeilad pren a ddefnyddid fel pafiliwn ac eisteddle, hefyd yn werth mynd iddo petai ond am y sibrydion am y Sgarlets. Byddai ffynonellau agos i'r clwb rygbi yno'n trin a thrafod byth a hefyd tra byddai sêr fel Norman Gale, Derek Quinnell a Gareth Jenkins yn dod yno'n aml i wylio'r gêmau criced. Byddai'r Sadyrnau pan awn i yno i wylio Dafen hefyd yn werth chweil ac ar fy ymweliad cyntaf gwelais chwaraewr prawf gorau'r pentref. Roedd Jeff Jones, bowliwr cyflym Lloegr, wedi dychwelyd i chwarae dros ei hen glwb wedi i anaf darfu ar ei yrfa ar lefel sirol a rhyngwladol. Yn ystod ei ddeunaw mlynedd gyda Morgannwg cipiodd 44 o wicedi mewn 16 o gêmau prawf dros Loegr. Daeth ei fab Simon erbyn hyn yn fwy fyth o seren, gan ddangos ei addewid yn gynnar gyda Llangennech a Dafen cyn i Jeff sbarduno'i ddatblygiad hynod.

Byddai Jeff bob amser yn un hawdd mynd ato ar gyfer cyfweliadau a chytunodd i fod yn un o'r cyfranwyr i golofn griced y rhois i gychwyn arni yn y *Star* o dan y pennawd 'Over to . . . ' Un arall o'r cyfranwyr oedd cyn-chwaraewr Sussex a Morgannwg, Euros Lewis, a fagodd gysylltiad cryf â Dafen. Roedd y troellwr ochr agored yn nhîm buddugoliaethus Morgannwg a gurodd Awstralia o 36 rhediad yn 1964 ar Sain Helen, a'r tymor wedyn cipiodd wyth wiced am 89 rhediad – record bersonol – yn erbyn Caint ar yr un maes.

Pleser oedd cael bod yn Nafen yn gwylio Lewis ar un pen a dewin troelli arall Dafen, sef Howard Morgan ar y pen arall yn bowlio bob yn ail. Roedd Morgan, yn gyswllt da mewn criced ac yn un o chwaraewyr gorau'r ardal i mi ddod i'w adnabod. Sgoriodd gyfanswm o 19,585 o rediadau, gan gipio hefyd 1,750 o wicedi a chymryd 258 o ddaliadau mewn 40 tymor i Ddafen. Bu'n gapten arnynt am 11 tymor wrth iddynt ennill pum pencampwriaeth.

Pan arweiniodd Morgan Gymdeithas Griced De Cymru ar y daith hanesyddol gyntaf i Awstralia yn 1978, euthum i Heathrow i'w holi ef a chwaraewyr eraill ar eu dychweliad. Roedd agorwr

Phil Holding a Glan Letheren, cricedwyr Dafen, yn cael sgwrs yng nghanol y cae.

Phil Holding and Glan Letheren, Dafen cricketers, having a chat in the middle of the field.

trials for Swansea City in soccer. His son Darren started in the club's junior side and looked a good prospect with his bowling skills that had brought him many Welsh schools honours. His talent eventually earned him a contract with Glamorgan; he took five wickets on his debut and was unlucky not to gain a Test place after going on England A tours. When Darren had his benefit season with Glamorgan, I felt privileged to be invited to one of his major dinners in the local Stradey Park Hotel, which proved to me that he had not forgotten his roots.

Wayne Law is another player who went to Glamorgan from Llanelli, scoring a brilliant maiden century in Colwyn Bay. Wayne is now back playing for his former club.

Stradey, or 'The Ranch' as Llanelli's ground was known because of the wooden structure of its original pavilion and seating, was also worth attending simply to hear the latest gossip about the Scarlets. Sources from close to the rugby club would always be chatting there, while stars such as Norman Gale, Derek Quinnell and Gareth Jenkins would frequently turn up to watch the cricket.

The Saturdays that I went to watch Dafen were also worthwhile and on my first visit I saw the village's best known Test star. Jeff Jones, the England fast bowler, had returned to play for them after injury had curtailed his County and Test career. During his 18-year spell with Glamorgan, he took 44 wickets in 16 Tests for England. His son Simon has since become an even bigger bowling celebrity, initially showing his promise at Llangennech and Dafen before Jeff encouraged his outstanding development.

Jeff was always approachable for interviews and agreed to be one of the contributors to a weekly cricket column I introduced to the *Star*, entitled "Over to . . ." One of the other contributors was former Sussex and Glamorgan player Euros Lewis who became strongly connected with Dafen. The off-spin bowler was in the Glamorgan side that beat Australia by 36 runs in 1964 at St Helens and the following season he took a career best 8–89 against Kent at the same ground.

It was a pleasure to be at Dafen to watch Lewis at one end and Dafen's other spin king, Howard Morgan, bowling in tandem. Morgan was an excellent cricket contact and one of the most successful local players I got to know, amassing 19,585 runs, claiming 1,750 wickets and 258 catches in 40 Dafen seasons. He captained them for 11 seasons in which

Hugh Andrews, one of the most successful Llanelli bowls players.

Hugh Andrews a oedd yn un o chwaraewyr bowls mwyaf llwyddiannus Llanelli.

Y fowlwraig ddall Gloria Hopkins, pan oedd yn cynrychioli Cymru. Mae Gloria wedi ennill sawl anrhydedd rhyngwladol.

Blind bowler Gloria Hopkins on one of the occasions she represented Wales. She has won several medals and top honours at local and international level.

Kevin Thomas, cyn-faswr Llanelli, yn dangos ei ddawn fel cricedwr dros Lanelli. Bu'n gapten Llanelli am sawl tymor ac mae'n dal i chwarae.

Former Scarlets fly half Kevin Thomas shows his cricket skills. He captained Llanelli Cricket Club for several seasons and still plays for them.

Dafen, Robert Williams, hefyd yn y garfan, yn ogystal â Martin Gravelle a sylwebydd criced y BBC, Edward Bevan, a oedd yn chwarae dros Dre Gŵyr.

Yn fy adroddiadau ar griced, byddai datblygiad chwaraewyr ifanc o griced lleol i lefel sir yn cael sylw'n aml. Ymhlith y rhai a oedd yn gyfrifol am y datblygu roedd swyddog cynllunio llywodraeth leol, Stuart Owen, ac athro ysgol, John Pricket, yn ddylanwadol ac yn gyfrifol am ddenu cyhoeddusrwydd i gêmau ar lefel leol. Fe welwyd doniau amrywiol Steffan Jones wrth iddo chwarae dros Ddafen a Llangennech cyn graddio i garfan Morgannwg. Byddai ei dad, Lyndon Jones, cyn-asgellwr i'r Sgarlets, yn fy mwydo â'r newyddion diweddaraf ar ddatblygiad Steffan gan sôn am ei lwyddiant yn bowlio a batio dros Wlad yr Haf.

Yr oedd – ac y mae – nifer yn yr ardal yn gefnogwyr i Forgannwg. Dyna'r rheswm pam ofynnwyd i mi unwaith gyhoeddi taflen fel rhan o'r ymgyrch dros achub gêmau criced sirol yn Abertawe. Roedd Neville Francis yn byw yn Llanelli ac ar y pryd yn swyddog gydag Orielwyr Sain Helen ac yn aelod o'r pwyllgor sirol. Fe ddadleuodd Neville yn gryf dros gael y *Star* i gefnogi eu hachos ac fe chwaraeodd ran flaenllaw er mwyn sicrhau y byddai Morgannwg yn dal i chwarae'n flynyddol yn Abertawe, er gwaetha'r ffaith iddynt godi stadiwm newydd SWALEC yn bencadlys swyddogol.

Pan ddeuai mis Awst, treuliwn yr wythnos gyntaf ar y Strade eto, yn gwylio tennis 'Wimbledon Cymru'. Y prif atyniad yn ystod y ddau ddiwrnod cyntaf oedd pencampwriaeth y menywod rhwng Cymru a Lloegr. Wedyn, fy ngorchwyl fyddai gwylio'r gêmau , dilyn hynt a helynt chwaraewyr lleol a dod o hyd i'r amrywiol hanesion yn ystod y gwahanol gystadlaethau, gyda'r brif gystadleuaeth yn Bencampwriaeth Agored Sir Gaerfyrddin. Ceid hefyd adrannau i chwaraewyr iau, chwaraewyr aeddfed a'r dyblau. Câi cystadleuwyr o bob oed eu denu i'r cystadlaethau hyn gan gynnwys nifer o enwogion. Yn eu plith byddai dau o ddyfarnwyr Wimbledon. Un ohonynt oedd Edward James, Llywydd Clwb Tennis Lawnt a Racets Llanelli, cyn-asgellwr a chanolwr dros y Sgarlets. Ar gyrtiau tennis Llanelli y bwriodd ei brentisiaeth cyn mynd ymlaen i ddyfarnu ar rai o gyrtiau enwoca'r byd. Ac fe'i holais ef droeon am ei brofiadau yn y gwahanol wledydd. Yn anffodus, yr achlysur pan fu'n dyfarnu yn Wimbledon a gofir yn bennaf yw hwnnw'n ymwneud â stranciau mwyaf llafar John McEnroe. Ar Mr James y gwaeddodd yr Americanwr ei ebychiad enwocaf, 'You cannot be serious.'

Eironi mawr oedd y ffaith mai'r dyfarnwr a drefnai fod

they won five championships.

When Morgan led the South Wales Cricket Association team on a historic first tour to Australia in 1978, I went to Heathrow to interview him and other players on their return. Dafen opener Robert Williams was also in that party, as was Martin Gravelle and BBC cricket commentator Edward Bevan who was playing for Gowerton.

In my cricket reports, I would frequently highlight the progress of young players from area to county cricket. Local government planning officer Stuart Owen and teacher John Pricket were influential in their development and for ensuring coverage of junior matches. Steffan Jones showed all-round qualities for Dafen and Llangennech before graduating to Glamorgan's squad. His father, Lyndon Jones, a former Scarlets wing, kept me updated on Steffan's progress and his notable bowling and batting success with Somerset.

Many in the area were and still are Glamorgan fans. That was the reason I was once asked to publish a coupon as part of the campaign to save county cricket in Swansea. Neville Francis lived in Llanelli and was at the time an official of the St Helens Balconiers and a county committee member. Neville made a strong case for the *Star* to back their case and played a big part in ensuring that Glamorgan still played annually in Swansea, despite the new SWALEC stadium being their headquarters.

When August came I would spend the first week at Stradey once again, this time covering tennis at Llanelli's 'Welsh Wimbledon'. The main interest on the opening two days was the ladies international between Wales and England. After that, my task was to watch the action, follow local players' progress and get the gossip at the various tournaments with the main one being the Carmarthenshire Open. There were also junior, veteran and doubles events. The event attracted a large entry of all ages, including many celebrities. Among the officials were two regular Wimbledon umpires. One of them was Edward James, President of the Llanelli Lawn Tennis and Squash Rackets Club and a former Scarlets wing and centre. The Stradey-based event had led to him umpiring at the world's most famous courts and I interviewed him several times about his experiences in various countries. Unfortunately, his Wimbledon centre court appearance remembered nationally is the one associated with John McEnroe's most televised tantrum in 1981. It was

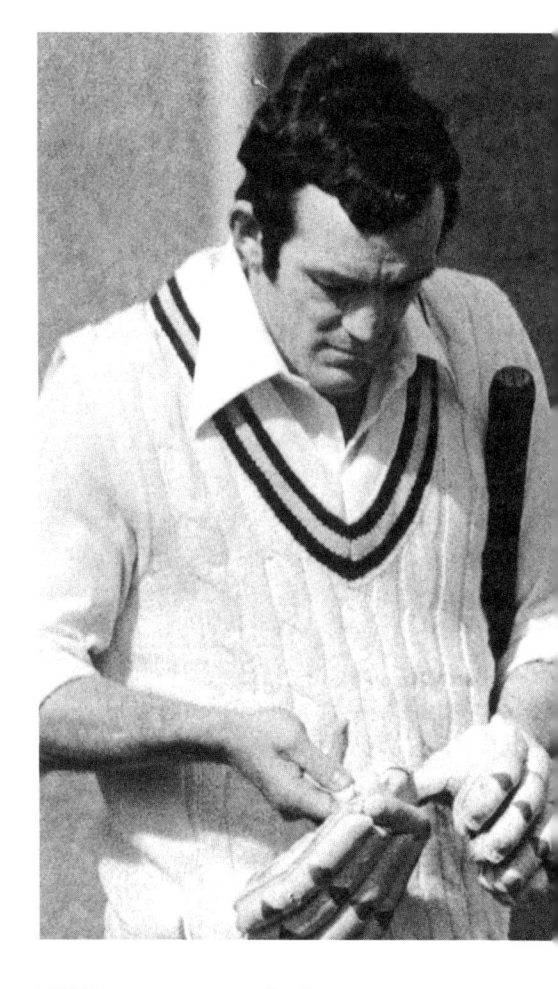

Phil Bennett prepares to bat for Felin-foel.

Phil Bennett yn paratoi i fatio dros Felin-foel.

Un flwyddyn, enillodd Brian Kingdon bob cwpan bowlio yn ardal Llanelli.

Brian Kingdon made a clean sweep of winning all outdoor Llanelli bowls tournaments one year.

cystadlaethau cyrtiau lawnt Llanelli'n rhedeg yn ddidrafferth, sef Bob Jenkins, oedd – yn ôl yr hanes – hoff ddyfarnwr McEnroe. Ef oedd fy nghyswllt pan geisiwn sicrhau canlyniadau'r pencampwriaethau ac fe ysgrifennais erthygl arno'n dyfarnu mewn tair rownd derfynol pan chwaraeai'r Americanwr cegog, ac am y modd yr enillodd barch McEnroe.

Treulio fy amser yn y pencampwriaethau yn Llanelli fu'n fodd i mi gyfarfod ag un o sêr y siartiau yn y byd pop a chael cyfweliad ag ef. Andy Fairweather-Lowe oedd hwnnw, a gafodd lwyddiant gyda chaneuon fel 'If Paradise was Half as Nice' gydag Amen Corner, ac a fu'n cyd-chwarae gitâr gyda chewri fel Eric Clapton a Pete Townsend. Roedd Andy ymhlith y cystadleuwyr flwyddyn cyn i'r llenni ddisgyn ar y pencampwriaethau hyn yn 1987. Yn anffodus, golygai ei rwymedigaethau cytundebol na allai ymuno yn y canu cymdeithasol adloniadol yn y bar pan oedd y cystadlu drosodd am y dydd.

Bu adrodd ar y golff yn Ashburnham ym Mhen-bre yn fodd i mi gael digonedd o ymarfer corff. Roedd gorfod dilyn cystadleuwyr o gwmpas y cwrs yn brawf ar fy ffitrwydd, yn arbennig adeg gwynt cryf a glaw trwm. Petai gen i fwy o brofiad, hwyrach y medrwn fod wedi cael hyd i'r storïau drwy aros ym mhabell y wasg, fel y gwnâi'r gohebwyr eraill. Er hynny, bu'r cyfan yn werth chweil wrth i mi ddilyn y golffwyr o gwmpas y deunaw twll pan lwyfannwyd Pencampwriaeth Agored Martini yn 1976. O ganlyniad, gwelais y Nick Faldo ifanc, Ian Woosnam a Brian Barnes, ynghyd â llawer o golffwyr enwog eraill. Enillwyd y bencampwriaeth gan yr Albanwr Sam Torrance, a honno oedd y brif bencampwriaeth broffesiynol olaf i'w chynnal yn yr Ash. Wedi hynny daeth Faldo a Torrance yn enwau byd-eang gyda Torrance yn cael ei ddewis yn gapten tîm Ewropeaidd llwyddiannus y Cwpan Ryder yn 2002. Llwyddodd Faldo i ennill hyd yn oed fwy o anrhydeddau wrth iddo gipio'r Bencampwriaeth Agored deirgwaith a'r Meistri Americanaidd hefyd deirgwaith.

Byddwn wrth fy modd yn chwarae bowls yn ystod fy oriau hamdden, a bowls yw un o'r campau mwyaf poblogaidd sy'n cael ei chwarae yn Llanelli. Gyda chynifer yn dymuno chwarae ar gynifer o lawntiau yng Nghynghrair Llanelli a'r Cylch, sef un o'r adrannau mwyaf yng Nghymru, roedd hi'n hollbwysig darparu sylw yn y papur i'r gêm hon.

Deuthum i hoffi'r gamp wedi i mi fod yn gwylio pencampwriaethau bowlio ar lawntiau Parc Howard, a chwarae gyda ffrindiau o ran hwyl. Arweiniodd hyn at wahoddiad gan y bowliwr rhyngwladol Hugh Andrews i chwarae dros Frynhyfryd,

to Mr James that McEnroe's most notorious retort, "You cannot be serious", was directed.

Ironically, the referee who orchestrated the smooth running of Llanelli's grass court tournament, Bob Jenkins, was reported to be McEnroe's favourite umpire. He was my contact for the tournament results and I wrote a feature about him umpiring the volatile American in three finals and the manner in which he had gained the player's respect.

It was through spending time at the championship that I interviewed a chart topping celebrity, Andy Fairweather-Lowe, who had succeeded with chart hits such as 'If Paradise was Half as Nice' with Amen Corner and had played guitar with the likes of Eric Clapton and Pete Townsend. Andy was among the entries a year before the curtain came down on the tournament in 1987. Contract restrictions, however, meant that he had to turn down singing requests when the sing-a-longs were held as part of the evening entertainment.

Covering golf events at Ashburnham in Pembrey provided me with plenty of exercise. Following competitors around the links course tested my stamina, particularly in strong winds and heavy rain. Had I been more experienced, I would have probably got the stories through staying around the press tent as the other media personnel did. However, it was worth following the golfers and going round the 18 holes when the course was a venue of the Martini Open in 1976. As a result I saw a young Nick Faldo in action, as well as Ian Woosnam, Brian Barnes and many other well-known players. Scotland's Sam Torrance won the event, the last major professional tournament to be held at The Ash. After that both Torrance and Faldo became world famous golfers with the former captaining the Ryder Cup winning European team in 2002 and the latter achieved even more honours by winning both the Open and the US Masters three times.

Bowls, which I enjoyed playing during my spare time, was one of the most popular participation sports in Llanelli. With so many playing on the many greens in the area in the Llanelli and District League, one of the largest in Wales, it was essential to provide substantial weekly bowls coverage.

My involvement came after watching bowls tournaments and matches on the Parc Howard greens, and playing for fun with friends. It led to an invitation from international Hugh Andrews to play for Brynhyfryd, one of the teams played there. As a result, I experienced first hand the many successes that made the headlines in the 1970s, in particular

The world famous David Bryant is one of the stars who have played at Llanelli's Indoor Bowling venue.

Y bowliwr enwog David Bryant, un o'r sêr sydd wedi ymddangos ar lawnt fowlio dan do Llanelli.

David Bryant ar y lawnt dan do yng Nghanolfan Selwyn Samuel.

David Bryant on the indoor carpet at the Selwyn Samuel Centre, Llanelli.

Kelvin Kerkow o Awstralia gyda'r cwpan bowlio a dderbyniodd ar ôl iddo ennill y Bencampwriaeth Meistri Cymru yn Llanelli.

Australian Kelvin Kerkow with the trophy he received for winning the Welsh Masters in Llanelli.

un o dimau cynghrair Llanelli a'r cylch. O ganlyniad, cefais brofiad uniongyrchol o'r nifer fawr o lwyddiannau a hawliodd y penawdau yn y 70au. Roedd y rheiny'n cynnwys ennill pencampwriaeth y cynghrair bum gwaith yn olynol gyda Brynhyfryd.

Fe gafodd amryw o'r bowlwyr y byddwn yn chwarae yn eu plith ac yn eu herbyn sylw yn y *Star* yn rheolaidd. Roedd Andrews, a wnaeth fy nghyflwyno i'r gêm, yn eu plith ac roedd yn llawn haeddu'r fath sylw yn sgil ei lu lwyddiannau, yn cynnwys 24 cap dros Gymru, bod yn gapten ar y tîm yn 1970 ac ennill medal efydd ym mhencampwriaethau'r byd.

Un o'r llwyddiannau unigol mwyaf yr adroddais arno gyntaf oedd hwnnw a ddigwyddodd adeg pencampwriaethau Cymdeithas Bowlio Cymru ar Barc Howard yn 1972. Fe enillodd Rod Hugh, ar lawnt ei glwb cartref, deitl y senglau gyda pherfformiad syfrdanol mewn tywydd a atgoffai rywun o'r monsŵn. Er gwaetha'i lwyddiant, fodd bynnag, ni chafodd ei ddewis i'r tîm cenedlaethol er y llawn haeddai'r anrhydedd. Mae yna lawer o rai tebyg iddo yn yr ardal na ddewiswyd, am resymau dirgel, dros eu gwlad.

Er hynny, fe wnaeth cyn-gyd-fowliwr i mi yn nhîm Brynhyfryd, David Richards, ennill nifer o anrhydeddau rhyngwladol. Byddwn yn ymweld â'i gartref yn rheolaidd i'w holi am ei brofiadau wrth iddo ymweld â gwledydd tramor yn sgil cael ei ddewis ar gyfer Mabolgampau'r Gymanwlad a Phencampwriaethau'r Byd, gan ennill medalau yn y naill a'r llall.

Daeth Brian Kingdon yntau â mwy o gyhoeddusrwydd i fowlio pan ddewiswyd ef, o flaen sêr eraill y dref, yn Bersonoliaeth Chwaraeon y Flwyddyn yn 1982. Daeth yr anrhydedd i'w ran wedi iddo, fel un o gymeriadau mwyaf lliwgar y gamp, ennill pob prif gystadleuaeth sengl agored Llanelli yn ystod yr haf hwnnw.

Yr oedd Clwb Bowlio Llanelli, lle bûm yn aelod er 1982, yn ffynhonnell reolaidd ar gyfer newyddion ar golff a'r campau eraill. Mae yna lawer wedi ei ysgrifennu am y clwb hynaf yn y fro ac mae yna ddwy gyfrol wedi'u cyhoeddi yn cofnodi ei hanes, y ddiweddaraf ar gyfer dathlu'r canmlwyddiant yn 2006. Ymhlith y personoliaethau y deuthum i'w hadnabod yn y clwb roedd Harold Rogers, a fu unwaith yn llywydd Cyngor Bowlio Ynysoedd Prydain. Bu hefyd yn llywydd Clwb Rygbi Llanelli ac Undeb Rygbi Cymru.

Aelod arall o'r clwb oedd cyn-Glerc y Dref, Selwyn Samuel, y gŵr a fu'n gyfrifol am greu arena fowlio dan-do yn Llanelli, a enwyd wedyn ar ei ôl. Fe'i defnyddir bellach yn flynyddol fel

winning the league championships five years running in the 1970s with Brynhyfryd.

Many bowlers I played both alongside and against featured in the *Star* regularly. Andrews, who had introduced me to the game, was among them. The reason he merited such coverage was that his many honours included 24 appearances for Wales, captaining his country in 1970 and receiving a world championship bronze medal.

One of the most outstanding individual achievements I first wrote about came during the Welsh Bowling Association championships in Parc Howard in 1972. Rod Hugh on his home green won the singles title with a remarkable display in a final played in monsoon type conditions. Despite his success it did not bring him the national recognition he deserved. Many others like him in the area have mysteriously been denied Welsh honours.

However, a former Brynhyfryd bowls colleague, David Richards, did achieve many international honours. I visited his home regularly to write about his experiences of visiting other countries, after he had represented Wales in the Commonwealth Games and World Championships, winning medals in both.

Brian Kingdon also brought bowls more publicity when chosen ahead of the other town stars as Sports Personality of the Year in 1982. It was the result of one of bowls' most colourful characters winning all Llanelli open major singles tournaments during that summer.

A regular source of reports in bowls and other sports was Llanelli Bowling Club, where I have been a member since 1982. So much has been written about the oldest club in the area that two books have been published to record their exploits, the second during their centenary year in 2006. Among the personalities I got to know there was Handel Rogers, who was once president of the British Isles Bowls Council. He held the same position for Llanelli RFC and the Welsh Rugby Union.

Another member was former Town Clerk Selwyn Samuel, the driving force for the creation of an indoor arena in Llanelli which was then named after him. Now it is being used annually for a televised tournament that is part of the world indoor tour. When the world stars first visited the venue, I was fortunate to interview such household names as the pipe smoking David Bryant and flamboyant former Australian Rules player Australian Ian Schuback for a feature.

Richard Corsie of Scotland, one of the former world champions who have competed in Llanelli.

Richard Corsie o'r Alban, un o gyn-bencampwyr y byd sydd wedi cystadlu yn Llanelli.

103

Mae Steve James, cyn-gapten Morgannwg, yn gyfarwydd iawn â'r Strade. Chwaraeodd griced yno dros y sir sy'n cynrychioli Cymru yn Lloegr. Ar ôl ymddeol, ymunodd â charfan lloc y wasg ar y maes rygbi enwog fel gohebydd.

Former Glamorgan skipper and England opener Steve James is familiar with Stradey. He played cricket there for the Welsh county. After retiring, he joined us, the local reporters, in the press box at the famous rugby ground to cover matches for national newspapers.

lleoliad ar gyfer telediad pencampwriaeth sy'n rhan o gylchdaith fowlio'r byd. Pan fyddai sêr byd-eang yn ymweld â'r lle bûm lawer tro yn ddigon ffodus i gael cyfle i holi rhai ohonynt – enwau cyfarwydd fel y smociwr pib hamddenol, David Bryant, a'r bersonoliaeth ryfeddol Ian Schuback, cyn-chwaraewr dan y Rheolau Awstraliaidd.

Roedd y dyn busnes o Borth Tywyn, Martyn Roberts, bob amser yn werth ei weld pan chwaraeai dros Lanelli – boed hynny yn yr awyr agored neu dan do. Pan fyddai ef, a gweddill ei bedwarawd, Frank John, Roy Morse a Bob Murawski, yn dychwelyd i'r dref gyda theitl Prydeinig, byddai'n ddigwyddiad gwerth ei gofnodi.

Un o'r hanesion bowlio mwyaf teimladwy i mi fod yn rhan ohono oedd hwnnw'n ymwneud â'r fowlwraig ddall Gloria Hopkins a ddewiswyd yn Bersonoliaeth Chwaraeon Llanelli yn 1994 wedi iddi ennill medal arian ym Mabolgampau'r Gymanwlad yn Ne Affrica. Ei gŵr, Ken Hopkins, a oedd hefyd yn bowlio dros Lanelli, a'i hysbrydolodd, a hynny wedi iddi golli ei golwg yn sydyn ar ôl dioddef o glefyd y siwgr. Ken hefyd oedd ei phartner a'i thywysydd yn y pencampwriaethau. Gwisgai Ken got goch Cymru gyda balchder pan wnaeth hi dderbyn y tlws yn y cinio. Yn anffodus, bu farw Ken ychydig fisoedd yn ddiweddarach.

Yna, pleserus iawn i'w adrodd oedd hanes dau a wnaeth eu marc ym myd bowlio lleol yn dilyn llwyddiant mawr mewn campau mwy corfforol. Trodd Allan Evans i gyflawni campau ar y lawnt ar ôl iddo chwarae Pêl-droed Americanaidd dros y New England Patriots yn 1972. Arwyddodd gytundeb gyda nhw ar ôl ei berfformiadau fel ciciwr gyda Chrwydriaid Llanelli a Sêr y Doc Newydd. Gallaf innau hefyd honni i mi chwarae dros y Patriots gan i Evans enwi ei dîm bowlio dan-do ar eu hôl a gofyn i mi ymuno â nhw!

Y llall a drodd at fowlio ar ôl gwneud ei enw mewn camp arall oedd y bocsiwr Colin Jones. Ar ôl i mi ddilyn ei yrfa lwyddiannus yn y sgwâr, cofnodais ei lwyddiannau fel bowliwr. Does yna ddim llawer o fowlwyr a fyddai'n ddigon dewr i ddadlau â Colin ar y lawnt!

Burry Port businessman Martyn Roberts was also a Llanelli player well worth turning up to watch, both outdoors and indoors. When his rink, which included club colleagues Frank John, Roy Morse and Bob Murawski, brought an indoor British title to the town it was an achievement I was more than pleased to record.

One of the most touching bowls stories I covered was that involving blind bowler Gloria Hopkins who was chosen as Llanelli's Sports Personality of the Year in 1994 after earning a silver medal at the Commonwealth Games in South Africa. Husband Ken Hopkins, who also bowled for Llanelli, encouraged her to play the game after she suddenly lost her sight through diabetes. Ken was also her partner and guide in tournaments. He wore the red Welsh blazer with pride when she received the trophy at the awards dinner. Sadly, a few months later he died.

It was again very pleasing to report on two sportsmen making their mark in local bowls, having previously had considerable success in more physical sports. Allan Evans earned honours on the green after once playing for New England Patriots in American Football in 1972. His contract with them came after he proved such a prolific goalkicker with Llanelli Wanderers and New Dock Stars. I can also now claim to have appeared for the Patriots, because Evans named his Llanelli indoors bowls evening league team after them and invited me to join!

The other to turn to bowls after having made his name in another sport was boxing celebrity Colin Jones. After following his illustrious career in the ring, I was pleased to record his many triumphs in bowls. But there aren't many players brave enough to dispute any shots with him!

Welsh ace John Price from Port Talbot has had considerable success in bowls tournaments in Llanelli.

Mae'r Cymro John Price, o Aberafan wedi cael llawer o lwyddiant mewn twrnameintiau bowls yn Llanelli.

PENNOD 8

Y PAFFWYR PARCHUS

Ar ôl i mi gael fy ngeni yn ardal Tŷ-isha o Lanelli, treuliais nifer o flynyddoedd fy machgendod cynnar gyda Tad-cu a Mam-gu (rhieni fy mam) yn Heol Fawr. Roedd eu cartref mewn rhes o dai ger gorsaf reilffordd Llanelli, a ddymchwelwyd yn y saithdegau.

Byddai Tad-cu, Oliver Hughes, yn mwynhau gwylio chwaraeon ar y teledu, a rhaglenni bocsio, a gâi sylw ar raglenni *Grandstand* a *Sportsnight* y BBC, yn cael eu gwylio bob amser. Ychydig a wyddwn bryd hynny fod un o'i ffrindiau agosaf yn perthyn i un o ymladdwyr enwocaf Llanelli. Roedd y ffrind, fel Tad-cu, yn flaenllaw iawn ym myd rasio colomennod, a châi ei adnabod fel Danny. Byddai hwnnw bob amser yn fy annog i gymryd diddordeb mewn chwaraeon. Dim ond yn ddiweddar y gwnes i ddarganfod mai ei enw iawn oedd Howard Daniels, ac mai brawd iddo ef a'i dad oedd Gypsy Daniels, un o'r bocswyr mwyaf nodedig i'r dref ei gynhyrchu erioed. Hyrwyddwr Americanaidd oedd wedi bedyddio William Daniels â'r llysenw 'Gypsy', hynny oherwydd ei bryd tywyll. Er mwyn creu mwy o ddiddordeb ymhlith Americanwyr, gwisgai glustdlysau a bandana ar gyfer ei ornestau.

Yr oedd ei gartref yn Lôn y Felin, ac enillodd goron y pwysau is-drwm Prydeinig yn 1927. Uchafbwynt gyrfa a welodd ennill dros 200 o ornestau fu ei gamp o fwrw allan yr Almaenwr Max Schmelling yn y rownd gyntaf yn Frankfurt. Bu farw Gypsy yn 65 mlwydd oed yn 1965.

Ers dyddiau campau enwog Gypsy yn y sgwâr, parhaodd Llanelli i gynhyrchu personoliaethau bocsio o bwys ar lefel amatur a phroffesiynol, a chefais y fraint o adrodd ar aml i lwyddiant. Pan ymunais â'r *Star*, meddyliwn y byddai'n annhebyg y cawn y cyfle i adrodd ar gamp sydd mor arbenigol. Er hynny, o dipyn i beth, cefais fy hun wrth ymyl y sgwâr yn rheolaidd, a hynny o ganlyniad i gais Clwb Bocsio Amatur y Trostre am y posibilrwydd o fwy o gyhoeddusrwydd rheolaidd. Roedd y clwb, dros nifer o flynyddoedd, wedi cynhyrchu nifer o focswyr rhyngwladol, pencampwyr Cymru a bocswyr a oedd wedi ennill llwyddiant proffesiynol. Maent yn parhau i wneud hynny.

Un o'r rhain oedd Clive Cooke, a oedd wedi ennill teitl Cymru yn y pwysau is-ganolig yn y chwedegau cyn troi'n broffesiynol, gan brofi ei ddawn i ddenu torf ar gyfer ei ornestau. Mae Clive yn dal i gadw'n ffit ac mae'n parhau i gynorthwyo gyda hyffordd

Ar frig y rhestr fel y prif atyniad ar hysbyseb baffio yn Neuadd Albert y mae gornest Colin Jones a Kirkland Laing.

Top of the bill in a boxing presentation at the Albert Hall is the British Welterweight title contest between Colin Jones and Kirkland Laing.

Cyn-baffiwr profiadol Llanelli, Glyn Davies, yn rhoi hyfforddiant.

Experienced former Llanelli boxer Glyn Davies trains a boxer he once managed.

CHAPTER 8

RESPECTED BOXERS

Having been born in the Tŷ-isha area of Llanelli, I spent many years of my early childhood with my grandparents (my mother's parents) in Heol Fawr. Their home was in a row of houses, demolished in the 1970s, near Llanelli railway station.

My grandfather, Oliver Hughes, enjoyed watching sport on television, with boxing shown on BBC sports programmes *Grandstand* and *Sportsnight* always on. Little did I know then that one of his best friends was related to one of Llanelli's most famous fighters. His friend, like my grandfather, was a pigeon racing enthusiast, and was known as Danny. He would always encourage me to take an interest in sport. It was only recently that I discovered his real name was Howard Daniels and that his uncle and father's brother was Gypsy Daniels, one of the greatest boxing characters the town has produced. An American promoter had given William Daniels the nickname Gypsy because of his swarthy complexion. To create greater interest in the States, he also wore earrings and a bandanna for his fights.

Brought up in Mill Lane, he won the British Light-heavyweight crown in 1927. The highlight of a career of over 200 contests was a first round knockout of German Max Schmelling in Frankfurt. Gypsy died at the age of 65 in 1965.

Since Gypsy's famous days in the ring, the Llanelli area has continued to produce admired boxing personalities at both amateur and professional level and I've had the privilege of covering many successes. When I joined the *Star*, I thought it was unlikely that I would ever get the opportunity to cover such a specialist sport. However, I eventually found myself at ringside on a regular basis, initially after the influential Trostre Amateur Boxing Club had sought regular publicity. The club had for many years produced many internationals, Welsh champions and boxers who had success professionally. They continue to do so.

One of them was Clive Cooke who had won the Welsh middleweight title in the sixties before turning professional. He proved to be a crowd pleaser in all his contests and still keeps fit and also helps train the club's current boxers. Another of the club's fighters, Peter Hughes, who had been

Colin Jones finds his range against Kirkland Laing.

Colin Jones yn cael llwyddiant yn erbyn Kirkland Laing.

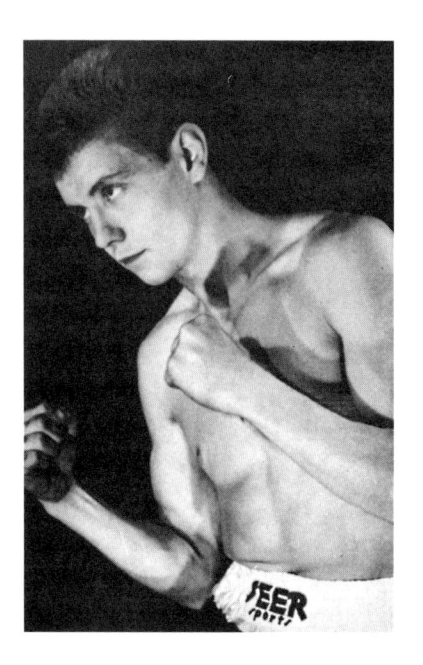

A photo of Glyn Davies when he was a young Llanelli boxer climbing the British ratings.

Llun o Glyn Davies pan oedd yn baffiwr ifanc yn Llanelli.

107

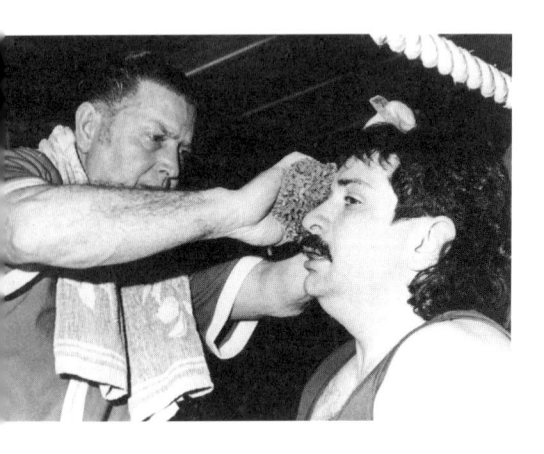

Gareth Howells, hyfforddwr Clwb Amatur Trostre, yn rhoi triniaeth yn y gornel mewn un ornest.

Gareth Howells, Trostre Amateur Club trainer, treats one of his boxers in the corner during a contest.

Colin Jones yn cael ei ddisgrifio fel draig mewn un ornest.

Colin Jones described as a dragon for one of his contests.

bocswyr y clwb. Bu un arall o focswyr y clwb, Peter Hughes, yn casglu rhestrau o ganlyniadau ar gyfer y *Star*, gan fy annog i ddarparu mwy o gyhoeddusrwydd i'w llwyddiannau pencampwriaethol.

Sbardunodd hyn fy ymweliad â champfa Trostre, ger y gwaith dur enwog, lle gwneuthum gyfarfod ag un o bersonoliaethau mwyaf brwdfrydig Llanelli, Gareth Howells, a anrhydeddwyd â'r MBE yn 2008 am ei ymdrechion glew. Yr oedd amryw o focswyr a swyddogion Clwb y Trostre yn bresennol yn y dathliad yn Llangennech wedi i'r anrhydedd gael ei gyhoeddi.

Gwylio Gareth Howells yn hyfforddi ei focswyr, a gwerthfawrogi'r dulliau a'r ddisgyblaeth a fynnai ef ganddynt, a wnaeth fy mherswadio fod bocsio yn gamp gwerth rhoi sylw iddi. Pan ddeuai bechgyn o ddeg oed i fyny ato, byddai'n eu rhybuddio y caent eu torri allan o'r clwb pe baent yn creu unrhyw drafferth neu'n dod â gwarth ar enw Trostre mewn unrhyw ffordd.

Gosodai Gareth bwyslais mawr ar amddiffyn fel rhan o'i rysáit ar gyfer hyfforddiant llwyddiannus. Ei gynorthwy-ydd a'i ddyn cornel am flynyddoedd oedd Glyn Lewis. Bu farw Glyn yn 102 oed ar ôl gwasanaethu'r clwb amatur hwn nes ei fod yn ei nawdegau. Ac mae Gareth yntau, yn 82 mlwydd oed, yn dal i dreulio oriau lawer yn hyfforddi bocswyr newydd a darpar bencampwyr yn y grefft.

Ymhlith nifer o'r goreuon y gwnaeth Gareth eu harwain at lwyddiant roedd un o'r bocswyr gorau i mi ei weld erioed, sef Glyn Watts, a enillodd anrhydeddau lawer i'r clwb yn y pwysau welter ysgafn. Roedd gan Watts dechneg wych ac roedd ganddo'r potensial i gyflawni mwy fyth fel bocsiwr amatur pan demtiwyd ef i droi'n broffesiynol. Ac unwaith y trodd yn broffesiynol byddai hyrwyddwyr bob amser yn awyddus iawn i'w gynnwys ar eu rhaglen. Roeddwn yn ei wylio o'r oriel pan wnaeth un ymddangosiad o dan oleuadau addurnedig y National Sporting Club yn Llundain. Ond, yn anffodus, daeth anaf i atal yn gynnar yrfa a fyddai wedi bod yn un ddisglair tu hwnt.

Bocsiwr arbennig arall o Glwb y Trostre y gwneuthum ei ddilyn wrth iddo ddringo ac ennill anrhydeddau uchaf y gamp amatur oedd Adrian Edwards. Roedd e'n gystadleuydd rheolaidd ym mhencampwriaeth Cymru, gan gipio'r teitl yn y diwedd yn 1979. Arweiniodd hyn at gael ei ddewis i focsio dros Gymru a chael hefyd ei ethol yn gapten ar gyfer y gyfres ryngwladol yn dilyn y pencampwriaethau. Prin iawn fyddai bocsiwr yn cael ei ddewis i fod yn Bersonoliaeth Campau'r Flwyddyn ond derbyniodd ef yr anrhydedd brin honno yn 1980. Ef oedd y

providing results and reports to the *Star*, asked if I could provide publicity for their championship successes.

The request prompted me to visit the Trostre gym next to the famous steelworks where I met one of Llanelli's most dedicated sports personalities. Gareth Howells was awarded an overdue MBE in 2008 for his efforts. Many former Trostre boxers and officials attended a celebration in Llangennech after the honour was announced. It was watching Howells training his boxers, and appreciating the methods and the discipline he demanded, that persuaded me boxing was a worthwhile sport to cover.

When boys from 10 years-old up were brought to him, they were warned that if they got into any serious trouble and disgraced Trostre in any way, they would be immediately excluded from the club.

Howells placed a great emphasis on defence in his training recipe for success. His assistant and dedicated cornerman for many years was Glyn Lewis. He died at the age of 102 having served the amateur club until he was in his 90s. At the age of 82, Howells himself still spends many hours teaching the craft to new boxers and potential champions.

Of the many boxers Gareth guided to success, one of the best I watched was Glyn Watts who won many honours for the club at light welterweight. Watts had a great technique and had the potential to achieve more as an amateur when he was tempted to turn professional. In the paid ring, promoters were keen to include him in their shows. I watched from the balcony when he made one appearance under the chandeliers of the plush National Sporting Club, London. However, an injury put an early halt to what could have been a promising career.

Another outstanding Trostre boxer I followed to top amateur honours was Adrian Edwards. He was a regular contender in the highly competitive Welsh championships, eventually winning the title in 1979. It led to Edwards being chosen for Wales, and he was given the captaincy for the international series following the Championships. The reward for his success was a rare recognition in Llanelli for a boxer when he was chosen as the Sports Personality of the Year in 1980. He was only the third boxer to win the top Llanelli award. During the awards function in the Stepney Hotel, it proved handy having the boxer sitting next to me being that one of the guests, who probably had drunk too

Trostre Amateur Club's successful coaching partnership for many years, Glyn Lewis and Gareth Howells, the founder and chief trainer. Glyn, who died at the age of 102 in 2008, acted as a corner man and assistant until he was over 90 while 82 year-old Gareth still trains the boxers.

Partneriaeth a barodd am lawer o flynyddoedd i Glwb Amatur Trostre – Glyn Lewis, cyd-hyfforddwr, a Gareth Howells, y prif hyfforddwr. Bu farw Glyn yn 2008 yn 102 oed – daliodd i wasanaethu'r clwb pan oedd dros 90 oed, tra bod Gareth yn dal i hyfforddi
yn 82 oed.

Un o baffwyr llwyddiannus Trostre, Barrie Kelley, yn dangos gwregys pencampwriaeth Cymru a enillodd ar ôl troi'n broffesiynol.

Barrie Kelley, who won many honours with Trostre Amateur Club, shows a Welsh championship belt he won as a professional.

trydydd bocsiwr yn unig i dderbyn y fath anrhydedd yn Llanelli. Pan wobrwywyd ef yng Ngwesty'r Stepney, teimlais yn ddiolchgar ei fod e'n eistedd wrth fy ymyl oherwydd fe gychwynnodd un o'r gwesteion, a oedd wedi cael diferyn yn ormod, feirniadu fy ngwaith newyddiadurol ar rygbi. Ond buan y tawelodd pan gefnogwyd fi gan Edwards! Tristwch mawr fu marwolaeth sydyn Edwards yn 2006, fisoedd yn unig wedi i mi dderbyn cerdyn Nadolig wrtho'r flwyddyn cynt. Bu farw pencampwr arall o Glwb y Trostre, sef Denzil Goddard, un arall a welswn yn sgleinio yn y sgwâr, yn ystod yr un flwyddyn.

Byddai Edwards, fel cynifer o focswyr eraill, bob amser yn gwerthfawrogi'r sylw a gâi yn y wasg am ei ymdrechion a hyd yn oed flynyddoedd wedi iddynt brofi llwyddiant yn y sgwâr, bydd y bocswyr hyn yn parhau i'm cydnabod a dangos imi barch.

Pan awn i sioeau neu bencampwriaethau lle byddai bocswyr y Trostre ar y rhaglen, byddwn yn cludo rhai ohonynt yn fy nghar, bocswyr ifanc fel Neil a Nigel Haddock. Gwnaeth y ddau eu marc fel amaturiaid ac fel bocswyr proffesiynol. Bechgyn talentog eraill o'r Trostre y bûm yn dyst i'w llwyddiannau oedd y brodyr Carlo a Michael Colarusso, a hefyd y brodyr Barrie a Craig Kelley, ynghyd â Robert Mogford, a hefyd Chris Jacobs. Aeth Colarusso a Jacobs ill dau ymlaen i wneud yn dda yn broffesiynol, gan ennill teitlau Cymru yn eu gwahanol bwysau. Bu'r bocsiwr pwysau trwm, Jacobs, yn uchel ar restrau goreuon gwledydd Prydain ochr yn ochr â chyn-bencampwr y byd, Herbie Hide, a fu'n un o'i wrthwynebwyr.

Y mwyaf anlwcus i fethu ennill teitl amatur oedd Jeff Gravell, cefnder i'r chwedl rygbi hwnnw Ray Gravell, ac unwaith fe wnaeth y ddau ymarfer gyda'i gilydd yn y sgwâr. Roedd Gravell wedi ennill yr hawl i wisgo fest Cymru yn 1973, ac wedi curo gwrthwynebwyr a aeth ymlaen i fod yn focswyr proffesiynol o bwys ar lefel Brydeinig. Yn dilyn saib o'r sgwâr, daeth yn ôl yn 1976 a dilynais ei lwyddiant ym mhencampwriaeth Cymru. Yn anffodus daeth popeth i ben mewn siom, gan i Gravell golli yn yr ornest derfynol yn erbyn Terry Chard o Gasnewydd, i benderfyniad mwyafrifol yng Ngerddi Sophia yng Nghaerdydd. Roedd rhybudd cyhoeddus dadleuol wedi costio'n ddrud i'r ffefryn o'r Trostre ar ôl iddo golli pwynt gwerthfawr mewn gornest lle cafodd ef y gorau o'r ymladd.

Yn yr union bencampwriaeth honno y cychwynnais ddilyn gyrfa anhygoel y bocsiwr pwysau welter cyffrous Colin Jones. Ar y pryd roedd Jones yn cystadlu ar ran Clwb Penyrheol yng Ngorseinon. Fe'i gwelswn ef hefyd yn arddangos ei sgiliau ifanc eithriadol mewn gornest arddangosol ar raglen sioe amatur a

much wine, started criticising my rugby coverage. He was soon silenced when Edwards came to my defence! Sadly, Edwards died suddenly in 2006, months only after sending me a Christmas card the previous year. Another former Trostre champion, Denzil Goddard, whom I had seen impress in the ring, also died during the same year.

Edwards, like many other boxers, always appreciated the publicity he got for his efforts and even years after producing winning blows in the ring, these boxers continue to acknowledge me and show respect.

When I attended shows or tournaments involving the Trostre club, young fighters such as Neil and Nigel Haddock would come as passengers in my car. Both made their mark as amateurs and professionals. Among other exciting Trostre boxers I saw winning titles were two other sets of brothers, Carlo and Michael Colarusso, Barrie and Craig Kelley, together with Robert Mogford and Chris Jacobs. Colarusso and Jacobs also went on to do well professionally, winning Welsh titles in their weights. Heavyweight Jacobs was once featured highly in the British ranking with former world champion Herbie Hide having been among his opponents.

The unluckiest to miss out on an amateur title was heavyweight Jeff Gravell, first cousin of Welsh rugby legend Ray Gravell who once sparred with him. Gravell had won a Welsh vest in 1973 and had beaten opponents who became respected in British professional boxing. After taking a break from the ring, he was back in it in 1976, and I followed his progress in the Welsh championships. However, it ended in disappointment as Gravell lost in the final to Newport's Terry Chard on a majority decision at the Sophia Gardens, Cardiff, after a controversial public warning during the second round cost the Trostre favourite the title. The warning meant the loss of a costly point in a fight in which he had dominated.

It was at the same championship that I started following the outstanding career of welterweight sensation Colin Jones. At the time, Jones was competing for the Gorseinon based Penyrheol club and I had once seen his exceptional young skills in an exhibition fight in a Trostre promoted amateur show.

He was the fighter the fans were most keen to watch in the 1976 Welsh amateur senior championships preliminary and final rounds; looking after Jones' progress then was Penyrheol trainer Gareth Bevan. Jones knocked out all his opponents to win the Welsh title, and then went on to beat

Llanelli heavyweight boxer Chris Jacobs on the punch bag in training.

Paffiwr Pwysau Trwm Llanelli, Chris Jacobs, yn ymarfer.

Cyn-baffiwr Trostre, Carlo Colarusso, yn chwifio'r ddraig goch wrth ddathlu ar ôl ennill Pencampwriaeth Cymru.
Llun: Jeff Connell

Former Trostre boxer Carlo Colarusso celebrates with the Welsh flag after winning the Welsh title.

drefnwyd gan Glwb y Trostre.

Hwn oedd y bocsiwr a oedd yn llygad y cyhoedd ym mhencampwriaethau amatur uwch Cymru yn 1976 – yn y rowndiau rhagarweiniol a'r rowndiau terfynol. Yn gofalu am ddatblygiad Jones ar y pryd roedd yr hyfforddwr o Benyrheol, Gareth Bevan. Cnociodd Jones ei holl wrthwynebwyr allan i ennill teitl Cymru, cyn mynd ymlaen i guro Paul Kelley a chipio teitl yr ABA yn Wembley. O ganlyniad i'r llwyddiant hwnnw, fe'i dewiswyd fel aelod o dîm Prydain a aeth i'r Mabolgampau Olympaidd ym Montreal.

Gan fod gan y *Star* argraffiad ar wahân ar gyfer ardal Llwchwr, roedd Gorseinon o fewn ein hardal ac fe wnaeth Colin a'i deulu werthfawrogi'n fawr y sylw a roddwyd i'w lwyddiant, fel y gwnaeth ei hyfforddwr ym Mhenyrheol, Gareth Bevan. Yn ystod ei yrfa amatur a phroffesiynol cefais y cyfle droeon i'w holi yn ei gartref yng Ngorseinon, gan ddod i adnabod yn dda ei rieni, Raymond a Nora, ynghyd â'i frodyr Peter a Ken, a oedd hefyd yn focswyr. O ganlyniad i hyn fe enillais barch ac ymddiriedaeth Colin. Ar ei ffordd i fyny'r ysgol broffesiynol tuag at fod yn heriwr am bencampwriaeth y byd byddai bob amser ar gael ar gyfer cyfweliadau, a hynny er gwaetha'r ffaith mai ar bapur wythnosol y gweithiwn i a bod galw mawr amdano gan y cyfryngau Prydeinig a rhyngwladol.

Wedi i mi fod yn bresennol yn un o ornestau buddugol Colin yn Lido Afan, cyrhaeddodd gwahoddiad annisgwyl i mi i'w briodas. Wrth i mi ei holi ar ôl y ffeit yn ei stafell newid y cefais y gwahoddiad, ac fe'i derbyniais ar unwaith. Cynhaliwyd y gwasanaeth yn Eglwys y Santes Catherine yng Ngorseinon gyda'r derbyniad wedyn yng Ngwesty Bae Caswel. Ac yno y gwneuthum ddod yn gyfeillgar â'i reolwr, Eddie Thomas, un o bersonoliaethau mawr Merthyr Tudful. Roedd Thomas wedi arwain Howard Winstone a Ken Buchanan i deitlau byd.

Wrth i mi ddilyn llwyddiant Colin, byddwn mewn cysylltiad rheolaidd ag Eddie Thomas ar gyfer cael hanesion i'r *Star*. Ac wrth i'r bocsiwr o Glwb Penyrheol ennill teitlau Prydeinig, Ewropeaidd a'r Gymanwlad roedd y lleoliadau lle bûm yn gwylio'i lwyddiannau yn cynnwys Canolfan Gynadledda Wembley, yr Arena yn Wembley hefyd, Neuadd Albert a Phafiliwn yr Eisteddfod Genedlaethol. Fel rhan o'r rhaglen yn rhai o'r sioeau hyn roedd ymladdwyr fel Frank Bruno a Nigel Benn. Fy ymweliad cyntaf â Wembley oedd yn 1980 pan enillodd Colin, yn groes i'r holl ddisgwyliadau, yn erbyn y dawnus Kirkland Laing. Fe'i stopiodd yn y nawfed rownd i ennill teitl pwysau welter Prydain.

Paul Kelley to capture the ABA title in Wembley. That success resulted in him being chosen for the British team that went to the Olympics in Montreal.

With the *Star* then having a local Llwchwr edition, Gorseinon was within our circulation area and the Jones family appreciated the coverage given to Colin's success – as did the Penyrheol trainer Gareth Bevan. During his amateur and professional career I frequently interviewed Jones at his home in Gorseinon and got to know well his father Raymond and mother Nora, in addition to his boxing brothers, Peter and Ken. As a result, I believed I gained Jones' trust and respect. On his way up the professional boxing ladder to being a world championship contender, he would always be available for interviews despite the fact that I only reported for a weekly newspaper, and that he was in constant demand from the national and international media.

After watching one of Jones' victories in the Afan Lido, I had an unexpected invite to his wedding. It was during the post-fight interview in the dressing room that I received the invitation, which I immediately accepted. The wedding was held in St Catherine's Church, Gorseinon, with the reception in the Caswell Bay Hotel where I became friendly with his manager Eddie Thomas. One of Merthyr's most famous personalities, Thomas had guided Howard Winstone and Ken Buchanan to world titles.

While following Jones' progress, I was in regular contact with Thomas for news and as the Penyrheol boxer won the British, European and Commonwealth titles, the famous venues where I watched him included Wembley's Conference Centre and Arena, the Royal Albert Hall and the National Eisteddfod Pavilion. On the undercard in a couple of the shows were fighters such as Frank Bruno and Nigel Benn. The first visit to Wembley was to the Conference Centre in 1980 when Jones produced a shock ninth round stoppage against the highly rated Kirkland Laing to win the British welterweight title.

In the rematch at the Albert Hall the following year, I brushed shoulders with the likes of Des Lynam and sat next to former commentator Reg Gutteridge at ringside who was stunned when the Gorseinon hero produced a sensational ninth round knockout.

After the shows in London I would travel home on the late train from Paddington in the company of *Western Mail*'s

The report of Gorseinon boxer Colin Jones' last contest after he lost to Don Curry in the NEC Birmingham.

Adroddiad o ornest olaf y paffiwr Colin Jones ar ôl iddo golli yn erbyn Don Curry yn yr NEC yn Birmingham.

Neville Mead a ddechreuodd ei yrfa broffesiynol yn Llanelli gyda'r rheolwr Glyn Davies. Aeth ymlaen i ennill Pencampwriaeth Pwysau Trwm Prydain.

Neville Mead, who started his professional career in Llanelli with manager Glyn Davies. He went on to win the British Heavyweight title.

Pan gafodd Laing ail gyfle yn Neuadd Albert y flwyddyn wedyn, eisteddwn ysgwydd wrth ysgwydd â chyflwynwyr fel Des Lynam a'r sylwebydd Reg Gutteridge yn ymyl y sgwâr. Ac rwy'n cofio'r syndod a gafodd Gutteridge pan hitiodd y llanc o Orseinon ei wrthwynebydd mas yn y nawfed rownd.

Yn dilyn y sioeau bocsio hwyr yn Llundain byddwn yn teithio adre ar y trên o orsaf Paddington gyda'r gohebydd bocsio Karl Woodward o'r *Western Mail* a Spencer Feeney o'r *South Wales Evening Post*, sydd erbyn hyn yn Brif Olygydd y papur hwnnw yn Abertawe. Golygai dal fy nhrên cysylltiol o Abertawe i Lanelli y byddwn yn mynd i'r gwely am 4.30 y bore cyn gorfod cychwyn gweithio eto am 8.30 er mwyn ysgrifennu stori i'r *Star*.

Fy siom fwyaf fu methu â bod yn bresennol yn nwy ornest anferth Colin wrth iddo geisio cipio teitl byd Cyngor Bocsio'r Byd yn 1983 ym mhoethder Nevada yn erbyn Milton McCrory. Wrth reswm, fedrai papur wythnosol ddim fforddio ariannu'r daith. Yn hytrach fe wyliais y ddwy ornest ar y teledu, sef y ffeit ddadleuol honno a ddyfarnwyd yn gyfartal ac a'i hataliodd rhag ennill y teitl yn Reno, a'r ffeit pan gollodd ar bwyntiau, ac a ddaeth â'i freuddwyd byd i ben yn Las Vegas. Ond roeddwn yno eto ger y sgwâr pan gynigiodd am y trydydd tro i gipio'r teitl byd. Y tro hwn fe ymladdodd am deitl Cymdeithas Focsio'r Byd yn erbyn Don Curry yn 1985 yn yr NEC yn Birmingham.

Ar gyfer yr ornest honno gwneuthum gais personol i Frank Warren am docyn y wasg, ac fe'i cefais. Ymhlith rhai o'r cymeriadau chwedlonol yn fy nghwmni roedd Howard Winstone. Yn anffodus doedd gen i ddim newyddion da i'w cyfleu i ddarllenwyr y *Star* gan i mi fod yn dyst i ddiwedd trist i yrfa ddisglair Colin. Bu Curry, a gâi ei adnabod fel y Cobra, yn fuddugol yn y bedwaredd rownd gyda'r ffeit yn cael ei hatal yn dilyn anaf difrifol i Colin, sef pan dorrwyd archoll ddrwg ar draws ei drwyn. Ond mae Colin yn dal i sylwebu ar focsio ac mae e 'nôl yn hyfforddi bocswyr yng Nghlwb Penyrheol, lle cychwynnodd ar ei yrfa.

Yn ogystal â rhoi sylw i lwyddiannau - a methiannau prin Colin – byddwn hefyd yn dal mewn cysylltiad â phersonoliaeth focsio arall yn ardal Llanelli. Glyn Davies oedd hyrwyddwr y sioe focsio broffesiynol gyntaf i mi ei gweld erioed o'r rhesi blaen wrth ymyl y sgwâr. Fe'i llwyfannwyd yn Neuadd Ddawns y Glen, gyda Mike John, rheolwr y Glen, yn trefnu'r sioe; bu ef yn ei ddydd yn focsiwr pwysau trwm. Roedd Davies yntau hefyd wedi bod yn focsiwr addawol iawn ac yn rheolwr llwyddiannus; ef hefyd oedd yr hyrwyddwr olaf i drefnu sioe focsio yn Llanelli. Mewn gyrfa o 46 gornest, enillodd deitl pwysau bantam Cymru

boxing writer Karl Woodward and the *South Wales Evening Post*'s Spencer Feeney, who is now the Swansea based daily's Editor in Chief. My connection from Swansea to Llanelli would be the first morning train which would mean going to bed about 4.30 a.m. and having to be in work by 8.30 a.m. to write the report for the *Star*.

My biggest disappointment was being unable to cover Jones' two epic 1983 World Boxing Council world title challenges in the heat of Nevada against Milton McCrory; understandably a weekly newspaper didn't have the financial resources to send me. Instead, I watched on television, both the controversial draw which denied him the title in Reno, and the points defeat that ended his world dream in Las Vegas. But I was pleased to be at ringside once again when Jones made a third challenge for a world title. This time it was for the World Boxing Association version against Don Curry in 1985 in the NEC Birmingham.

My application to Frank Warren for a press ticket had been successful and one of the legends close to me in the same ringside row was Merthyr's former world featherweight champion Howard Winstone. However, I sadly didn't have good news to report as I witnessed a disappointing end to Jones' outstanding career. Curry, known as the Cobra, was triumphant in the fourth round with the contest stopped as a result of a big gash on the bridge of Jones' nose. Jones now commentates on boxing and is back training boxers in the Penyrheol club where his own boxing career began.

As well as covering the achievements – and the few defeats – of Jones and the Trostre club's boxers, I was also regularly in contact with another prominent Llanelli boxing personality. Glyn Davies was the matchmaker for the first professional show that I watched at ringside. It was staged in the Glen Ballroom, with the venue's manager Mike John – a former heavyweight boxer – the promoter. Davies also had been a highly regarded boxer, was still a successful manager; he was the last promoter to present a professional show in Llanelli. In a career of 46 fights, he had won the Welsh bantamweight title and was ranked among the best in the Britain. It was towards the end of his career that I reported on Davies' contests when he preferred to be known as the Peter Pan of the ring.

Before hanging his gloves up, he was the last British boxer to face Merthyr's Johnny Owen before his fatal world

The legendary Llanelli heavyweight boxer known as Gypsy Daniels.

Y paffiwr pwysau trwm o Lanelli a gâi ei adnabod fel 'Gypsy Daniels'.

Neil Haddock yn ymladd yn erbyn paffiwr talentog arall o Gymru, Floyd Havard.

Neil Haddock fighting another talented Welsh boxer, Floyd Havard.

ac fe gâi ei ystyried ymhlith goreuon gwledydd Prydain. Dim ond tuag at ddiwedd ei yrfa y gwnes i gofnodi hanes Davies, cyfnod pan fynnai gael ei gydnabod fel Peter Pan y byd bocsio.

Cyn iddo hongian ei fenig ac ymddeol, ef oedd y bocsiwr Prydeinig olaf i wynebu Johnny Owen o Ferthyr Tudful cyn gornest olaf ac angheuol y Cymro dewr hwnnw yn erbyn Lupe Pintor o Fecsico yn Los Angeles yn 1980. Cofiaf ef yn dangos ei law chwyddedig i mi a achosodd i'r ornest rhyngddo ef ac Owen gael ei stopio yn y pumed rownd.

Fel rheolwr, cynhyrchodd Davies nifer o bencampwyr, ac am rai blynyddoedd bu'n rhedeg campfa ger yr orsaf yn Llanelli. Un o'r bocswyr ar ei lyfrau oedd Neville Mead, a aeth ymlaen wedyn i ennill pencampwriaeth pwysau trwm Prydain. Ond heb amheuaeth, yr hyn a ddaeth â'r pleser mwyaf i Davies fu arwain y bocsiwr lleol, Neil Haddock, i lwyddiant fel pencampwr uwch-bwysau plu Prydain yn 1992.

Ar ôl bod yn dyst i lwyddiant Haddock yn symud ymlaen o lefel ysgol gyda Chlwb y Trostre, roeddwn wrth ymyl y sgwâr yn 1992 yn ei wylio'n arddangos llwyddiant rhyfeddol yn ei dref ei hun yn erbyn Steve Robinson, a aeth ei hun ymlaen i ennill teitl byd. Ymddangosai ar un adeg y byddai'n rhaid stopio'r ffeit wedi i Haddock ddioddef archoll ar ochr ei wyneb, a oedd wedi chwyddo. Ond, gyda chymorth arbenigol Davies wrth drin y clwyf, dangosodd Haddock ddigon o fedrusrwydd a gwytnwch i fynd ymlaen i ennill canlyniad mwyafrifol ar ddiwedd deng rownd hynod galed. Fe wnaeth Davies hyrwyddo un sioe arall wedi hon yn 1995 ond ni welwyd yr un sioe focsio arall yn Llanelli wedi hynny. Teimlai Davies fod trefnu sioeau tebyg wedi mynd yn rhy ddrud. Ymddeolodd hefyd o fod yn rheolwr.

Erbyn heddiw mae bocswyr yn fwy amharod nag yr oedden nhw i droi'n broffesiynol. Serch hynny, y diweddaraf i fentro gwneud hynny yw Owen Harries. Ac mae Dean Phillips, sy'n hanu o deulu o focswyr cic, wedi ymladd am y teitl Prydeinig a chaiff ei ystyried o hyd ymhlith y bocswyr pwysau ysgafn gorau ym Mhrydain. Er hynny, mae'r dyfodol yn ymddangos yn fwy llwyddiannus i'r clybiau amatur, gyda Gareth Howells yn paratoi mwy o ddarpar bencampwyr yn y Trostre a Colin Jones yn gwneud yr un fath ym Mhenyrheol.

challenge against Mexican Lupe Pintor in Los Angeles in 1980. Davies showed me the swollen hand that had resulted in his challenge against Owen being stopped in the fifth round.

As a manager, Davies produced several champions and for many years he had a gym near Llanelli railway station. One of the boxers he signed was Neville Mead who eventually went on to win the British heavyweight title. However, the most pleasing success for Davies was guiding home-grown Neil Haddock to the British superfeatherweight title in 1992.

Having watched Haddock progress from schoolboy level with Trostre, I was at ringside in 1992 to see him produce a remarkable success in his home town against Steve Robinson, who went on to win a world title. A stoppage seemed certain with Haddock badly cut and one side of his face swollen. Davies, however, showed his expertise in dealing with cuts and ensured the durable Haddock carried on to take a majority points win at the end of 10 gruelling rounds. Davies promoted one more professional show after that in 1995, the last one to be held in Llanelli. He found it too expensive to continue and has, by now, also retired from management.

Boxers are nowadays more reluctant to turn professional but former amateur champ Owen Harries has recently done so and Dean Phillips, who hails from a successful kick boxing family, has fought for the British title and is still ranked among the best lightweights in the country. However, the future is more encouraging for the amateur clubs with Howells grooming more champions at Trostre and Colin Jones at Penyrheol.

Neil Haddock prepares for glory. Among his successes was winning the British superfeatherweight championship.

Neil Haddock yn ymarfer ar gyfer rhagor o lwyddiant. Enillodd Bencampwriaeth Uwchbwysau Plu Prydain.

117

PENNOD 9

AR Y FFORDD GYFLYM

Bu cofnodi cysylltiadau'r ardal â gyrfaoedd rhai o chwedlau'r byd Fformiwla 1 fel Ayrton Senna a Michael Schumacher ymhlith uchafbwyntiau fy ngyrfa fel gohebydd chwaraeon y *Llanelli Star*. Gwnaed hyn yn bosibl diolch i fenter gan Gyngor Bwrdeistref Llanelli ar y pryd. Y Cyngor oedd yn gyfrifol am drawsnewid safle a oedd yn cynnwys tir a ddefnyddid gynt fel maes awyr yr Awyrlu Brenhinol, i fod yn drac rasio ceir. Cyn hynny roedd y safle enfawr ym Mhen-bre eisoes wedi cael ei ddefnyddio ar gyfer cymalau ralïau lleol a chenedlaethol, gyda nifer ohonynt wedi eu trefnu gan Glybiau Ceir Caerfyrddin a'r Gwendraeth.

Yn yr wythdegau fe benderfynodd y Cyngor Bwrdeistref wneud defnydd amgenach o'r safle. Gyda Chymdeithas Gyrwyr Rasio Cymru yn cynnig cyngor, addaswyd rhan o'r trac yn gylch ar gyfer rasio ceir. Cafodd y datblygiadau hyn, yn naturiol, gryn sylw ar dudalennau'r *Star*, ac fe fu sefydlu'r atyniad chwaraeon newydd hwn yn fodd i ddenu llawer iawn o sylw. Cyn hynny, yr agosaf y deuthum at brofi cyffro rasio ceir oedd wrth wylio'r gamp ar deledu. Ond yn dilyn y caniatâd i fwrw ymlaen â'r cynllun ym Mhen-bre, daeth hon yn gamp y bûm yn adrodd arni'n rheolaidd. Arweiniodd fy adroddiadau ar Gartref Rasio Ceir Cymru at y cyfle i holi nifer o sêr y Grand Prix, ac at fedru bod yn llygad-dyst i yrwyr a oedd yn enwogion y byd rasio ceir yn fyd-eang, ynghyd ag eraill a ddôi'n enwogion yn ddiweddarach.

Cyn i'r ras swyddogol gyntaf gael ei llwyfannu ar y cylch, cefais y profiad brawychus o eistedd mewn car yn rasio ar wib o gwmpas y trac ar gyflymdra a wnaeth godi gwallt fy mhen. Digwyddodd hyn o ganlyniad i ddiwrnod agored i'r wasg ar gyfer y K&N Filters Rally, a drefnwyd gan Glwb Ceir Caerfyrddin. Gyda Geoff Kitney, y Pencampwr Tarmac Cenedlaethol, wrth y llyw cefais siwrnai fwyaf gwallgof fy mywyd fel teithiwr yn y model newydd o gar a wnaed yn Llambed, y Darrian T9 Sports. Pan redwyd y ras swyddogol, Alan McCann, y cyd-yrrwr, oedd yn eistedd lle'r eisteddais i. Ar ganol y ras, fodd bynnag, hitiodd y car wal o deiars a bu'n rhaid cludo McCann i'r ysbyty. Yn ffodus, cafodd adferiad llwyr ac aeth ymlaen wedyn i ennill y bencampwriaeth gyda Kitney.

Ond ni wnaeth y digwyddiad hwnnw oeri fy mrwdfrydedd. Y flwyddyn wedyn rown i'n ôl eto ar ddiwrnod agored y wasg. Y tro hwn cefais fy ngyrru o gwmpas y trac mewn gwahanol geir

Y gyrrwr rhyngwladol Joe Winkelhock yn dathlu ar ôl ennill rownd yn y Bencampwriaeth Car Teithio Prydeinig ym Mhen-bre. Llun: Jeff Connell

International racing ace Joe Winkelhock celebrates after winning a round of the British Touring Car Championship in Pembrey.

Un o'r ceir yn y rownd Fformiwla 3 a gynhaliwyd ym Mhen-bre. Mae llawer o'r gyrwyr a gymerodd ran wedi symud ymlaen i fyd rasio Fformila 1.

Action from a Formula 3 meeting in Pembrey. Many of the drivers that raced there have featured in Formula 1.

CHAPTER 9

ON THE FAST TRACK

Recording the area's links with the careers of Formula 1 legends such as Ayrton Senna and Michael Schumacher was one of the highlights of my career as sports editor of the *Llanelli Star*. That was made possible thanks to the initiative of the former Llanelli Borough Council. They were responsible for transforming land, which included a section once used as an RAF airfield, into a motor racing circuit. Previously, the vast complex in Pembrey had been used for stages of national and local rallies, some of which the Carmarthen and Gwendraeth Motor Clubs organised.

In the 1980s, the Borough Council decided to make better use of the land. With the Welsh Racing Drivers Association providing advice, part of it was transformed into a motor racing track. Reports of its development obviously featured in the pages of the *Star*, and the creation of a major new sporting venue attracted a lot of interest. The closest I myself had ever got to experiencing the thrills of motor sport was watching it on television but once the signal was given for racing to take off at Pembrey, it became a sport that I covered on a regular basis. Reporting at the Home of Welsh Motor Sport enabled me to interview many Grand Prix stars and watch in action drivers who developed into international motor racing celebrities.

Before the first official race was staged on the circuit, I had a high speed and hair-raising tour of the new Pembrey complex. It was as a result of an invitation to a press day for the K&N Filters Rally organised by Carmarthen Motor Club. National tarmac champion Geoff Kitney gave me the best white-knuckle ride of my life with me as passenger in the innovative Lampeter-made Darrian T9 sports car. In the rally itself, his co-driver Alan McCann was in the seat I had been in. But, following a collision with a tyre wall, he had to be cut out from the car and was taken to hospital. Thankfully, McCann made a full recovery and went on to win top honours with Kitney.

The hair-raising experience did not, however, deter me, as the following year I was back for the media day and this time driven around in various rally cars several times at the United Showground, Carmarthen. I started reporting on far

One of the two most successful British Touring Car Championship drivers, the late Will Hoy and Andy Rouse at Pembrey.
Photograph: Jeff Connell

Dau o yrwyr mwyaf enwog y Bencampwriaeth Car Teithio Prydeinig, y diweddar Will Hoy a Andy Rouse ym Mhen-bre.

119

Digon o gyffro wrth i'r ceir fynd o amgylch y gornel gyntaf.
Llun: Jeff Connell

Plenty of exciting action and close racing as these single seaters tackle the first bend.

Tryciau rasio yn taro yn erbyn ei gilydd mewn rownd ym Mhencampwriaeth Prydain.

Two trucks clash during a round of the British Truck Racing Championship.

rali ar safle Sioe'r Tair Sir yng Nghaerfyrddin. Cychwynnais adrodd ar fwy a mwy o ddigwyddiadau rasio a ralïo, ac ar bersonoliaethau'r gamp, wrth i'r cylch ym Mhen-bre gael ei ddatblygu. Fe gawn i, gan gyn-gyd-weithiwr ar y *Star*, Ron Cant, rheolwr y lle, wybodaeth gyfrinachol yn rheolaidd pan ddeuai rhai o sêr Fformiwla 1 i brofi ceir. Roedd lleoliad y trac, allan o olwg pawb, yn berffaith ar gyfer ymdrechion cwmnïau rasio fel McLaren, Williams a Jordan i wneud gwelliannau a datblygu ceir cyflymach. Er gwaetha'r mesurau diogelwch llym ar gyfer eu hymweliadau, byddai swyddogion y safle'n llwyr ymddiried ynof ac fe gawn i, ynghyd â ffotograffydd y *Star*, Jeff Connell, ganiatâd i fod yno ar unrhyw adeg.

O ganlyniad i hyn, llwyddodd y *Star* i sicrhau nifer o luniau cwbl egscliwsif, yn cynnwys lluniau o bencampwr y byd, Ayrton Senna, pan ymwelodd hwnnw â Phen-bre ddiwedd yr wythdegau. Llwyddodd Jeff i gyfarfod ag ef a thynnu lluniau ohono yn ei gar a'r tu allan, gan gynnwys lluniau ohono'n sefydlu record y cylchdro cyflymaf ar y trac. Eraill a brofodd eu ceir yno oedd Alain Prost, Mika Hakkinen, Nelson Piquet a Nigel Mansel, ynghyd â chyn-bencampwyr a sêr Grand Prix eraill.

Y seren Fformiwla 1 gyntaf i mi ei holi oedd y gyrrwr o Frasil, Roberto Moreno. Ond y cyfarfyddiad mwyaf cofiadwy oedd hwnnw â Damon Hill, a hynny ar gychwyn ei yrfa Grand Prix. Daeth Hill, ynghyd â seren arall, David Coulthard, i Ben-bre gyda chwmni Williams yn 1994, yn fuan ar ôl marwolaeth seren amlycaf y tîm rasio, Ayrton Senna.

Wedi iddo wneud nifer o gylchdroeon daeth Hill allan o'i gar un-sedd ar gyfer cinio. Fe'i cefais yn ddyn cyfeillgar a hawdd mynd ato. Hyd yn oed bryd hynny, yn nyddiau cynnar ei yrfa, teimlai'n hyderus iawn y gallai gynnig her go iawn am bencampwriaeth y byd, teitl a enillwyd gan ei dad o'i flaen. Profodd y broffwydoliaeth, a ddatgelwyd gen i yn fy adroddiad, i fod yn gywir wrth i Hill fynd ymlaen i gael ei goroni'n frenin Fformiwla 1 yn 1996. Ef nawr yw Llywydd y clwb dylanwadol hwnnw, Clwb Gyrwyr Rasio Prydain.

Yn yr un flwyddyn ag y gwnaeth Hill roi prawf ar ei gar ym Mhen-bre, fe wnaeth y gyrrwr rasio mwyaf llwyddiannus erioed mewn rasio Grand Prix hefyd ddefnyddio'r trac ar gychwyn ei yrfa. Roedd Michael Schumacher, a fyddai'n ennill y bencampwriaeth saith gwaith, yno gyda thîm Benetton. Unwaith eto cefais wybod yn gyfrinachol am yr ymweliad ac unwaith eto llwyddodd Jeff Connell i dynnu lluniau egscliwsif o'r gyrrwr a'u defnyddio yn y *Star*.

Er hynny, o ganlyniad i'r cyfrinachedd hwnnw sy'n gymaint

more high profile motor sport personalities as the circuit developed. With former *Star* colleague Ron Cant managing the circuit for the council, we were regularly tipped off regarding the regular visits of the stars of Formula One for testing. Pembrey's secluded location made it ideal for the likes of McLaren, Williams and Jordan to seek ways of making improvements and develop faster cars. Despite the tight security for their visits, the circuit officials trusted both myself and the *Star*'s photographer, Jeff Connell, and we were always allowed access.

As a result, the *Star* obtained many exclusive photos including ones of the legendary former world champion Ayrton Senna when he came to Pembrey in the late 1980s. Jeff met the Brazilian ace and took shots of him inside the car and outside, and also in action on the circuit on which he created a record fastest lap. Alain Prost, Mika Hakkinen, Nelson Piquet and Nigel Mansel were among other former world champions and Grand Prix stars who tested there.

The first Formula One celebrity I interviewed was Brazilian Roberto Moreno, but meeting Damon Hill, at the outset of his Grand Prix career, was one of the most memorable experiences. Hill and another Grand Prix star, David Coulthard, came to Pembrey with Williams in 1994, shortly after the death of the racing team's most famous driver, Senna.

After several laps, Hill stepped out of the single seater for lunch and he proved to be a friendly and approachable character. Even then in the early years of his Grand Prix career, he was optimistic of challenging for the world championship, which his father Graham Hill had previously won. The prediction, which I included in my report in the *Star*, proved accurate as Damon Hill went on to be crowned king of Formula 1 in 1996. He is, by now, the President of the influential British Racing Drivers Club.

In the same year that Hill tested at Pembrey, the most successful driver ever in Grand Prix racing used the circuit at the beginning of his career. Seven-times world champion Michael Schumacher was there with the Benetton team, and I was again tipped off about his visit. Photographer Jeff Connell also got exclusive photos of him which were used in the *Star*.

However, as a result of secrecy associated with the visit of Formula 1 teams, I missed out on the chance to meet and interview another Benetton star. Visiting the circuit to do a

Martin Davies of Haverfordwest on his way to winning the Welsh Sports and Saloon Championship for the third time. Martin has also had rallying success in Pembrey.

Martin Davies o Hwlffordd ar ei ffordd i ennill Pencampwriaeth Cymru am y trydydd tro. Mae Martin wedi cael llwyddiant ralïo ym Mhen-bre hefyd.

Damon Hill at the start of his Formula 1 career takes a break from testing at Pembrey.

Damon Hill ym Mhen-bre ar ddechrau ei yrfa yn Fformiwla 1.

121

Ayrton Senna yn ymarfer ym
Mhen-bre.
Llun: Jeff Connell

*Ayrton Senna testing on the
Pembrey Circuit.*

Dyma'r fan lle mae trac hir Pen-bre
yn dechrau ac yn gorffen.

*Pembrey Circuit's start and
finishing straight.*

rhan o rasio Fformiwla 1, collais y cyfle i gyfarfod a holi un arall o sêr Benetton. Un tro, a minnau ym Mhen-bre ar gyfer ysgrifennu stori ar lansiad un o geir newydd Ysgol Rasio Ceir Pen-bre, sylwais ar enw Benetton ar rai o'r cerbydau a oedd wedi eu parcio yn y padog. Yna, yn ystod sgwrs a gefais gydag un o swyddogion yr ysgol yrru yn nhŷ bwyta'r ganolfan, gwelais rywun cyfarwydd yn yr un stafell, yn eistedd wrth fwrdd cyfagos. Yn dilyn sgwrs ar ei ffôn poced fe gododd a gadael. A dyma sylweddoli mai Martin Brundle oedd e. Yn ddiweddarach fe'i gwelais yn gyrru un o geir Benetton o gwmpas y trac. Erbyn hyn mae e'n sylwebydd ar rasio Fformiwla 1, yn gyn-bencampwr rasio ceir sport a chyn-enillydd Le Mans.

Bellach, nid oes modd gweld y gyrwyr Grand Prix presennol ym Mhen-bre. Er 1998, mae newidiadau yn y rheolau wedi eu hatal rhag defnyddio'r trac i'r fath bwrpas. Er hynny, mae nifer o yrwyr sydd wedi graddio'n llwyddiannus i lefel cystadlu ar y radd uchaf ar y grid wedi rasio ym Mhen-bre cyn llwyddo i wneud hynny. Ymhlith sêr y trac y cefais i'r cyfle i'w gwylio'n rasio yno roedd David Coulthard, Jenson Button, Gil de Ferran a Juan Pablo Montoya.

Fe fu ond y dim i ddatblygiad Cyngor Bwrdeistref Llanelli hefyd ddod yn gartref i un o'r prif dimau pan wnaeth Jackie Stewart, pencampwr y byd deirgwaith, ddangos diddordeb unwaith yn ei brynu. Ond, yn hytrach na gwerthu'r safle penderfynodd y Cyngor ei droi'n drac y gellid ei ddefnyddio ar gyfer profion a chyfarfodydd rasio ceir rheolaidd a throsglwyddodd y Cyngor y cyfrifoldeb am y safle i arbenigwyr ar rasio ceir, y Clwb Rasio Ceir Prydeinig, sydd â'i gartref yn Thruxton.

Fel golygydd chwaraeon y *Star*, teimlwn ei bod hi'n ddyletswydd arnaf i fod yn bresennol yn y cyfarfod rasio ceir cyntaf i'w gynnal yno ar 21 Mai 1989 pan oedd y Cyngor yn gyfrifol am y lle. Ar y pryd doeddwn i ddim wedi bwriadu adrodd yn rheolaidd ar y cystadlaethau yno. Yn hytrach, rown i'n mwynhau'n fwy na dim gwylio'r rasio gerllaw'r tro tyn hwnnw a gâi ei adnabod fel Hatchets. Roedd hwn yn dro pedol lle byddai digon o ddigwyddiadau cyffrous, fel oedd yn wir am y tro llaw chwith, sef tro dibennu, a ddôi wedyn. Enillydd y ras gyntaf honno oedd Nigel Petch mewn MGB. Teimlais fod y rasio'n llawer tynnach a mwy cyffrous na llawer o'r rasys Grand Prix y byddwn yn eu gwylio ar y teledu. Roedd yma fwy o yrwyr yn pasio'i gilydd, ac roedd diweddglo'r rasys yn llawer mwy cyffrous.

Fe wnaeth y rasys hyn fy ysbrydoli i ddechrau eu gwylio'n rheolaidd. Yn ystod y tymor cyntaf pan ddefnyddiwyd y trac,

feature on the launch of a new Pembrey motor racing driving school, I noticed the Benetton team's brand name on vehicles parked in the paddock. During an interview I carried out with a driving school official inside the circuit's restaurant and bar, I saw a familiar looking personality inside the same room, sitting at another table. Following a mobile phone conversation with someone, he left. That personality turned out to be Martin Brundle who was later in the Benetton machine racing around the circuit. Brundle, who now commentates on Formula One, is a former world sportstcar champion and Le Mans winner.

It is now no longer possible to see present Grand Prix drivers testing at Pembrey. Since 1998, rule changes have prevented them using the circuit for that purpose. However, many drivers who graduated to compete successfully at the highest level on the grid raced at Pembrey before achieving their success. Among circuit aces I watched competing there were David Coulthard, Jenson Button, Gil de Ferran, and Juan Pablo Montoya.

The Llanelli Borough Council development also almost became home to a major motor-racing team as three-times former world champion Jackie Stewart at one point showed an interest in buying it. However, rather than sell the development, the Council decided to turn it into a circuit which could be used for testing and for regular motor racing meetings. They handed over its responsibility in 1990 to motor racing experts, the Thruxton-based British Automobile Racing Club.

As sports editor of the *Star*, I felt it was my duty to attend the first race meeting held there on 21 May 1989, when the Council were still in charge of the venue. At the time, I had not planned to cover events on a regular basis and simply enjoyed watching the action from near the first hairpin bend called Hatchets. It was a tight bend where there were plenty of incidents, as there were at the left hand 'Dibennu' curve that followed. Winner of the first race there was Nigel Petch in an MGB. The racing was much tighter and more exciting than many of the processional Grand Prix races I had seen on television, with more overtaking and thrilling finishes.

These races prompted me to start watching meetings on a regular basis. During the first summer the track was used, I saw a future British Formula One star show his exciting potential. Writing about a round of the Formula Ford 1600cc championship during the BARC racing weekend, my report

The Lampeter-made Darrian is one of the cars which races in Pembrey. Swansea lecturer Roger Dowden is driving this one.

Un o'r ceir Cymreig sy'n rasio yn aml ym Mhen-bre, sef y Darrian o Lambed. Yn gyrru hwn mae Roger Dowden, darlithydd yn Abertawe.

French tin top cars, the 2CVs, provide more close racing.

Ceir Ffrengig, y 2CVs, yn rasio'n agos at ei gilydd..

Un o'r adroddiadau ar dudalennau chwaraeon y Star *o ras ag iddi flas rhyngwladol.*

One of the reports on the sports pages of the Llanelli Star *on a Pembrey meeting with an international flavour.*

llwyddais i fod yn dyst i weld seren Fformiwla 1 1600cc y dyfodol yn arddangos ei botensial cyffrous. Dyma'r hyn a ysgrifennais yn y Star am benwythnos Clwb Rasio Ceir Modur Prydain: "Profodd i fod yn un o'r rasys gorau'r prynhawn. Llwyddodd y gyrrwr Albanaidd addawol David Coulthard i wrthsefyll her Kelvin Burt wedi deg cylchdro."

Yn dilyn llwyddiant Coulthard ym Mhen-bre, aeth ymlaen i ennill gwobr Gyrrwr Ifanc y Flwyddyn McLaren/Autosport ar ddiwedd y flwyddyn a dringodd yr ysgol rasio ceir yn gyflym iawn. Dychwelodd i'r trac fel gyrrwr prawf i Williams cyn cychwyn gyrru'n swyddogol iddynt y flwyddyn wedyn. Fe ddaeth y seren Albanaidd wedyn yn un o yrwyr mwyaf cyson gwledydd Prydain gan dreulio 14 o dymhorau'n olynol mewn rasio Grand Prix.

Fe aeth nifer o yrwyr eraill a welais ym Mhen-bre ymlaen i fod yn rhan o rasio Fformiwla 1, mewn pencampwriaethau Americanaidd o'r radd uchaf ac mewn cyfresi rhyngwladol o rasio ceir. Fe wnaeth y mwyafrif o'r gyrwyr hyn gystadlu yn y rowndiau o'r gyfres Fformiwla 3 Prydeinig, a ganhaliwyd ym Mhen-bre bob blwyddyn tan 2000. Gyda'r gyfres rasio i geir seddau sengl yn dod yn gam sylweddol i'r prif yrwyr, roedd hi'n bosibl dod yn rhan o gwmnïaeth darpar-sêr o Japan, Brasil, Awstralia yn ogystal â gwledydd Prydain.

Pan ymwelodd Fformiwla 3 â Phen-bre ar y tro olaf ond un yn 1999, adroddais ar ymddangosiad gyrrwr Prydeinig eithriadol. Y pennawd a luniais uwchlaw'r stori oedd, "Button yn hybu ei nod o fod yn seren nesaf Prydain." Profodd y broffwydoliaeth hon i fod yn fwy cywir nag y disgwyliais wrth i Jensen Button dyfu dros nos i fod yn eilun newydd y cyfryngau yn y byd Grand Prix ffasiynol yr haf canlynol. Fe wnaeth McLaren ei recriwtio i'w dîm Fformiwla 1 ar ôl gweld ei botensial yn y gamp Fformiwla 3.

Roedd ei gryfderau'n amlwg ym Mhen-bre. Yn y ras ddau gymal daeth yn ail ac yna'n gyntaf yn dilyn dau berfformiad gwych. Cyfeiriodd fy adroddiad yn y Star ato'n chwalu gobeithion y prif gystadleuwyr am y teitl rasio un-sedd pwysig gan ddangos pam, erbyn hyn, y câi ei ystyried fel un o yrwyr mwyaf cyffrous Prydain. Bu'n brofiad gwerth chweil bod yn y gynhadledd i'r wasg yn dilyn ei gamp, er mai dim ond dau neu dri o newyddiadurwyr rasio ceir oedd yno. O fewn ychydig fisoedd, fodd bynnag, byddai cynrychiolwyr y cyfryngau'n rhuthro i fod yn ei gwmni.

Yr enillydd a welais i'n dringo i fan ucha'r llwyfan yn rownd gyntaf Fformiwla 3 ym Mhen-bre yn 1992 oedd Gil de Ferran o Frasil. Ar ôl methu hawlio'i le yn Fformiwla 1, aeth yn ei flaen i goncro America, gan ennill cyfres byd CART ddwywaith, a

in the *Star* stated: "It proved to be one of the best races of the afternoon. An exciting Scottish prospect David Coulthard warded off the challenge of Kelvin Burt after 10 laps."

After Couthard's Pembrey success, he went on to win the McLaren/Autosport Young Driver of the Year Award at the end of that season and rapidly climbed the motor racing ladder. He returned to the circuit as test driver for Williams in 1993 before making his F1 debut for them the following year. The Scottish ace has since become one of Britain's most consistent drivers and had 14 consecutive seasons in Grand Prix racing.

Many other drivers who I saw compete in Pembrey meetings went on to feature in Formula 1, high profile American championships and other major international motor racing series. Most of them featured in the rounds of the British Formula 3 series, staged annually in Pembrey until 2000. With the single seater series being a major stepping stone to the top for drivers, it was possible to rub shoulders with future stars from Japan, Brazil, Australia as well as Britain. I made sure this high profile championship had the coverage it deserved.

On Formula 3's penultimate visit to Pembrey in 1999, I reported on the emergence of a new British driving sensation. The headline I wrote to accompany the report that appeared in the *Star* following the meeting read: "Button pushes claim to be Britain's next star." This prediction proved more accurate than expected as Jenson Button became the media's new idol in the glamorous Grand Prix world the following summer. McLaren subsequently recruited him to their Formula 1 team after seeing his potential in Formula 3.

His qualities were evident in Pembrey. In the double header he took a second place and the chequered flag in two superb drives. My report in the *Star* read: "Button eclipsed the leading contenders for the prestigious single seater title to show why he is regarded as one of Britain's exciting prospects." It was also a worthwhile experience attending the press conference that followed his triumph, which only attracted a handful of motorsport journalists. A few months later the media were queuing up to listen to him.

The winner that I saw climb to the top of the podium in the first Formula 3 round at Pembrey in 1992 was Brazilian Gil de Ferran. Unable to get a Formula 1 seat, he went on to

The heading on one of the sports pages after Jenson Button starred in a Formula 3 meeting in Pembrey. A few months later he was making the national headlines in Formula 1.

Y pennawd ar un o'r tudalennau chwaraeon ar ôl i Jenson Button ddisgleirio yn Fformiwla 3 ym Mhen-bre. Ychydig o fisoedd yn ddiweddarach, roedd ym mhenawdau cenedlaethol Fformiwla 1.

125

Rasiwr beic modur llwyddiannus o Lanelli, Chris Morris, ar y trac. Roedd yn un o'r goreuon ym Mhrydain.

Successful Llanelli motor cycle racer Chris Morris zooms around the circuit. He was one of the best racers in Britain.

chyrraedd y faner ddu a gwyn am y tro cyntaf yn ras enwog yr Indianapolis 500. Ar ôl bod yn gyfarwyddwr gyda Honda ar lefel Fformiwla 1 yn 2007, dychwelodd i rasio fel aelod o'i dîm ei hun yn nghyfres Le Mans yn America.

Ymhlith gyrwyr eraill a oedd yn cymryd rhan yn y rownd Fformiwla 3 a gynhaliwyd ym Mhen-bre yn 1996 roedd Juan Pablo Montoya. Aeth y gyrrwr lliwgar o Colombia ymlaen i fod yr unig yrrwr i ennill y gyfres CART, heb sôn am ennill yr Indianapolis 500 a'r Daytona 24 awr ar ei gynnig cyntaf. Profodd yn boblogaidd hefyd yn ystod ei gyfnod fel un o'r prif gystadleuwyr am bencampwriaeth Fformiwla 1 gyda McLaren. Erbyn hyn mae e 'nôl yn America ac yn rhan o'r gyfres NASCAR.

Roedd y gyrrwr addawol o'r Alban, Dario Franchitti, a oedd hefyd wedi ennill cryn lwyddiant yn America, ynghyd â'r seren Fformiwla 1 o Awstralia, Mark Webber, ymhlith y rhai a welais yn y rasys Fformiwla 3. Roedd nifer o'r prif gystadlaethau mewn cyfresi rasio eraill yn cynnwys Pen-bre yn eu rhaglenni a bûm yn ddigon ffodus i adrodd ar y ras bwysig honno, y Bencampwriaeth Car Teithio Prydeinig yn 1993. Fe wnaeth honno ddenu'r torfeydd mwyaf a fu yno erioed. Dros y penwythnos hwnnw pan gynhaliwyd dwy rownd o'r bencampwriaeth cwrddais â dau o yrwyr mwyaf enwog y gamp, Andy Rouse, a enillodd y bencampwriaeth chwe gwaith, yn cynnwys 60 o rasys ac, yn 1991, y pencampwr a'r seren rasio rhyngwladol Will Hoy. Yn drist iawn, bu farw Hoy yn 2002 yn dilyn tyfiant ar ei ymennydd.

Er gwaetha'r ffaith i'r prif yrwyr gymeradwyo'r trac a'r croeso a geid yno, ni wnaeth y bencampwriaeth honno ddychwelyd wedi hynny. Yn ôl y sgyrsiau a gefais gan y trefnwyr, roedden nhw'n awyddus i gael lleoliad yn agosach at gartre'r gamp rasio ceir ac am weld mwy o welliannau'n cael eu gwneud yno. Doedd hynny ddim yn syndod gan fod y trac yn dal yn weddol newydd ac roedd angen mwy o gefnogaeth ariannol ar gyfer ei ddatblygu ymhellach. Er hynny, fe wnaeth y trac barhau i gyflwyno rhaglen amrywiol, yn cynnwys rowndiau o'r Bencampwriaeth Rallycross bob blwyddyn.

Mae'r rasys motor-beics a gynhelir ym Mhen-bre'n rheolaidd hefyd yn denu'r gyrwyr gorau ym Mhrydain, a chânt gefnogaeth dda. Bûm yn ddigon ffodus i gael gwylio sêr fel Ian Hislop, Joey Dunlop, Terry Rymmer a John Reynolds yn y rasys Superbikes Prydeinig. Fe fu presenoldeb gyrrwr lleol o Lanelli, Chris Morris, yn gymorth mawr i mi wrth adrodd ar y digwyddiad pwysig hwnnw.

Cyfarfod motor-beics arall yr adroddais arno oedd hwnnw pan ymddangosodd seren Duran Duran, Simon Le Bon, fel

conquer America, winning the CART World Series twice and taking the chequered flag in the famous Indianapolis 500. After being a director with Honda in F1 in 2007, he returned to race for his own team in the American based Le Mans series.

Among other drivers I saw in action in the 1996 Formula 3 round at Pembrey was Juan Pablo Montoya. The flamboyant Colombian driver went on to be the only driver to win the CART series in addition to taking the chequered flag in the Indianapolis 500 and Daytona 24 hour marathon at the first attempt. He also proved popular in his spell as Formula 1 world championship contender with McLaren and is now back in America in the NASCAR series.

Scottish hopeful Dario Franchitti who has also had considerable success in the States and current Australian Formula 1 star Mark Webber are others that I saw in the Formula 3 races. Many of the major championships in other racing series included the Pembrey circuit on their programme and I was fortunate to cover the high profile British Touring Car Championship in 1993. It attracted the largest crowds ever witnessed there. During the weekend, which featured two rounds of the championships, I met two of its most famous drivers – Andy Rouse, who won the championships four times involving 60 races, and 1991 champion and international racing star Will Hoy. He sadly died in 2002 after suffering a brain tumour.

Despite the fact that the top drivers applauded the circuit and its hospitality, the series has not returned there since. Organisers told me they wanted a more conveniently located circuit for the Home of Welsh Motor Sport and also for further improvements to be made. This response was not entirely surprising being that the circuit was still quite new and that financial support was still being sought for further development. However, despite this setback the circuit has continued to present a varied programme including rounds of the British Rallycross Championship annually.

The regular motor cycle race meetings held there attract the best riders in the country and are well supported. I was fortunate to watch two-wheel aces such as Ian Hislop, Joey Dunlop, Terry Rymmer and John Reynolds when the British superbike aces visited Pembrey. The involvement of Llanelli rider and national champion Chris Morris prompted me to cover that prestigious event.

Another motorcycle meeting I covered featured an

cystadleuydd yn yr 80au. Methodd y canwr enwog â disgleirio, a'r unig 'hit' a gafodd oedd pan darodd e'r trac! Cafodd ei hun yn Ysbyty'r Tywysog Philip yn Llanelli yn magu anaf wedi iddo ddisgyn oddi ar ei feic. Fe aeth ati'n ddiweddarach i gyfansoddi cân am y digwyddiad a'i chynnwys ar un o recordiau'r band. Bu eraill o'r byd canu pop yn fwy llwyddiannus ar drac Pen-bre. Yn eu plith roedd Shane Lynch o Boyzone, a fu'n cystadlu'n rheolaidd yn rasys Ginetta, ynghyd ag aelod o Level 42 yn y rasys Citroën 2CV. Bu ymddangosiad sêr pop fel y rhain yn gymorth i fy ymgyrch i hybu Pen-bre yn y *Star*.

Ar ôl dangos cryn ddiddordeb yng nghynlluniau dewr y Cyngor Bwrdeistref ar y cychwyn, deuthum yn rhan o'r tîm a ffurfiwyd ar gyfer troi'r lleoliad yn batrwm o drac ar gyfer campau ceir a motor-beics. Yn wir yr oedd brwdfrydedd y gwirfoddolwyr, a oedd yn awyddus i sicrhau llwyddiant y fenter, yn heintus a gwnaeth y fath frwdfrydedd i mi sylweddoli fod yna fywyd y tu allan i gampau tîm poblogaidd yr ardal fel socer a rygbi, a bod campau megis rasio ceir a rasio motor-beics yn haeddu gwell sylw yn y wasg a'r cyfryngau.

Tra oedd y trac yn dal i fod yn gymharol newydd, fe wnaeth cyfraniad dau o bobl frwdfrydig iawn mewn campau ceir a motor-beics, Steve Morris a Morswyn Williams, fy symbylu i gytuno bod yn swyddog y wasg ar ran BARC yng Nghymru. Dyma'r mudiad sy'n gyfrifol am gynorthwyo i hybu Pen-bre a champau ceir a motor-beics yng Nghymru. Steve, a oedd yn byw yn y Bynea ger Llanelli, oedd Prif Farsial cyntaf trac Pen-bre. Fodd bynnag, ac yntau'n dal i chwarae rhan ganolog yn y broses o osod y sylfeini diogelwch yno, bu farw o glefyd y gwaed yn 1997 yn 43 oed.

Roedd gan Morswyn, Cymro Cymraeg o Dreforys, gysylltiadau â'r holl glybiau moduro yn yr ardal a bu'n gyfrifol am lawer o weinyddu a threfnu cyfarfodydd rasio. Bu farw yntau yn 1999 ond, yn ddewr iawn, brwydrodd ei wraig Anita, cyn-ysgrifennydd Clwb Moduro'r Gwendraeth, ymlaen ac mae hi'n dal i fod yn swyddog gyda BARC Cymru ac yn gwasanaethu o hyd fel swyddog ym Mhen-bre. Ni chaiff cyfraniad hollbwysig Steve a Morswyn ar y grid cychwyn fyth mo'i anghofio.

Un arall sydd wedi dangos llawer iawn o ymrwymiad yw Phil Davies, a fu'n rheolwr y trac ers i BARC gymryd y les drosodd yn 1990. Medrwn ddibynnu ar Phil am wybodaeth ddirgel pan fyddai'r enwau mawr yn ymweld â Phen-bre a chawn lawer o ddeunydd hyrwyddo ganddo am y datblygiadau a wnaed ar y trac, datblygiadau ar gyfer sicrhau bod y safonau uchel yn cael eu cynnal.

Gyda Chynulliad Cymru erbyn hyn yn ymwybodol o botensial Pen-bre, mae gwir obaith y gallai baban y Cyngor Bwrdeistref eto dyfu i fod yn gawr o fewn y campau moduro. Rwy'n mawr obeithio y byddaf fi yno i weld hynny'n digwydd, gan fod yn dyst i weld mwy o gampau moduro yn cael eu cynnal yno.

appearance from 1980s Duran Duran idol, Simon LeBon. The celebrity failed to impress and the only hit he made was on his encounter with the track! LeBon ended up in Llanelli's Prince Philip Hospital after suffering an embarrassing injury when falling off his motorcycle. He has since written a song about it, featured on a recently released Duran Duran album.

Many others from the music world have been more successful on the Pembrey circuit. Among them were Boyzone's Shane Lynch, a regular challenger for honours in Ginetta races, and a member of Level 42 in the Citroën 2CV battles. Having such high profile competitors obviously helped my efforts to promote the Pembrey circuit in the *Star*.

After having initially shown curiosity in the Borough Council's brave plans when creating the circuit, I became part of a team brought together to turn it into a major Welsh motor sport showpiece. The enthusiasm of volunteers eager to ensure the success of the venture became infectious and made me realise there was life outside the popular team sports of the area such as rugby and soccer, and that such ventures deserved better coverage.

While the circuit was still in its infancy, the contribution of two dedicated and keen motorsport enthusiasts from the area, Steve Morris and Morswyn Williams, prompted me to become press officer for BARC Wales. This is the organisation responsible for helping to promote Pembrey and motor sport in Wales. Steve, from Bynea, a village near Llanelli, was Pembrey circuit's first Chief Marshal. Sadly, while still playing a major role in setting up the essential safety procedures there, he died of leukaemia in 1997 at the age of 43.

Welsh-speaking Morswyn from Gorseinon had contacts with all the motor sport clubs in the area and did a lot with the administration and organisation of meetings. He died in 1999, but his wife Anita, a former secretary of Gwendraeth Motor Club, bravely continued and is still a BARC Wales official and regularly on duty at Pembrey. The vital contribution of Steve and Morswyn on the starting grid at this venue will not be forgotten.

Another who has shown tremendous dedication is Phil Davies who has been manager of the circuit since BARC took over the lease in 1990. I could rely on Davies for tip offs of high profile visits and for material for features and stories about the circuit. Davies works hard for the continual improvements being made and has ensured that high standards are maintained.

With the Welsh Assembly now aware of Pembrey's potential, the former Borough Council's baby could still grow into a motor sport giant. I sincerely hope I will be there to witness futher development and see more major sporting occasions being held there.

PENNOD 10

CYMRAEG Y *STAR*

Cyn i mi droi'n newyddiadurwr, ymhlith yr enwogion Cymraeg y gwnawn eu hedmygu'n arbennig oedd y personoliaethau a oedd ar deledu neu lwyfan. Yn fuan wedi i mi ddod yn rhan o dîm golygyddol y *Llanelli Star*, fe wnes i gyfarfod â nifer ohonynt. Bu hyn o ganlyniad i gael y cyfle i ysgrifennu colofn egscliwsif yn Gymraeg yn y papur ac yn y golofn honno, fi oedd y cyntaf i ddatgelu newidiadau arwyddocaol o fewn y sîn canu pop Cymraeg.

Ymhlith y casgliad recordiau y byddai fy rhieni a'm tad-cu yn gwrando arnynt ar yr aelwyd wrth i mi dyfu roedd y ddeuawd enwog Jac a Wil o Gwm Gwendraeth, y tenor David Lloyd a recordiau gan gorau. Roedd fy chwaeth mewn cerddoriaeth bob amser yn amrywiol a byddwn yn parhau i wrando ar sêr y canu pop Cymraeg hyd yn oed wedi iddi ddod yn ffasiynol i droi at Radio 1.

Y clwb ieuenctid y byddwn yn ei fynychu pan own i'n llanc oedd Aelwyd yr Urdd, a bu'r cyfle o fod yn aelod o'r Urdd yn ddylanwadol ar gyfer fy ngyrfa fel newyddiadurwr. Doedd hi ddim yn syndod o gwbl mod i wedi ymuno â mudiad ieuenctid Cymraeg ei iaith gan fod fy ysgol gynradd, Ysgol Dewi Sant, yn dal cysylltiadau cryf â'r mudiad. Roedd y brifathrawes, Miss Olwen Williams, wedi cydweithio'n glòs â Syr Ifan ab Owen Edwards wrth ymgyrchu i sefydlu ysgol Gymraeg yn Llanelli.

Pan ddeuthum yn aelod gweithgar o Aelwyd Llanelli, y man cyfarfod oedd mans Capel Als yn Heol Goring. Neilltuid y llawr gwaelod ar gyfer gweithgareddau cymdeithasol a'r llawr cyntaf ar gyfer gweithgareddau megis tennis bwrdd. Fel y rhelyw o'r aelodau yno, byddwn yn dilyn y sîn canu pop Cymraeg gyfoes. Yno yn yr Aelwyd y llwyddais i i ddysgu digon o gordiau ar y gitâr i gyfeilio ac ymuno yn y canu cymdeithasol. Bu hyn hefyd yn fodd i mi gael y cyfle i gymryd rhan mewn rhai cyngherddau, yn eu plith noson lawen pan oedd Heather Jones ar frig y rhaglen. Ond rwy'n siŵr fod y gynulleidfa wedi gwerthfawrogi'r ffaith mai byr oedd fy nghyfraniad i! Yn y neuadd honno hefyd yr ymddangosodd Dafydd Iwan, ac ar adeg wahanol, canwr newydd o'r enw Max Boyce. Pan ymddangosodd Max yno yn Llanelli am y tro cyntaf, roedd hynny cyn iddo ddod yn enwog ac roedd yno nifer o seddi gwag. Heddiw, wrth gwrs, mae'r lle'n orlawn pan fydd yn ymddangos

Llun o'r Tebot Piws yn y *Star*.
(Llun: Peter Morris)

Y Tebot Piws featured in the Star's *Welsh-language column.*
(Photo: Peter Morris)

CHAPTER 10

INTRODUCING WELSH-LANGUAGE STARS

Welsh language speaking celebrities, particularly stars on television or stage, were among personalities I admired before becoming a journalist. Shortly after becoming part of the editorial team on the *Llanelli Star*, I met several of these as a result of being given the chance to write a new exclusive column in Welsh in the newspaper in which I was the first to reveal significant changes in the Welsh language popular music scene.

The voices of Gwendraeth harmonising duo Jac and Wil, the tenor David Lloyd and discs by Welsh choirs were among the record collection which my parents and grandfather would listen to at home as I grew up. My music tastes were always varied and I continued to listen to Welsh-language singers and groups even when it became more trendy to be tuned in to Radio 1.

The youth club I belonged to during my teenage years was Aelwyd yr Urdd, which proved influential in my journalistic development. But it was no surprise that I joined the Welsh-language youth movement being that Ysgol Dewi Sant, my primary school, was closely linked with the movement. The headmistress, Miss Olwen Williams, had worked hard with Yr Urdd founder Sir Ifan ab Owen Edwards when campaigning to establish a Welsh-language school in Llanelli.

When I became an active member of Aelwyd Llanelli. It was based in a house which used to be the Capel Als manse in Goring Road. The ground floor was reserved for social events and the first floor for activities such as table tennis and, like other members there, I followed the developing Welsh-language modern music scene. It was in Yr Aelwyd that I learnt enough cords on the guitar to accompany and join in the sing-a-longs there. It also resulted in me getting a chance to take part in a few concerts, one of them being a Noson Lawen in which singer Heather Jones topped the bill. However, I am sure the audience were glad that my contribution was a short one! The venue also featured Dafydd Iwan and, on another occasion, a new singer called

Popular Welsh folk trio The Hennessys.

Y triawd gwerinol poblogaidd, Yr Hennessys.

Garry Nicholas a fu'n olygydd ar bapur Cymraeg cyntaf Llanelli.

Garry Nicholas who was editor of the first Welsh-language newspaper in Llanelli.

Janet Rees, cantores o'r Ffwrnais, a gafodd lawer o lwyddiant yn y 70au.

Janet Rees, a singer from Furnace, who had considerable success in the 1970s.

yn y dref fel rhan o'i deithiau.

Y brif ffynhonnell Gymraeg a ddarllenwn ar gyfer canfod y wybodaeth am y fath gyngherddau a newyddion arall am y byd canu pop oedd *Y Cymro*, a ddarllenwn bob wythnos. Unig gyfraniad Cymraeg y *Llanelli Star* cyn i mi ymuno â'r papur oedd yn y nodiadau pentrefol, neu gyfraniadau barddol gan rywrai'n defnyddio ffugenwau fel Dyddgen neu Eirian. Y gallu i siarad Cymraeg, mae'n rhaid, fu'n gymorth i mi sicrhau fy swydd ar y papur; yn wir, fi oedd yr unig ohebydd ar y papur a allai gyfathrebu ac ysgrifennu yn Gymraeg.

Yn dilyn fy hyfforddiant cynnar, cynigiais gyfrannu colofn yn Gymraeg am y modd yr oedd y sîn gyfoes yn datblygu. Fe'i lansiwyd ym mis Ionawr 1972 a'i henwi yn 'Golofn Bop Barrie'. Roedd y *Carmarthen Times* mewn bodolaeth bryd hynny gyda Huw Evans yn ysgrifennu ar yr un pwnc. Ond gan fy mod i'n newyddiadurwr llawn amser ar y *Star*, cawn well cyfleoedd i roi sylw mewn dyfnder i ganu pop Cymraeg . Er nad oedd y sîn mor gyffrous ag y mae nawr, roedd yna nifer o artistiaid a grwpiau oedd yn hawlio cryn gefnogaeth.

Y golofn gyntaf a gyfrannais oedd un yn sôn am noson lawen ym Mhorth Tywyn, gyda Dafydd Iwan yn brif enw. Yn ymddangos hefyd roedd merch ifanc o bentref Ffwrnais, Janet Rees, a wnaeth hefyd gael sylw ledled Prydain drwy ennill *Opportunity Knocks*. Fe wnes i roi cryn sylw i Janet ac un tro fe wnaeth ei theulu fy ngwahodd i fynd gyda nhw pan oedd hi'n ymddangos ar raglen deledu BBC Cymru, *Disc a Dawn*. Ar y pryd, defnyddid hen eglwys ger Heol Casnewydd yng Nghaerdydd fel stiwdio deledu ar gyfer y recordiad. Un tro ym Mhorth Tywyn ymddangosodd y grŵp ifanc Perlau Taf, ynghyd â bachgen o Rydaman, Keith Davies, yn adrodd. Fe aeth Keith ymlaen i weithio ar Radio Cymru.

Er mwyn creu diddordeb ychwanegol, cyflwynais siartiau'n dangos safleoedd y recordiau Cymraeg oedd yn gwerthu orau. Y cyntaf i gyrraedd rhif un oedd 'Daw Dydd' gan Huw Jones a rhoddodd Huw'r gorau i'w yrfa ar y llwyfan i ganolbwyntio ar waith cyfryngol gan ddod yn y diwedd yn Brif Weithredwr S4C.

Fe arweiniodd un noson lawen at stori lawer mwy na'r disgwyl. Y brif seren oedd Max Boyce o Lyn-nedd. Roedd y trefnydd, Roy Morgan, yn ofni y byddai'n rhaid canslo'r sioe – a fwriadwyd ar gyfer codi arian tuag at Glwb Cymdeithasol Ysbyty Llanelli – oherwydd effeithiau streic y glowyr. Er gwaetha'r ffaith nad oedd yno gyflenwad trydan, cafwyd hyd i oleuadau argyfwng ac aeth y sioe yn ei blaen gyda Max yn cyflwyno un o'i ganeuon i'r glowyr. Yna, wedi'r sioe, yng Ngwesty'r Stepney, bu

Max Boyce in Nosweithiau Llawen. When Max made his Llanelli debut at the hall, it was before he became established as an entertainer, and there were many empty seats. Nowadays his concerts are always sell outs, whenever he includes Llanelli on his tours.

The main Welsh-language source for information on such concerts and other topical news about the music scene was *Y Cymro* which I read weekly.

Llanelli Star's only contribution in Welsh was either in the village notes or poetry contributions from pen names such as Dyddgen and Eirian. Being able to speak the language must have helped me get my job with the newspaper, and I was the only reporter at the *Star* who could communicate and write in Welsh.

After my initial training, I volunteered to write a column in Welsh about the developing modern music scene. It was launched in January 1972 and called 'Colofn Bop Barrie' (Barrie`s Pop Column). The *Carmarthen Times* was then in existence and had contributor Huw Evans writing on the same subject. But, as a full time journalist with the *Star*, I had better opportunities to cover Welsh pop music in depth. Although the scene was not as exciting as it is now, there were nevertheless several artists and groups that had an enthusiastic following.

The first column I penned was following a Noson Lawen held in Burry Port with Dafydd Iwan the star attraction. It also featured a young singer from the village of Furnace, Janet Rees, who thereafter gained national fame by winning *Opportunity Knocks*. I did several stories about Janet and on one occasion her family invited me to accompany them when she appeared on the BBC's music programme *Disc a Dawn* at a time when an old church in Newport Road, Cardiff, was used as studios for the television recording. The Noson Lawen also featured the young Perlau Taf and Ammanford boy, Keith Davies, giving a recitation. Keith went on to work on productions for BBC's Radio Cymru.

To create added interest, I introduced charts to indicate which were the best selling Welsh-language records, with 'Daw Dydd' by Huw Jones the first to make number one. Huw gave up his singing career to concentrate on media work and he eventually became S4C`s Chief Executive.

The next Noson Lawen I wrote about made an even bigger story with Glynneath entertainer Max Boyce the main attraction. Roy Morgan, who organised the concert on

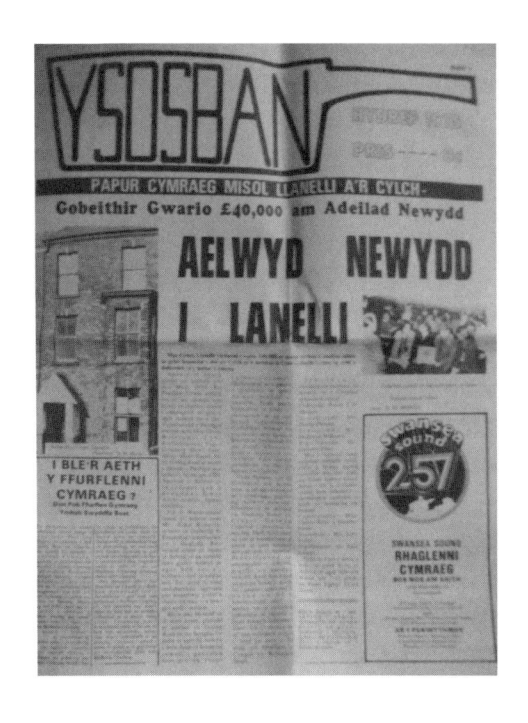

The front page of *Y Sosban*, Llanelli's first Welsh-language newspaper in 1975.

Tudalen flaen Y Sosban, *papur Cymraeg cyntaf Llanelli yn 1975.*

Max Boyce yn ei ddyddiau cynnar pan ymddangosodd ar lwyfan yn Llanelli.

Max Boyce when he appeared on a Llanelli stage during the early years of his successful entertaining career.

Max yn gwmni da. Cymerwyd rhan hefyd gan Jac a Wil, y gantores Gwenno o'r gogledd a Hogiau'r Deulyn.

Wrth i'r golofn ymsefydlu, deuthum i adnabod llawer o berfformwyr, gan gynnwys y canwr a hawliai'r nifer mwyaf o gefnogwyr, Dafydd Iwan, heb sôn am aelodau o lawer o grwpiau poblogaidd y cyfnod. Roedd Dafydd ei hun yn awyddus i hyrwyddo artistiaid eraill felly fe aeth ati i sefydlu cwmni recordiau newydd, Sain. Byddai'r cwmni'n anfon llwyth o recordiau ataf er mwyn i mi eu hadolygu, fel y gwnâi Cwmni Cambrian o Bontardawe, y cyntaf i ryddhau recordiau gan Mary Hopkin. Doedd y perchennog, Joe Jones, ddim bob amser yn hapus gyda'r adolygiadau ond bu ei recordiau'n ffynhonnell wych i'r golofn.

Roedd Derek Brown o Gaerfyrddin hefyd yn gyswllt da pan oedd e, ar y cychwyn, yn aelod o'r grŵp Galwad y Mynydd. Ysgrifennais fwy amdano wedi iddo ymuno â Delwyn Siôn, Geraint Davies ac Elgan Phylip i sefydlu Hergest a ddaeth yn un o grwpiau mwyaf poblogaidd y 70au.

Fe wnes i hefyd gyhoeddi ymddangosiad grŵp newydd a fedyddiwyd â'r enw Ac Eraill yn fwriadol er mwyn creu dryswch, yn arbennig ar bosteri cyhoeddusrwydd. Aelodau'r grŵp oedd Tecwyn Ifan, yr oeddwn eisoes yn ei adnabod fel aelod ifanc o Berlau Taf, Clive Harpwood, Phil Edwards a Iestyn Garlick. Aeth Tecwyn ymlaen i fod yn weinidog gyda'r Bedyddwyr a dechrau canu ar ei ben ei hun. Aeth Iestyn ymlaen i fod yn actor yn ogystal â darparu'r llais ar yr uchelseinydd yn Stadiwm y Mileniwm adeg gêmau rygbi rhyngwladol. Aeth Clive, sydd erbyn hyn yn gynhyrchydd teledu, ymlaen i fod yn aelod o fand newydd cyffrous. A fi yn fy ngholofn ddatgelodd gyntaf enedigaeth Edward H. Dafis.

Y cymeriad a wnaeth awgrymu hyn oedd y perfformiwr doniol Dewi Pws Morris. Mewn sgwrs ar y ffôn gydag ef am yr unigryw Debot Piws, datgelodd yn 1972 fod y grŵp yn dod i ben oherwydd gwahaniaethau yn chwaeth gerddorol yr aelodau. Yn ddiweddarach ail-ffurfiodd y Tebot ar gyfer cyngerdd teyrnged i Ray Gravell yn Eisteddfod Caerdydd 2008.

Roedd fy stori yn y *Star* yn ychwanegu fod Pws mewn trafodaethau â'r cerddor Hefin Elis ynglŷn â lansio band cyffrous newydd. Ei enw fyddai Edward H. Dafis, llysenw a ddefnyddid gan Hefin ar gyfer ysgrifennu colofn wythnosol *Y Faner*. Mabwysiadwyd yr enw ar gyfer y band newydd, a ymddangosodd gyntaf ym mis Awst 1973. Fe ymunodd Clive Harpwood â nhw fel eu prif ganwr y flwyddyn wedyn, ac fe wnaeth e hefyd ymddangos mewn opera roc, *Nia Ben Aur*, yng

behalf of the Llanelli Hospital Social Club, was worried it would have to be called off because of the effects of the miners` strike. But, despite not having power, the concert went ahead by using storm lights and it proceeded with Max dedicating one of his songs to the miners. In the after-show social event in the Stepney Hotel he proved great company. Jac and Wil, North Wales singer Gwenno and harmonising group Hogiau'r Deulyn also took part.

As my column became established, I got to know many performers, including the solo artist with the biggest following, Dafydd Iwan, several other singers and members of the popular groups of the time. Dafydd Iwan was also keen to promote other artists and went on to establish a new recording company, Sain. The company would then regularly send me a batch of records to review, as did Cambrian from Pontardawe, who first released Mary Hopkin's material. Cambrian's owner, known as Jo Cambrian, wasn't always happy with my reviews, but his records proved to be a great source for the column's stories.

Carmarthen's Derek Brown also became a good contact when he was initially a member of a group called Galwad y Mynydd. I wrote more articles about him when he teamed up with Delwyn Siôn, Geraint Davies and Elgan Phylip to create Hergest. They became one of the most popular groups of the 1970s.

I also announced the arrival of a new group whose name was meant to cause confusion, especially on publicity posters, Ac Eraill (And Others). The members were Tecwyn Ifan, whom I had seen as a young boy with Perlau Taf, Clive Harpwood, Phil Edwards and Iestyn Garlick. Tecwyn later became a Baptist minister and established a successful solo career while Iestyn is an actor and the PA voice often heard during rugby internationals and other big occasions at the Millennium Stadium, Cardiff. Clive, now a television producer, eventually became part of an exciting new Welsh-language band. And it was my column that revealed that Edward H. Dafis was likely to be formed.

The personality who hinted at the setting of this group was madcap Morriston entertainer Dewi 'Pws' Morris. During a conversation on the phone with him about the pioneering Y Tebot Piws (The Purple Teapot) group in 1972, he revealed that the group were disbanding because of the members' varying musical preferences. Y Tebot, however, later reformed to appear in a Ray Gravell tribute concert at the

Nghaerfyrddin, opera a seiliwyd ar yr hen chwedl o'r Mabinogion ac a lwyfannwyd yn y pafiliwn adeg Eisteddfod Genedlaethol 1974. Ymddangosodd storïau am y digwyddiad yn fy ngholofn cyn ac wedi'r sioe. Yn ystod yr Eisteddfod honno gofynnwyd i mi hefyd fod yn feirniad ar gyfer Cân i Gymru. Yr enillwyr oedd grŵp o Sir Fynwy, Genethod Gwent, yn canu 'Dyma Ein Cân'.

Ymhlith y grwpiau gwerin poblogaidd a gafodd sylw yn fy ngholofn oedd Yr Hennessys o Gaerdydd. Roedd y sefydlydd, Frank Hennessy, yn gymeriad cyfeillgar iawn, a bu'n gymorth mawr fel cyswllt. Pan fynychais fy nghwrs wyth wythnos cyntaf a drefnwyd gan y Cyngor Cenedlaethol Hyfforddi Newyddiadurwyr yn y Coleg Bwyd a Thechnoleg yng Nghaerdydd fe wnaeth Frank fy ngwahodd i gyfarfod ag ef. Cyflwynodd fi i aelod arall o'r grŵp, Dave Burns, a theimlwn yn freintiedig iawn. Aeth â mi fel gwestai i Glwb y BBC lle gwnaeth i mi deimlo'n gartrefol ymhlith yr aelodau oedd yno. Daeth y noson i ben mewn tŷ bwyta Indiaidd lle rhoddais gynnig ar gyrri Indiaidd. Gwnaeth hynny olygu y câi'r profiad cofiadwy hwnnw ei ail adrodd droeon y diwrnod wedyn!

Profiad cofiadwy arall oedd cael ymweld â stiwdio HTV ym Mhontcanna, Caerdydd, ar gyfer cael sgwrs â'r cyn-gyflwynydd teledu a'r sgriptiwr Endaf Emlyn am ei ganeuon ar ei albwm cofiadwy *Salem*. Cefais wahoddiad hefyd i ymweld â Chanolfan y BBC yn Llandaf i gwrdd â'r cyflwynydd Hywel Gwynfryn a'i weld yn cyflwyno'i raglen *Helo Sut 'Da Chi?* Hon oedd y rhaglen bop Gymraeg gyntaf i gael ei darlledu ar y radio. Cyflwynydd recordiau amlwg arall ar radio a theledu a ymunodd wedyn â'r BBC oedd Richard Rees.

Rown i wedi dod yn ffrindiau â Richard wrth i'r ddau ohonom dyfu lan. Bu'n byw ger fy nghartref, ac roedd fy mam yn ffrindiau â'i fam ef. Treuliais oriau lawer yn ei gartref yn Clifton Terrace, Llanelli. Roedd gan Richard, a fynychodd Ysgol Dewi Sant fel finnau, broblem atal dweud drwg iawn, ond roedd e'n benderfynol o'i choncro. Roedd ganddo, hyd yn oed bryd hynny, ddiddordeb mawr mewn cerddoriaeth a recordiau. Mewn erthygl arno a ymddangosodd ym mis Mai 1974, datgelais sut y gwnaeth ddechrau ar ei waith fel troellwr ar ôl gwario'i arian ar brynu offer a chasgliad o recordiau a ddefnyddiodd wedyn mewn cyfres o ddiscos yn yr ardal ac fe'i dyfynnais ef, 'Fy uchelgais yw gweithio ar y radio.' Erbyn 1976 gwireddwyd ei uchelgais pan benodwyd ef yn gyflwynydd llawn-amser gyda'r BBC. Cychwynnodd fel gohebydd lleol cyn iddo gael ei sioe gerdd dair-awr, *Sosban,* ar Radio Cymru bob dydd Sadwrn. Wedyn daeth yn un o brif ddarlledwyr a chynhyrchwyr y BBC gan weithio ar rychwant eang o raglenni ac arbenigo ar y gwyddorau a natur. Ymunodd wedyn â chwmni annibynnol Telesgop, a sefydlwyd gan ei briod, Elin.

Yn ystod fy nghyfnod prentisiaeth yng Nghaerdydd fe wnes i hefyd ddod i adnabod Geraint Jarman a Heather Jones gyda'r bwriad o lunio stori nodwedd amdanynt. Ar y pryd roedden nhw'n briod ac yn aelodau o'r band gwerin Y Bara Menyn gyda'r arloeswr mawr Meic Stevens. Fel y gwnaeth Meic Stevens ei enw ei hun, aethant ymlaen i ddilyn gyrfaoedd llwyddiannus fel artistiaid unigol.

Yr artist y teimlaf y balchder mwyaf o'i holi ar gyfer y golofn oedd y diddanwr anhygoel hwnnw, Ryan Davies. Gyda'i dalent enfawr, roedd Ryan yn fwyaf adnabyddus am ei hiwmor ac am ei bartneriaeth â Ronnie Williams o Gefneithin. Roedd gan Ryan hefyd, a fu farw yn 1977, lais canu godidog yn ogystal â bod yn actor gwych ac fe ymddangosodd ymhlith y sêr yn y ffilm *Under Milk Wood* gan Dylan Thomas. Y tro diwethaf i mi gyfarfod ag ef roedd e'n ymweld â phobl busnes canol y dref fel rhan o ymgyrch hysbysebu'r *Star*. Ymddangosai ar y pryd mewn pantomeim yn Theatr y Grand yn Abertawe gan hyrwyddo ar yr un pryd ei

2008 National Eisteddfod in Cardiff.

My piece in the *Star* added that Dewi Pws was in discussion with North Wales musician Hefin Ellis about launching an exciting new band. Edward H. Dafis was the pen name Ellis had used writing a column in Welsh-language weekly *Y Faner*, and the name was retained for the new rock band which made its debut in August 1973. Clive Harpwood joined them as their lead singer the following year, during which he also featured in a rock opera in Carmarthen. *Nia Ben Aur* was based on a Welsh folk tale and was staged in the pavilion during the 1974 National Eisteddfod and items regarding it featured in my column before and after the show. During the Eisteddfod, I was also invited to be a judge for a Song for Wales competition. The winners were a Monmouthshire girl group, Genethod Gwent, who sang 'Dyma Ein Cân' ('This is Our Song').

Among the popular folk groups that featured in my column were Cardiff based The Hennessys. Founding member Frank Hennessy proved the most friendly and helpful of my contacts. When I did my first eight-week National Council for the Training of Journalists course at the College of Food and Technology in Cardiff, Frank invited me to meet him. He introduced me to another group member, Dave Burns, and made this trainee feel very privileged. He took me as a guest to the BBC social club where I was made to feel at home. We finished the evening in an Indian restaurant where I decided to try a spicy curry, a meal which ensured the memorable experience was repeated for a long time the following day!

Another great experience involved visiting HTV's studios in Pontcanna, Cardiff, to interview former HTV presenter and scriptwriter Endaf Emlyn so as to write about his singing and the release of his memorable album *Salem*. I was also able to visit BBC's home in Llandaf one Saturday morning to meet DJ Hywel Gwynfryn and to see him present his *Helo Sut 'Da Chi?* programme. It had been the first Welsh-language pop music programme to feature on the radio.

Another well known disc jockey and television presenter to feature in my column before the BBC made use of his talent was Richard Rees.

I had been friendly with Richard as we grew up. He had lived near my home and my mother had been friendly with his mum and I had spent many hours at his home in Clifton Terrace, Llanelli. Richard, who was also a pupil at Ysgol Dewi Sant, had a terrible stammer, but had shown great determination in overcoming his problem. He had a great interest in music and records and in my feature on him, I revealed how he had started disc jockeying after spending his pocket money to buy equipment and a record collection which he then used in his many discos in the area. In my column in May 1974 he stated: "My ambition is to work on the radio." In 1976 his dream came true when he became a full time BBC presenter. He began as a regional reporter before proceeding to present his own three-hour music programme *Sosban* on Radio Cymru on Saturdays. After that, he became a higher profile BBC presenter and producer working on wide-ranging programmes and specialising in science and nature. He afterwards joined independent production company Telesgop which his wife Elin had founded.

During my training in Cardiff, I also met up with Geraint Jarman and Heather Jones in order to write a feature on them. At the time, they were married and had been members of folk band Y Bara Menyn (The

albwm *Ryan at the Rank*, a ystyrir o hyd yn glasur.

Ymddangosodd 'Colofn Bop Barrie' am y tro olaf yn y *Star* ar ddiwedd 1974 pan ddeuthum yn un o ohebyddion cylch Llanelli gyda'n chwaer bapur y *South Wales Evening Post*. Er i'r golygydd groesawu'r syniad o barhau gyda'r golofn yn y *Post*, ni ddaeth dim byd o'r peth. Yna daeth cyfle i ysgrifennu yn Gymraeg unwaith eto o ganlyniad i fod yn rhan o'r paratoadau ar gyfer dyfodiad Prifwyl yr Urdd i Lanelli yn 1975. Gofynnwyd i mi fod yn rhan o'r pwyllgor cyhoeddusrwydd, a fu wedyn yn gyfrifol am lunio'r papur Cymraeg cymunedol cyntaf. Ysgrifennydd yr Eisteddfod honno, Garry Nicholas, a gafodd y syniad. Ef oedd dirprwy brifathro Ysgol y Strade ac roedd e'n ddramodydd ac yn eisteddfodwr o fri. Daeth ef yn olygydd arloesol y papur hwnnw a gwahoddodd fi i ymuno â'r bwrdd golygyddol ynghyd â'r asiant cwmni teithio, Ellis Richards, y gweinyddwr Gwynfor Price, a pherchennog siop llyfrau Cymraeg, Dyfrig Thomas. Enwyd y papur yn *Y Sosban*, ac fe ymddangosodd gyntaf ym mis Hydref 1975. Roedd y stori flaen gyntaf yn sôn am ymgyrch i ganfod canolfan newydd i Aelwyd yr Urdd yn y dref.

Roedd y papur wyth tudalen yn cynnwys storïau amrywiol. Y colofnydd gwadd oedd yr Athro Hywel Teifi Edwards. Ar waelod pob tudalen ceid cyfieithiad Saesneg o rai o'r geiriau er mwyn cynorthwyo darllenwyr oedd yn ddysgwyr. Bu cymaint o ddiddordeb yn lansiad *Y Sosban* fel i'w olygydd, Garry Nicholas, gael ei holi ar deledu yn ystod yr Eisteddfod. Yn ystod y sgwrs awgrymodd y byddai cyhoeddi papur Cymraeg dyddiol neu bapur Sul yn bosibl i'r dyfodol. Yn anffodus, ni wireddwyd y syniad.

Fy nghyfraniad i i'r papur oedd mynychu cyfarfodydd golygyddol a chyfrannu colofn chwaraeon, 'Dewin y Bêl'. Ond profodd y fenter i fod yn un gostus wrth i ni osod i'n hunain safonau uchel, gan ddefnyddio argraffydd proffesiynol ar gyfer cyhoeddi'r papur. Gan ein bod ni, aelodau o'r bwrdd golygyddol, hefyd â swyddi amser llawn, roedd hi'n anodd i ni gael amser i chwilio am hysbysebwyr ar gyfer talu amdano a doedd dim grantiau ar gael. Daeth i ben, felly, yn 1977.

Er hynny, fe chwaraeodd Garry Nicholas ran allweddol yn nychweliad y papur Cymraeg i Lanelli. Y tro hwn fe lansiodd Menter Llanelli *Sosbanelli* fel atodiad y tu mewn i'r *Llanelli Star* yn 2002, gyda Garry unwaith eto'n olygydd. Roedd e'n awyddus i'r gair Sosban barhau er cof am y fenter gynt. Ond daeth anhawster i'n llethu unwaith eto. Erbyn hyn, yn hytrach na bod yn bapur misol daeth i fod yn dudalen wythnosol sy'n ymddangos mewn rhifynnau o'r *Llanelli Star*.

Pan ddychwelais i'r *Llanelli Star* fel y golygydd chwaraeon unwaith eto ac fel is-olygydd hŷn, roedd y sîn bop Gymraeg wedi newid yn fawr, ac yn parhau i newid. O'r herwydd ni adferwyd 'Colofn Barrie'. Serch hynny, fe wnes i barhau i ysgrifennu'n achlysurol am artistiaid a grwpiau, ac yn arbennig fe wnes i roi cyhoeddusrwydd mawr i fand newydd, Carraig Aonair, yn niwedd y 70au. Gan ddefnyddio offerynnau acwstig ac electroneg fe wnaethon nhw addasu mewn dulliau newydd gerddoriaeth Geltaidd a gâi ei defnyddio'n rheolaidd ar deledu a radio. Diolch i'r we, mae'r fath gerddoriaeth yn mwynhau adferiad 30 mlynedd yn ddiweddarach. Ceir gwefan wedi ei chreu ar gyfer y band a gellir gwrando ar eu miwsig ar safle My Space gyda lluniau o'r band dros y gerddoriaeth.

Roedd llawer o'r sgyrsiau a gefais ar gyfer y tudalennau chwaraeon wedi eu cynnal yn Gymraeg. Fe wnaeth hyn helpu llawer wrth i mi holi sêr megis y chwedlonol Ray Gravell. Yn Gymraeg hefyd yr oedd y cyfan o'm sgyrsiau â Jonathan Davies wrth iddo ddatblygu o fod yn chwaraewr ysgol un ar ddeg mlwydd oed yn chwarae i saith-bob-ochr Ysgol Gynradd Trimsaran i fod y chwedl y byd rygbi undeb a thri ar ddeg.

Bread and Butter) with Welsh modern music pioneer Meic Stevens the other member. As Meic Stevens himself later did, both went on to become successful solo artists.

The Welsh celebrity I feel proudest to have interviewed for the column was the outstanding entertainer, Ryan Davies. Immensely talented, Ryan was best known for his humour and television shows as partner to Cefneithin born Ronnie Williams. However, Ryan, who died in 1977, also had a superb singing voice, in addition to being a good musician; he also acted in the star-studded recording of Dylan Thomas` *Under Milk Wood*. The last time I met him was when he toured businesses in Llanelli town centre as part of an adverting feature for the *Star*. He also did pantomime in The Grand Theatre, Swansea and his Llanelli visit coincided with promoting his *Ryan at the Rank* album, which has since become a classic.

'Colofn Bop Barrie's final notes in the *Star* appeared at the end of 1974 when I became one of the Llanelli district reporters with our sister newspaper the *South Wales Evening Post*. The *Post*'s Editor welcomed the idea of continuing the column in the *Post*, but nothing came of it. However, the opportunity to write in Welsh again came about as a result of being involved with the preparations for the 1975 Urdd's National Eisteddfod in Llanelli. After being recruited to the publicity committee, one of the first ever Welsh-language community newspapers was launched. The idea came from that Eisteddfod's Secretary, Garry Nicholas, who was deputy head of Ysgol Gyfun y Strade, a dramatist and an enthusiastic supporter of eisteddfodau. He became the pioneering Welsh-language newspaper's editor and invited me to join the editorial board together with Travel Agent Ellis Richards, administrator Gwynfor Price and shop owner Dyfrig Thomas. It was named *Y Sosban* and consisted of eight pages for its first edition which appeared in October 1975. The lead front-page story was based on the plans to find a new home for Aelwyd yr Urdd in Llanelli.

There were varied features including a guest column by historian and author Hywel Teifi Edwards. To help non-Welsh readers and learners the translation of some words appeared on the bottom of each page. There was much interest in the plans to launch *Y Sosban*, and its editor Garry Nicholas was interviewed for television during the Urdd Eisteddfod. In the interview, he suggested a daily or a Sunday Welsh-language publication could be a feasible project for the future. Regrettably, such a venture has yet to materialise.

My contribution to the newspaper involved attending editorial meetings and writing a sports column under the pen name 'Dewin y Bêl'. However, it became a costly venture as we set ourselves high standards, using a professional printer to publish *Y Sosban*. As we all had other full time jobs, it was difficult to gather enough advertising to help pay for it and there were no grants available. We dug into our own pockets to try and keep *Y Sosban* simmering, but sadly its final brew appeared in 1977.

However, Garry Nicholas played a part in the return of a Welsh-language newspaper in Llanelli. This time, in 2002, Menter Llanelli launched *Sosbanelli* as a supplement inside the *Llanelli Star* with Garry once again the editor. He wanted the name Sosban to be retained as a reminder of the previous venture. It, by now, has also encountered difficulties and no longer appears in the format of a monthly newspaper, but rather as a weekly Welsh page in editions of the *Llanelli Star*.

When I returned to the *Llanelli Star* as

Fi hefyd yw'r unig newyddiadurwr ar y *Star* i ddefnyddio iaith Ynysoedd y De yn y papur. Cyn i Fiji wynebu'r Sgarlets ar y Strade yn 1985, roeddwn i am roi croeso teilwng iddyn nhw. Ar ôl cysylltu â Ray Singh, barnwr lleol a chomisiynydd dros gydraddoldeb hiliol, a gofyn iddo am gyfarwyddyd, lluniais y pennawd BULA KAI FIJI a'i arddangos ar draws y tudalen chwaraeon. Gwerthfawrogodd y tîm yn fawr y cyfarchiad hwn yn eu hiaith frodorol.

sports editor and senior sub editor, the Welsh music scene had seen considerable change and continued to evolve, and 'Colofn Bop Barrie' was, therefore, not revived. I continued nevertheless to write occasionally about singers and groups, in particularly covering a pioneering new band, Carraig Aonair, in the late 1970s. Using acoustic and electronic instruments they made innovative adaptations of Celtic music regularly featured on television and radio. Thanks to the internet, their music is now enjoying a revival, 30 years later. They have a website dedicated to them and their music can be heard on the My Space site, with photos of the band accompanying the sound.

Many of my interviews for the sports pages were carried out in the Welsh language. This helped a great deal in communicating and gaining the trust of such stars as the legendary Ray Gravell. All my conversations with Jonathan Davies as he developed from a 11 year-old Trimsaran Primary School sevens star to a Rugby Union and League legend were in Welsh.

I was also the only *Star* journalist to feature the language of the South Seas Island in the newspaper. When Fiji were due to play the Scarlets at Stradey in 1985, I wanted to give them an appropriate welcome. After consulting with Ray Singh, a district judge and racial commissioner for equality, I wrote the heading BULA KAI FIJI to appear across the sports page. This greeting in their native language was much appreciated by the players.

Pennod 11

SÊR BYD LLANELLI

Un o'r agweddau mwyaf gwerthfawr o wylio a sylwebu ar ran papur lleol wythnosol fel y *Llanelli Star* am dros 30 mlynedd oedd gweld datblygiad talentau o'r fro yn tyfu i fod yn sêr byd-eang. Yr enwocaf o'r rhain oedd Terry Griffiths a ddaeth yn enw rhyngwladol o ganlyniad i ennill pencampwriaeth snwcer y byd, a'r llwyddiant hwnnw'n darllen fel stori dylwyth teg.

Un o flaenoriaethau fy wythnos waith fyddai canfod gofod ar y tudalennau chwaraeon i adroddiadau ar Gynghrair Snwcer Llanelli a'r Cylch dros fisoedd y gaeaf ac un o agweddau mwyaf poblogaidd y tudalennau chwaraeon fyddai'r adroddiadau cynhwysfawr hyn yn cynnwys y canlyniadau, enwau'r enillwyr a'r rhediadau uchaf. Byddai yna gystadlu brwd rhwng clybiau o'r Gwendraeth, Rhydaman, Pontarddulais, Llwchwr a Phorth Tywyn, heb sôn am Lanelli, mewn cynghrair o safon uchel.

Roedd Griffiths wedi dod i'r amlwg fel rhan o lwyddiant clybiau YMCA a Llanesco yn Llanelli yn y cynghrair ac fe ddaeth yn amlycach fyth ar dudalennau'r *Star* yn 1975-76. Bu hyn o ganlyniad i lwyddiannau lu gan Griffiths mewn nifer o bencampwriaethau amatur. Cefais y gorchwyl pleserus o'i hysbysu ar ddiwedd 1976 iddo gael ei ddewis fel enillydd un o brif wobrau'r ardal, sef Personoliaeth y Flwyddyn Cronfa Goffa Brin Isaac.

Dair blynedd yn ddiweddarach fe hawliodd Griffiths y penawdau Prydeinig drwy greu yn 1979 un o storïau chwaraeon y flwyddyn. Roedd y ffaith iddo lwyddo i ennill ei le ym Mhencampwriaeth y Byd yn Sheffield gyda'i holl fri ynghyd â phresenoldeb y camerâu teledu wedi hawlio sylw ar dudalennau chwaraeon y *Star*. Pan agorodd y gystadleuaeth fe wnes i broffwydo y gallai ein pencampwr lleol fod ymhlith y ffefrynnau ar y ffin am y teitl. Digwyddodd y bencampwriaeth ar yr un adeg â'm priodas, ac ni wnaeth Sandra lwyr werthfawrogi fy chwilfrydedd cyson yn llwyddiant Terry yn y Crucible! Roedd hi'n anodd osgoi'r holl beth, a'i frwydrau hwyrol yn cyrraedd y penawdau Prydeinig dros gyfnod ein mis mêl.

Beth bynnag, rown i 'nôl ar ddyletswydd ar gyfer ei groesawu adref wedi iddo guro Dennis Taylor 24–16 yn y rownd derfynol. Ymhlith y cannoedd oedd yno i'w groesawu roedd chwaraewr proffesiynol ifanc, Steve Davis, a ddatblygodd i fod yn brif suddwr y peli yn y saithdegau. Ynghyd â Fred Bennett, gohebydd

Ray Gravell yn cyf-weld â Lisa Pudner a gafodd lawer o lwyddiant yng Nghampau Paralympic Ewrop a'r Byd.

Ray Gravell interviews wheelchair athlete Lisa Pudner who had considerable success in powerlifting at the highest level.

Chapter 11

LLANELLI'S WORLD STARS

Watching and writing about local talent progressing into world class stars was a highly rewarding part of concentrating on a career of covering sport for more than 30 years on a weekly newspaper such as the *Llanelli Star*. The most famous of these was Terry Griffiths who became an international celebrity as a result of winning the world snooker championship in fairy tale fashion.

Providing sufficient space in sports pages for the Llanelli and District Snooker League in the winter months was one of my weekly priorities. A comprehensive report of all the results, match winners and highest breaks were always popular features in the *Star* sports pages. Clubs competed from the Gwendraeth, Ammanford, Pontarddulais, Llwchwr, and Burry Port and from Llanelli in its high standard league.

Griffiths had featured in the successes of Llanelli YMCA and the Llanesco clubs in the league and came to more prominence in the sports pages of the *Star* in 1975-76. It was as a result of Griffiths achieving many successes in several major amateur tournaments. I had the pleasant task of informing him at the end of 1976 that he had been chosen as the winner of a top award in the town, the Brin Isaac Memorial Fund's Sports Personality of the Year.

Three years later, Griffiths made the national headlines through creating one of the biggest sports stories of 1979. The fact that Llanelli's top potter had qualified for the high profile televised world championship in Sheffield had merited plenty of coverage in the *Llanelli Star* sports pages. As the competition got under way, I predicted that our local player was an outside contender for the title. But the championships coincided with my wedding and my wife, Sandra, didn't always appreciate me constantly checking Terry's progress at the Crucible! It was difficult to avoid, as his late night battles had frequently made the national headlines during my honeymoon.

However, I was back on duty for his welcome home celebrations after Griffiths had beaten Dennis Taylor 24–16 in the final. Among the hundreds to greet him was

The *Star* front page carries an exclusive interview with Terry Griffiths after he became the World Snooker Champion.

Y dudalen flaen yn cynnwys adroddiad egscliwsif ar Terry Griffiths ar ôl iddo ennill Pencampwriaeth Snwcer y Byd

143

Marshall James, taflwr dartiau o Lanelli, a ymddangosodd yn rownd derfynol Pencampwriaeth y Byd.

Llanelli darts thrower Marshall James who appeared in a televised world championship final.

lleol y *Post*, cefais y fraint o gael eistedd yng nghartref Griffiths i gael cofnodi ei deimladau.

Er gwaetha'r digwyddiad a newidiodd fywyd Griffiths am byth roedd cyhoeddusrwydd yn ei bapur lleol wythnosol, y *Star*, lawn bwysiced â'r sylw a gâi yn y papurau Seisnig a'r teledu. Pwysleisiodd Terry ei ymddiriedaeth ynof ar adeg pan geisiodd y papurau tabloid droi sibrydion amdano yn sgandal. Fe wnaeth dynnu sylw at hynny yn ei hunangofiant, gan ddweud: 'Yn y diwedd penderfynais siarad yn egscliwsif â'r papur lleol, y *Llanelli Star*.'

Ffoniodd Griffiths fi'n annisgwyl i'm cartref gan ofyn a wnawn i alw yn ei gartref ym Mhen-bre ar gyfer cyfweliad. Roedd y wasg Brydeinig wedi bod yn ei blagio am stori ynghylch ei rywioldeb, a gyda chryn anesmwythder yr euthum i'w weld. Roedd wedi gofalu fod dynion a chi diogelwch yno i gadw draw unrhyw newyddiadurwyr nad oedd croeso iddynt. Fe gefais i, er hynny, groeso cynnes, y math o groeso y cawn gydag ef bob amser.

Esboniodd ei fod am gael cyfle i ddistewi'r sibrydion a oedd wedi cychwyn yn lleol. Arweiniodd hynny at stori ar y dudalen flaen ddydd Gwener, 23 Mai 1986, o dan y pennawd 'TERRY HITS OUT.' Ynddi dywedodd: "Teimlaf ei bod hi'n bryd dweud rhywbeth am yr uffern y bu fy nheulu drwyddo dros y blynyddoedd diwethaf hyn. Dywedir na cheir mwg heb dân, ac ymddengys i'r tân gael ei gychwyn yn Llanelli a Phorth Tywyn ac mae'r mwg yn ymledu ar draws y wlad. Y bobl sy'n fy ngwylltio yw'r rheiny sy'n dweud: 'Ydych chi wedi clywed am Terry Griffiths a'i wraig? Tybed a allant gysgu'n dawel yn y nos a dal eu pennau i fyny'."

Roedd cael y fath egscliwsif cyn hyd yn oed ein chwaer bapur, yr *Evening Post,* a'r holl bapurau Seisnig yn foment o falchder i bapur wythnosol y *Star* ac i mi. Yn ogystal fe weithiodd yr ystryw gan i'r newyddiadurwyr hynny oedd am greu sgandal roi'r ffidil yn y to. Fe wnaeth Terry barhau i greu penawdau ar y tudalennau chwaraeon drwy ennill mwy o wobrau snwcer.

Byddai hefyd yn fy ffonio i'n rheolaidd er mwyn sicrhau y câi snwcer yn yr ardal le amlwg ac fe lwyddodd i wneud hynny drwy agor ei neuadd snwcer ei hun mewn adeilad lle unwaith y bu The Who a Status Quo yn perfformio. Trowyd hen Neuadd Ddawns y Glen a'r Ritz, a oedd eisoes wedi cael ei defnyddio fel lleoliad i snwcer, yn Terry Griffiths Matchroom. Bu'r agoriad swyddogol yn un o'r digwyddiadau chwaraeon mwyaf i mi erioed adrodd arno. Braint oedd cael bod yno yng nghwmni'r cant egscliwsif o westeion a wahoddwyd yno ac, ar ôl cael holi'r corwynt o chwaraewr hwnnw, Jimmy White, teimlwn fod fy stori yn gyfan.

promising young professional Steve Davis who became the potting king of the 70s. Along with the *Post*'s district reporter, Fred Bennett, I had a privileged seat inside the Griffiths home to get our new sporting star's reflections.

Despite the life-changing achievement, publicity in his weekly newspaper, the *Star*, was equally as important as the national newspaper and television coverage he got. Griffiths emphasised his trust in me at a time when the sensation seeking newspapers had tried to turn rumours about him into a scandal. He refers to the occasion in his autobiography, stating: 'Eventually, I decided to do an exclusive story in the local paper, the *Llanelli Star*.'

Griffiths had made an unexpected phone call to my home, to ask me to visit his Pembrey home for an interview. The national media had been pestering him for a story regarding the rumours and it was with trepidation I ventured to see him. He had security and a guard dog there to deal with any unwanted journalists. However, I received the warm welcome which I had always been accustomed to whenever I had visited him.

He explained that he wanted the chance to silence those rumours which had started locally. It resulted in the story being the front page exclusive on Friday 23 May 1986 with the headline: "TERRY HITS OUT." In the story he said: 'I feel it's time to say something about the hell my family has been through in the past few years. It is said there is no smoke without fire, it seems the fire is being started in Llanelli and Burry Port and the smoke is spreading across the country. The people I am annoyed at are those who say: "Have you heard about Terry Griffiths and his wife. I wonder if they can sleep well at nights and hold their heads up high".'

Getting such an exclusive ahead of even our sister newspaper, the *Evening Post* and all the nationals was a proud moment both for the weekly *Star* and for me. In addition the ploy did the trick as the scandal seeking journalists went away and the rumours were silenced.

Griffiths continued to make the headlines on the sports pages through winning more major snooker prizes. He was also regularly on the phone to me to ensure that snooker in the area had a high profile. He ensured that would indeed be the case when he opened his own venue in a building where the likes of The Who and Status Quo had once appeared. The former Glen Ballroom and The Ritz, which had already been used for snooker, became the Terry

Llanelli's former world class squash ace Adrian Davies (second from right) with the professional side Leekes Welsh Wizards.

Adrian Davies (ail o'r dde), chwaraewr sboncen llwyddiannus Llanelli, gyda thîm proffesiynol y Leekes Welsh Wizards.

Hawdd oedd deall pam oedd White mor boblogaidd. Braint oedd cael bod yng nghwmni'r cant egscliwsif o westeion a wahoddwyd a gweld cymaint y mwynhâi White gymdeithasu gyda'i edmygwyr gan arwyddo'i lofnod i bawb cyn cychwyn gêm her yn erbyn chwaraewyr lleol.

Yn ystod y toriad cyrhaeddodd dau westai annisgwyl i weld Terry – Barry Hearn a'r pencampwr byd, Steve Davis. Pan welodd Terry nhw'n cyrraedd ni fedrai gredu ei lygaid. Ar y pryd roedd ef a Davis yn gyd-aelodau o dîm y Matchroom a reolid gan Hearn ac yn ystod eu hymweliad bûm yn ddigon ffodus i gwrdd â'r ddau, ynghyd â'u gyrrwr o Lundain, Robbo. I roi'r eisin ar gacen y digwyddiad snwcer mawr ac annisgwyl hwn yn Llanelli fe wnaeth Davis a White, a oedd newydd chwarae gêm derfynol dra chofiadwy ym mhencampwriaeth y DU bythefnos yn gynharach, chwarae un ffrâm yn erbyn ei gilydd.

Mae holl brif sêr y byd snwcer wedi ymddangos yno wedyn bob blwyddyn, gan gynnwys enillydd Pencampwriaeth y Byd saith o weithiau, Stephen Hendry, a Phencampwr y Byd yn 1985, Dennis Taylor.

Byddai Terry Griffiths yn cysylltu â mi'n rheolaidd hefyd er mwyn rhoi sylw i bencampwriaethau y byddai ef ei hun yn eu hyrwyddo yn y Matchroom ac fe geid y safon uchaf posibl yn wythnosol mewn pencampwriaeth a noddid gan Fragdy Buckley. Bu'r chwaraewr ifanc o Gaerfyrddin, Mathew Stephens, yn chwaraewr ac yn aelod yno a llwyddai i wneud rhediadau rhyfeddol o uchel mewn cystadlaethau. Felly hefyd Mark Williams, a oedd yn prysur ddringo'r ysgol ar yr adeg honno. Câi rhediadau o gant eu cyflawni'n rheolaidd, ac o fewn un wythnos cofnodwyd tri rhediad llawn o 147.

Fel y gwnaethai Griffiths o'i flaen, dangosodd Stephens yntau allu anhygoel yng Nghynghrair Llanelli a'r Cylch cyn dringo'r ysgol a dod yn enwog fel seren yn y byd proffesiynol.

Er gwaetha'i brysurdeb yn y maes rheoli a'i waith teledu byddai Terry, fel y mae o hyd, yn rhoi llawer o'i amser i'r clwb ac i ddatblygiad y gamp. Pan na all ef ei hun fod yno bydd ei fab Wayne yno i ofalu am y lle. Cafodd yntau hefyd gryn lwyddiant yn y gamp ond gwnaeth fwy o farc ar y maes pêl-droed fel amddiffynnydd gwych gyda thîm Porth Tywyn, y Suburbs, yng Nghynghrair Caerfyrddin a chyn hynny yng Nghynghrair Cymru.

Mae'r Matchroom bellach yn darparu ar gyfer camp dan-do o fath gwahanol drwy hyrwyddo cynghrair dartiau. Fe wnaeth y diddordeb enfawr mewn dartiau sbarduno'r perchennog tafarn mentrus Ken Francis i ddenu'r chwaraewyr gorau i chwarae yn ei westy. Gwnaeth hyn hi'n bosibl i mi gyf-weld â dau bencampwr byd a hawliodd benawdau'r tudalennau blaen yn 1983.

Roedd Mr Francis yn gynharach wedi bod yn ceisio'n rheolaidd am gyhoeddusrwydd ar gyfer gêmau arddangos lle byddai'r sêr yn ymddangos yn ei westy, yr Halfway. Pan aeth ati i wahodd Keith Deller, a oedd wedi dod yn seren dros nos drwy fod y pencampwr ieuengaf a'r cyntaf hefyd y bu'n rhaid iddo ymladd ei ffordd drwy'r rowndiau rhagbrofol i Bencampwriaeth y Byd yn Lakeside yn Surrey. Wedi iddo greu sioc drwy guro'r ffefryn Eric Bristow 6–5, roedd ei ymddangosiad nesaf yn yr Halfway. Roedd e'n dal ar gefn ei geffyl pan wnes i ei holi ac yn awyddus i brofi nad lwc a fu'n gyfrifol am ei lwyddiant. Llanc tawel oedd Deller ac fe ddywedodd wrtha' i: 'Rwy'n sylweddoli fod pawb am eich curo fel pencampwr byd a bod disgwyl i chi gadw safonau uchel.' Ac fe gadwodd at ei air. Sgoriodd sawl 140 ynghyd â phedwar tafliad llawn o 180 mewn gêmau yn erbyn chwaraewyr o gynghreiriau lleol.

Dri mis yn ddiweddarach llwyddodd Ken Francis i ddenu dartiwr enwoca'r byd ar y pryd i'r Halfway gydag Eric Bristow yn arddangos y safon a oedd wedi sicrhau iddo

Griffiths Matchroom. Its official opening proved to be one of the most memorable sporting occasions I have covered. It was a privilege to be among the exclusive 100 invited guests and after having interviewed the whirlwind potter Jimmy White, I felt my story was complete. It was easy to see why White was popular because he appeared to enjoy socialising with his admirers and readily gave autographs before taking up a challenge against Llanelli players.

During the interval, two unexpected guests arrived to see Griffiths – Barry Hearn and world champ Steve Davis. When Terry saw them emerging from the stairwell he was stunned. At the time he and Davis were part of the Matchroom team which Hearn managed. During the surprise visit, I was fortunate to meet both of them and their London based chauffer Robbo. To make my story regarding this unexpected major Llanelli snooker occasion complete Davis and White, who had been involved in an epic UK final two weeks previously, played a frame against each other.

All the stars of snooker have featured annually at the venue since, including seven times world champion Stephen Hendry and the 1985 world title winner Dennis Taylor.

Griffiths also liaised with me regularly to publicise the top class tournaments which he promoted at the Matchroom. The highest standards could be witnessed in a weekly event which the former Buckley's Brewery backed. Young Carmarthen potter Mathew Stephens was a Matchroom player and member who produced sensational breaks in this competition. Mark Williams, who was rapidly climbing up the rankings at the time, also competed. Centuries were compiled on a regular basis and in one week three maximum 147s were recorded.

As Griffiths had previously, Stephens also showed devastating form in the Llanelli and District League before emerging as a professional star and climbing the world rankings.

Despite being involved in management and television work, Griffiths has and still does devote a lot of time to his club and snooker development. When-ever he is absent, his son Wayne takes charge. Wayne also tasted success when playing snooker, but made a bigger impact in soccer as an outstanding defender with former Carmarthenshire League and Welsh League Burry Port based side Suburbs.

The Matchroom is now also catering for another popular indoor sport in Llanelli through promoting a darts league. The huge interest in darts, prompted entrepreneurial hotel owner Ken Francis to bring the best players on the oche to play at his premises and he arranged for me to interview two world champions who made darts front page news in 1983.

Mr Francis had previously regularly sought publicity for exhibitions featuring darts stars at his Halfway Hotel and provided a major story for me when he booked Keith Deller who had become an instant celebrity through being the youngest and first ever qualifier to win the televised World Championship at the Lakeside in Surrey. After producing the headline making shock 6–5 final win against the favourite Eric Bristow, his next appearance was at the Halfway Hotel. He was still beaming with delight when I interviewed him, and was keen to prove that the success wasn't just a fluke. The quiet spoken Deller told me: "I know being world champion everyone wants to beat you and that you're expected to maintain a high standard." He didn't disappoint for he proceeded to produce regular scores of 140s and four maximum 180s in the games against players from the leagues in the area.

bencampwriaethau'r byd. Er gwaethaf ei enw fel tipyn o froliwr fe wnes i ganfod y gŵr a gâi ei adnabod fel y 'Crafty Cockney' yn ddigon cyfeillgar ac yn gwmni da. Fel hyn y gwnaeth fynegi ei agwedd: 'Er bod disgwyl i chi wneud yn dda ar adegau fel hyn mae hefyd yn gyfle i mi ymlacio a mwynhau fy hunan.' Eto i gyd fe wnaeth Bristow arddangos dawn ryfeddol drwy guro pob un o'i ddeuddeg gwrthwynebydd gan sgorio 28 sgôr o gant, 23 o 140 a saith 180.

Ar yr un noson fe wnaeth Pencampwraig Prydain y Merched, Maureen Flowers, herio goreuon y merched yn yr Halfway. Ar y pryd roedd hi'n briod â Bristow.

Dartiau yw un o gampau cystadleuol mwyaf poblogaidd Llanelli ac un tro cefais achos yn yr wythdegau i gofio hynny. Fe wnaeth nifer o aelodau cyngrair y merched gyfarfod â'r golygydd i gwyno am ddiffyg sylw ar dudalennau chwaraeon y *Star*. Teimlent yn flin gan y credent fy mod i, fel y golygydd chwaraeon, yn wrth-ffeministaidd ac yn fochyn shofinistaidd! Esboniais y byddai angen i mi, os oeddwn am roi sylw iddynt, dderbyn adroddiadau. Addewais ddarparu gofod iddynt petaent yn gyrru adroddiadau i mi. Ac i fyny hyd at fy ymddeoliad fe wnes i'n siŵr y byddai'r adroddiadau hynny yn ymddangos yn rheolaidd.

Fe wnaeth pencampwriaeth byd y dynion ymddangos eto ar y tudalennau chwaraeon yn 1997 pan lwyddodd un o chwaraewyr Llanelli, Marshall James, gyrraedd y rownd derfynol. Fe deithiodd cyd-weithiwr i mi, Jonathan Roberts, a'r ffotograffydd Jeff Connell i Surrey i gofnodi ei gamp ond, yn anffodus, fe gollodd yn erbyn yr Albanwr Les Wallace.

Bûm yn ddigon ffodus i fod yn dyst i lwyddiant bachgen ysgol a aeth ymlaen i fod yn un o sêr y gamp fwy egnïol honno, sef sboncen. Dangosodd y disgybl o Ysgol Gyfun y Graig, Adrian Davies, ddawn anhygoel ar y lefel hŷn yng Nghlwb Tennis a Sboncen Llanelli. Roedd gen i ffrindiau agos yn chwarae yn y clwb a thystiodd y rheiny, sef Stephen Roberts, Nigel Neal a Iorrie Thomas, fod gan Davies y potensial i gyrraedd y safon uchaf. O ganlyniad byddwn yn ymweld ag ef yn aml i'w holi yn ei gartref yn Denham Avenue ac fe ymddangosodd hanesion am ei lwyddiannau'n rheolaidd ar dudalennau chwaraeon yn y *Star* yn 1987. Denodd Davies y penawdau hefyd drwy gael ei ddewis fel Personoliaeth Chwaraeon Mwyaf Addawol y Flwyddyn mewn seremoni a deledwyd, yn ogystal â'i gamp yn ennill prif wobr chwaraeon Llanelli. Ymhlith ei fynych lwyddiannau'r flwyddyn honno roedd ennill pob gêm a chwaraeodd dros Gymru ar y lefel hŷn ym Mhencampwriaeth Prydain ynghyd â chyrraedd rownd gyn-derfynol Pencampwriaeth Iau'r Byd. Collodd yn erbyn pencampwr Lloegr, David Lloyd.

Parhaodd Davies i ymddangos yn rheolaidd yn y *Star* pan drodd yn broffesiynol. Adroddais yn rheolaidd ar ei lwyddiannau rhyngwladol wrth iddo ddringo i'r seithfed safle yn y byd. Stori fwyaf Davies oedd y modd y llwyddodd i godi delwedd sboncen yng Nghymru drwy berswadio'r dyn busnes a'r miliwnydd Gerald Leeke i'w noddi. Arweiniodd hyn at greu'r Leekes Welsh Wizards, criw o sêr y byd sboncen. Gyda Davies yn gapten, daethant yn enillwyr rheolaidd o Uwch Adran y DU.

Diolch i'w enwogrwydd yn y gamp llwyddodd Davies i barhau fel ffigwr amlwg ym myd chwaraeon. Ef bellach yw Rheolwr Marchnata'r Vale Hotel yn Hensol, a'i swydd yn cynnwys cyfrifoldeb dros ymweliadau carfannau rygbi a phêl-droed Cymru ynghyd ag ymweliadau timau proffesiynol pêl-droed.

Yn ystod fy mlynyddoedd cyntaf fel golygydd chwaraeon mae'n rhaid mai Lyn Thomas, a chwaraeai griced dros Loegr gan ennill anrhydeddau rhyngwladol, oedd y ferch fwyaf llwyddiannus i mi ysgrifennu amdani yn y *Star*.

Llwyddiant arall y bûm yn falch o'i gofnodi wedi hynny oedd yr hyn a gyflawnodd Stella

Mr Francis managed to get the most famous darts player in that era to the Halfway three months later when Eric Bristow was able to display his world championship qualities. Despite his reputation for cockiness, I found the celebrity known as The Crafty Cockney friendly and good company to be with. Summing up his own attitude he said: "Although you are expected to do well in these occasions, it gives me a chance to relax and to enjoy myself." Bristow still produced devastating darts by beating all 12 opponents and compiled 28 tons, 23 140s and seven maximums.

On the same evening British Ladies champion, Maureen Flowers, challenged the Halfway regulars in the bar on the darts board. She was married to Bristow then. Darts is one of the most popular competitive sports for women in Llanelli and I was once given a harsh reminder of that fact during the 1980s. Several members of their league met the Editor and myself to complain about the lack of coverage in the *Star* sports pages, angrily believing that I, the sports editor, was anti-women and a male chauvinist pig! I pointed out that to give coverage I had to be supplied with reports and I promised to provide the space for them providing they submitted reports. Up until my retirement I ensured that those reports appeared regularly.

The men's world championship featured again on the sports pages in 1997 when Llanelli player Marshall James got to the final. Reporting colleague Jonathan Roberts and photographer Jeff Connell made the trip to Surrey to cover his bid to win the title. Unfortunately it ended in disappointment as he lost to Scotsman Les Wallace.

I was also fortunate to see a schoolboy progress into one of the world's best in the more energetic sport of squash. Graig Comprehensive School pupil, Adrian Davies, initially showed sensational form at senior level at Llanelli Lawn Tennis and Squash Club. With friends of mine Stephen Roberts, Nigel Neal, and Iorrie Thomas being playing members in the club, I had good contacts there and learnt that Davies had the potential to reach the highest level. It resulted in me regularly interviewing him at his Denham Avenue home with stories of his success featuring regularly in the *Star* sports pages in 1987. Davies made further headlines when chosen as the Most Promising Welsh Sports personality of the year, which was televised, in addition to receiving Llanelli's top sports award. Among his many major achievements that year were winning all games for Wales at senior level in the British championship and reaching the semi finals of the World Junior Championships when the top seed, England's David Lloyd, beat him.

Davies continued to feature prominently in the *Star* when he turned professional. International successes were constantly reported as he climbed to number seven in the world. The biggest story Davies provided was the manner he raised the profile of squash in Wales. He persuaded millionaire businessman Gerald Leeke to get involved. It resulted in the creation of the Leekes Welsh Wizards, made up of the stars of squash. With Davies as captain, they become regular winners of the UK Premier League.

The squash fame enabled Davies to remain as a high profile figure in sport. He is now Marketing Manager of the Hensol based Vale Hotel, and his role includes responsibility for the visits of Wales' rugby and soccer international squads and visiting professional soccer teams.

During my first few years as sports editor, Lyn Thomas, who played cricket for England

Oliver mewn bowlio am dros bedwar degawd. Er hynny, y llwyddiannau mwyaf nodedig i mi eu cofnodi yn y *Star* fu rhai'r athletwraig gadair olwyn Lisa Pudner. Pan oedd yn ferch ysgol roedd hi'n gefnogwraig ffanatig i'r Sgarlets ac yn gwylio'r gêmau ar y Strade o'r llinell ystlys. Byddai amryw o'r blaenwyr mawr yn gofalu amdani ac yn ei chario i fyny'r grisiau ar gyfer digwyddiadau a gynhelid ar y Strade. Enillodd fwy o edmygedd ei hoff Sgarlets, ynghyd ag edmygedd eraill yn Llanelli, pan ddechreuodd dorri recordiau di-rif mewn codi pwysau pŵer. Enillodd lawer o fedalau dros Brydain yng Nghampau Paralympic Ewrop a'r Byd. Mae Lisa bellach yn swyddog datblygu Anabledd Cymru a hefyd yn hyfforddwraig carfan Codi Pwysau Pŵer Anabl Cymru.

and won international honour, was the most successful woman whom I wrote about in the *Star*.

Since then the many bowls successes of Welsh ladies international ace Stella Oliver for more than four decades has also been satisfying to record.

However, wheelchair athlete Lisa Pudner's achievements were the most notable ones I featured in the *Star*. As a schoolgirl she was a Scarlets mad fan watching the matches at Stradey from the touchline. Many of the tough forwards looked after her and would often carry her up the flight of stairs to room the functions at Stradey. She earned even bigger admiration from her favourite Scarlets, and many others in Llanelli when she started smashing records as a power lifter. She won many medals for Britain in the Paralympics, World and European Championships. Now Lisa is a development officer for Disability Wales and Disability Powerlifting Coach for the Welsh Powerlifting squad.

PENNOD 12

SEREN WAHANOL

Mae yna amryw a hoffai eistedd mewn peiriant amser a chael profiad o fyd papur newydd na welir bellach ond mewn ffilmiau. Yn ystod fy 34 mlynedd o weithio ar y *Llanelli Star* fe aeth yr holl ddiwydiant drwy weddnewidiad dramatig. Diflannodd yr hen grefft ac nid yw'n bosibl bellach i newyddiadurwyr newydd weld eu hadroddiadau'n cael eu gosod ar dudalennau a gwylio'r *Star* yn cael ei brosesu o'r dechrau i'r diwedd.

Pan gerddais i mewn drwy'r drysau yn Stryd Murray ar gyfer llunio fy adroddiad cyntaf, profodd i fod yn ddigwyddiad a newidiodd fy mywyd. Roedd holl broses y *Llanelli Star* wedi'i leoli yno a theimlwn fel petawn i'n ymuno â theulu clòs. O hynny ymlaen daeth yn ail gartref i mi tan i mi lunio fy nhudalennau chwaraeon olaf yn yr adeilad lle mae'r *Star* yn rhannu swyddfeydd â'r *Evening Post* yn Stryd Cowell. Yn ystod fy nghyfnod gyda'r papur newydd fe wnes i rannu emosiynau, dathlu digwyddiadau arbennig a chael cymorth i oroesi cyfnodau anodd, a hynny i gyd o ganlyniad uniongyrchol i'r cwlwm arbennig a rannwn gyda'm cyd-weithwyr.

Er hynny, bu'r newidiadau hanesyddol yr oeddwn i'n rhan ohonynt yn brofiad torcalonnus i nifer o ffrindiau clòs a bu rhaid iddynt chwilio am waith mewn mannau eraill o ganlyniad i foderneiddio'r diwydiant papur newydd.

Pan gychwynnais ar y *Star* yn 1971, roedd y papur eisoes wedi dechrau newid cyfeiriad gan iddo gael ei werthu yn 1968 i'r Swansea Press Ltd, rhan o Grŵp Northcliffe. Er hynny, roedd e'n para i weithredu'n annibynnol i'w chwaer bapur, y *South Wales Evening Post*. Roedd y cyn-berchennog, Charles Braham, y gŵr a'm croesawodd ar fy niwrnod cyntaf, yn dal i fod yn gyfarwyddwr rheoli. Roedd ei swyddfa ef ar ail lawr y swyddfeydd yn Stryd Murray lle'r oedd yr adran gyfrifon hefyd. Roedd hwn yn fan poblogaidd gan mai yma y didolid yr arian i'r amlenni a'u rhannu! Roedd gan yr adran hysbysebu stafell fechan ar y llawr gwaelod ger y fynedfa a bu Doreen Thomas yn rhoi croeso cynnes yn y dderbynfa yno am lawer blwyddyn.

Adeg orau'r wythnos i mi oedd medru gweld y papur yn cael ei gynhyrchu. Cefn yr ail lawr oedd y brif stafell gynhyrchu i'r argraffwyr. Yn y fangre hon y byddwn yn treulio llawer o'm hamser a gwneuthum lawer o ffrindiau yno. Byddai Geoff Ifans,

Pennawd y Golofn Gymraeg a ysgrifennais yn wythnosol yn y saithdegau yn y *Star*.

The heading for the Welsh-language pop column which appeared in the Star *in the early 1970s.*

CHAPTER 12

A DIFFERENT STAR

There are many who would like to be able to enter a time machine and experience a newspaper world which is now only seen in films. The whole industry went through a dramatic metamorphosis during my 34 years at the *Llanelli Star*. The old trade has disappeared and it is no longer possible for new journalists to see their reports placed on pages and watch the *Star* being processed from start to finish.

When I walked through the Murray Street doors to write my first reports, it was a life changing experience. The whole *Llanelli Star* operation was based there and it felt as if I was joining a close knit family. After that it became like a second home to me until I compiled my last sports pages in the offices which the *Star* shares with the *Evening Post* in Cowell Street. During my time with the newspaper, I shared emotions, celebrated special occasions and I was helped through tough times as a direct result of the special bond that I shared with colleagues. However, history-making changes of which I was part also proved heartbreaking as many close friends had to seek work elsewhere as a result of the newspaper modernisation process.

When I began working on the *Star* in 1971, the newspaper had already started changing direction as it had been sold in 1968 to Swansea Press Ltd, a part of the Northcliffe Group. However, it still operated independently from its sister newspaper, the *South Wales Evening Post*. The previous owner, Mr Charles Braham, who had welcomed me on my very first day, was still the managing director. He was based on the second floor of the Murray Street offices where the accounts department was situated. It was always a popular place because this was where the pay packets were sorted and handed out! The advertising staff had a small room on the ground floor near the entrance, while Doreen Thomas provided a warm welcome as the receptionist for many years.

The best part of my week was being able to see the newspaper being produced. The back of the second floor was the main operation room for the printers and it was somewhere where I was to spend a lot of time and make many friends. Welsh-speaking Geoff Ifans and two apprentices,

One of the old linotype machines which produced the hot metal words is silent with the final *Star* it produced on it.

Un o'r hen beiriannau a fu'n creu'r geiriau metal twym bellach yn dawel.

153

Yr ystafell yn Stryd Murray lle bu'r argraffwyr yn paratoi'r papur. Yn yn y cefndir, yn y crys a'r tei, mae'r golygydd Geoff Lloyd. Wrth ei waith cysodi mae Geoff Ifans a'r gweithwyr eraill yw'r diweddar John Parmenter ac un o'r argraffwyr, Gareth Roderick.

The printers at work in Murray Street. In the background in the shirt and tie is the Editor Geoff Lloyd. Preparing one of the pages is compositor Geoff Ifans and the others are the late John Parmenter and printer Gareth Roderick.

Cymro Cymraeg, a'r ddau brentis, Meirion Jones a Gareth Roderick, yn gwneud i mi deimlo'n gartrefol yno lle byddai'r tudalennau'n cael eu gosod wrh ei gilydd fel math ar jig-so. Câi'r geiriau eu llunio mewn metel poeth yn y stafell linoteip a'r storïau'n cael eu gosod gyda'i gilydd ar y gali.

Mae'n eironig erbyn hyn meddwl bod y *Star* wedi symud o'i safle gwreiddiol ar Stryd Frederick i Stryd Murray oherwydd chwyldro technolegol. Roedd hyn yn cynnwys gosod Gwasg Cossar, a oedd yng nghefn yr adeilad ar y llawr gwaelod. Un o uchafbwyntiau'r wythnos oedd gweld y *Star* gorffenedig yn dod o'r wasg yn barod i'w werthu.

Fel gohebydd ifanc teimlad nerfus oedd gwrando ar y dadlau brwd rhwng y Golygydd, Geoffrey Lloyd, a'r gweithwyr argraffu. Teimlwn syndod na fyddai'r drysau wedi dod yn rhydd o'u colfachau wrth iddynt gael eu cau'n glep! Er hynny, roedd hi'n amlwg mai'r bwriad oedd sicrhau bod y cynnyrch gorffenedig yn berffaith. Cefais fwy o brawf o hyn wedi i mi gael fy mhenodi'n Olygydd Chwaraeon y *Star*, a minnau'n dal i fod dan hyfforddiant. Byddai fy nyletswyddau'n cynnwys adrodd ar gêmau, llunio adroddiadau, is-olygu adroddiadau gan eraill a sicrhau'r mesuriadau iawn fel y byddai'r cyfan yn ffitio'r tudalennau chwaraeon wrth i mi eu cynllunio a'u dylunio. Gan mai fformat argrafflen oedd i'r *Star* bryd hynny, roedd hon yn her fawr. Yn ffodus, byddai'r cysodwyr yn amyneddgar iawn gyda mi a chyda'u cymorth nhw, dysgais yn gyflym gan ddod i fwynhau'r her wythnosol. Câi newyddiadurwyr y cyfnod hwn eu trin gyda rhywfaint o amheuaeth o fewn cysegr sancteiddiolaf y Stafell Brint. Er hynny, fe gawn i groeso a chawn gymysgu â nhw'n gymdeithasol yn ystod eu toriadau, a'r tu allan i'r swyddfa. Roedd cymeriadau fel John Parmenter, John 'Devotion Jones', Arlandwr John, Graham Williams ac Anthony Cardew Richardson yn rhai gwerth eu hadnabod.

Yn raddol, fodd bynnag, cripiodd hen deimlad anniddig i mewn wrth i ddulliau argraffu ddechrau newid yn 1980, rhywbeth a effeithiodd ar bawb ohonom. Daeth y newid mawr cyntaf pan beidiodd y Wasg Cossar â rholio. Yn ei lle bu'n rhaid dibynnu ar wasg y *Western Telegraph*, a hynny'n arwain at gludo'r holl dudalennau mewn bocs i Hwlffordd gan obeithio y gwnaent gyrraedd yn ddiogel. Câi'r bocs ar adegau ei gludo ar drên, gan ddefnyddio gwasanaeth arbenigol Red Star. Arweiniodd hynny at ambell ofid i'r golygydd pan âi'r bocs ar goll neu pan gyrhaeddai'n hwyr. Un tro gofynnwyd i mi yrru'r tudalennau i'w cyrchfan yn fan yr *Evening Post*. Ond wedi i un o

Meirion Jones and Gareth Roderick, made me feel welcome in the area where the pages were put together like jigsaw puzzles. The words would be produced to hot metal in the linotype room and stories put together on galleys.

It is ironic by now to reflect that the *Star* had moved from its first premises in Frederick Street to Murray Street because of a technological revolution. It included the installation of a Cossar Press which was at the back of the building on the ground floor and one of the highlights of the week was seeing the completed *Star* rolling off this press ready to be sold.

As a young journalist, I found it quite unnerving to hear volatile rows between the Editor, Geoffrey Lloyd, and the printing staff. I was surprised doors didn't come off their hinges when they were slammed! However, it was obvious their aim was to ensure that the end product was right. I found even more proof of that after having being appointed the *Star*'s sports editor when I was still a trainee. My duties included covering matches, writing reports, sub-editing submitted reports and working out their measurements to fit on the sports pages which I planned and designed and as the *Star* was broadsheet format at the time, it was a big challenge. Luckily, the compositors were very patient with me and, with their assistance, I learnt quickly and enjoyed the weekly challenges. Journalists during that era were usually treated with suspicion in the inner sanctum of the Print Room. However, I was always made welcome and mixed socially with them during their breaks, and outside the office. Characters such as John Parmenter, John 'Devotion Jones', Arlandwr John, Graham Williams and Anthony Cardew Richardson were a joy to have known.

An uncomfortable feeling nevertheless crept in when printing methods started changing in the 1980s and, as a result, all of us were affected. The first major change came when the once modern Cossar Press stopped rolling and the printing process was moved out of the *Llanelli Star* premises. Instead, we had to rely on the Western Telegraph press which meant transporting all the pages by box to Haverfordwest, alwayshoping they would arrive safely. The box would occasionally be transported by train, using special Red Star delivery. This procedure caused a few scares for the editor on the odd occasion that it got lost or arrived late. On one occasion, I was asked to drive the pages to their destination in an *Evening Post* van. After one of the vehicle's mirrors fell off

Barrie looks through old copies in Llanelli Library while preparing this book.
Photograph: Jeff Connell

Barrie yn edrych drwy hen gopïau yn Llyfrgell Llanelli wrth iddo weithio ar y gyfrol hon.

Diwyg gwreiddiol y *Llanelli Star*

The original Llanelli Star *masthead*.

Pennawd sydd yn cael ei ddefnyddio ar y *Star* nawr.

The updated and present Llanelli Star *masthead*.

ddrychau'r fan ddisgyn wrth i mi gychwyn cefais siwrne braidd yn nerfus!

Fe wnaeth y *Star* barhau i greu ei storïau ei hun wedi i gynhyrchu metal poeth ddod i ben a'r oes gyfrifiadurol gychwyn mewn cartref newydd. Fi oedd y newyddiadurwr cyntaf i adael gyda'r argraffwyr ac ymsefydlu yn Heol yr Orsaf gan rannu swyddfa â'r *Evening Post*. Daeth yn amlwg ein bod ni'n symud ar lawer ystyr yn nes i'n chwaer-bapur yng Ngrŵp Northcliffe. Fe anfonwyd yr hen greiriau argraffu i Amgueddfa Ddiwydiannol Cydweli ond trist fu clywed i ddarn hanesyddol o hanes argraffu, sef y wasg Cossar, gael ei malu a'i gwerthu fel sgrap.

Yn ogystal ag ymgyfarwyddo â chartref newydd a dulliau newydd bûm yn dyst hefyd i newidiadau staff ychwanegol yn dilyn marwolaeth drist y Golygydd, Geoff Lloyd, yn 1987. Ef wnaeth roi i mi fy nghyfle cyntaf ar y *Star*. Bu farw ugain mlynedd wedi iddo gychwyn ar y papur a chychwyn ar ei dymor fel Llywydd Urdd Golygyddion Prydain.

Fe wnaeth Spencer Feeney, ar ôl symud o'r *Evening Post* i fod â gofal y *Star*, ein llywio i gyfeiriad y newidiadau technegol. Ond daeth cryn aberth yn ei sgil, a'r aberth mwyaf oedd gorfod terfynnu'r cyfnod hir o fywyd yr adran argraffu. Teimlais i fod hwn yn gyfnod emosiynol wrth wylio'r grefft hon yn dod i ben yn 1989 a gweld ffrindiau'n gorfod gadael, llawer ohonynt wedi mynd drwy bum mlynedd o brentisiaeth. Yr olygfa dristaf fu ymadawiad y chwaraewr rygbi ifanc o Felin-foel, Anthony Lewis, ar gychwyn ei ddewis yrfa. Y bore wedi iddo gynnal ei barti ffarwèl, hedfanodd i Awstralia i gychwyn bywyd newydd ac ymsefydlu yno. Llwyddodd ffrindiau eraill i ganfod swyddi, ond maen nhw'n dal i deimlo'n chwerw ac yn dioddef o greithiau emosiynol.

Golygodd eu hymadawiad y byddai'n rhaid i ni oedd ar ôl ymgymryd â dyletswyddau ychwanegol, a hynny'n gwneud i mi deimlo fy mod i'n cychwyn ar swydd newydd. Taflwyd fi i'r pen dwfn wrth i ni symud yn gyflym i gyfnod newydd o gynhyrchu'r *Star*. Fy mhrofiad cyntaf o brosesydd geiriau oedd pan osodwyd bysellfwrdd a monitor mawr ar fy nesg. Yn ystod fy ngwers hyfforddi gyntaf dysgwyd fi i ddod yn gyfarwydd â defnyddio'r cwrswr, a'r rheolyddion ac â'r ffeiliau ar y sgrin. Fel rhan o'm dyletswyddau newydd, rhaid oedd i mi hefyd ymweld â chwmni cyhoeddi preifat yng Nghanolfan Ddiwydiannol Abertawe yn Llansamlet i arolygu'r gwaith o fynd â'r deunydd drwy'r broses o dudalennu.

Er hynny roedd yna hefyd adegau cyffrous gan fod yna newidiadau fesul wythnos, bron, a dulliau newydd i'w dysgu.

as I started my way, I had rather a nervous journey!

The *Star* continued to create its own stories after the hot metal production ended and the *Star* computer age began in a new home. I was the first journalist to accompany the printers initially to Station Road to share the office with the *Evening Post*. It was obvious then that we were moving a lot closer in many ways to our sister newspaper in the Northcliffe Group. Printing relics from the *Star* went to Kidwelly Industrial Museum but I was saddened to learn that an important piece of printing history, the Cossar Press, had been broken up and sold for scrap.

In addition to getting used to a new home and new methods, I was to experience further major personnel changes following the tragic death of Editor Geoff Lloyd in 1987. It was he who had given me my initial chance on the *Star*. His death came 20 years after joining the *Star;* a period which coincided with his term as President of the Guild of British Newspaper Editors.

Spencer Feeney, after moving from the *Evening Post*, to take charge, steered us towards changing technology with its many sacrifices of which the biggest was the demise of the print department with its long tradition. I found it an emotional time witnessing this trade disappear in 1989 and seeing friends forced to leave, many who had gone through a five year apprenticeship. The saddest sight was the departure of what had been his chosen career. The morning after his leaving party, he flew to Australia to begin a new life and he has by now settled there. Other friends of mine managed to find other jobs, but they still feel bitterness and still carry emotional scars.

Their departure also meant we all had to take on extra responsibilities which made me feel that I was starting a new job. I was thrown in at the deep end as we moved rapidly into a new era of production for the *Star*. My first experience of any PC was when a keyboard and a large monitor machine were put on my desk. The first training lesson I was given involved getting used to using the cursor, the controls and the files on screen. As part of my new duties I also had to make visits to a private publishing firm in Swansea's Industrial Centre in Llansamlet, to supervise the pages being compiled through paste-up.

However, there were also exciting times as further changes were being introduced almost weekly and new methods to

A front page of the Llanelli Star *with the story which explains the changes in the newspaper's production. Above the heading are pictures of the printers preparing the* Star *in a different manner.*

Tudalen flaen y *Llanelli Star* yn esbonio'r newidiadau yn ffurf argraffu'r papur. Uwchben y pennawd mae'r lluniau'n dangos y papur yn cael ei baratoi mewn modd gwahanol.

Roedd hyn yn arbennig o wir pan fyddwn yn ymdrin â'r trawsnewid wrth i'r *Star* newid ei fformat o argrafflen i dabloid. Roeddwn yn fwy na balch i weld y tudalennau terfynol o'r cynnyrch newydd yn cael eu gosod at ei gilydd ar 25 Ionawr 1989 ar ddiwedd marathon o ddiwrnod.

Yn ogystal â bod yn dyst i'r trawsnewidiad hwn yn y *Star* roedd y teulu wythnosol hefyd yn newid a byddwn byth a hefyd yn cyfarfod ag aelodau newydd o'r staff ym mhob adran. Roedd pob un o'r staff gohebyddol a oedd yno pan gychwynnais wedi gadael erbyn hyn ac yna symudwyd fy nghyd-weithwyr yn yr adrannau hysbysebu a chyfrifon allan i'w cartref newydd yn Heol yr Orsaf. Daeth yn glir i mi mai'r *Evening Post* yn Abertawe, lle symudwyd nhw wedyn, oedd penteulu'r *Star* bellach, ac yno hefyd aeth ein cymdogion o Grŵp Northcliffe, y *Carmarthen Journal*.

Roedd y golygydd nesaf y bu'n rhaid i mi ddod yn gyfarwydd â chydweithio ag ef yn gyn-aelod arall o staff y *Post*, sef Robert Lloyd, a olynodd Spencer Feeney yn 1991. Cafodd ef y gorchwyl o ymgymeryd â mwy o waith cynhyrchu, a hefyd bu'n rhaid i minnau ddygymod â'r newidiadau. Golygai hyn ymaddasu i rwydwaith gyfrifiadurol newydd ac, ar ôl ugain mlynedd o gynllunio a dylunio tudalennau ar gyfer eraill, rown i'n awr yn cyflawni'r holl gynhyrchu fy hunan. Ar ben hynny cefais y cyfrifoldeb ychwanegol o gynllunio ac is-olygu newyddion cymunedol, colofn deledu a thudalennau newyddion eraill.

Pan gychwynnais fel golygydd chwaraeon arferwn fedru mwynhau gadael y swyddfa i gynnal cyfweliadau ac adrodd ar wahanol ddigwyddiadau. Gwelais golli'r gorchwylion hynny o ganlyniad i'r newidiadau yn fy nyletswyddau. Daeth yn fwy anodd gadael y swyddfa gan y byddai gofyn i mi eistedd yn fy nghadair yn wynebu sgrin cyfrifiadur o fore gwyn tan nos. Er hynny, edrychwn ymlaen o hyd at fynd i'r swyddfa gan y daliwn i deimlo fy mod i yn y swydd orau yn y byd. Roedd yno her ar ôl her i edrych ymlaen atynt a digonedd o storïau chwaraeon i'w canfod.

Ar ddiwedd y mileniwm daeth yn amser i ysgrifennu pennod newydd arall yn fy ngyrfa ar y *Star*. Cefais fy hun yn eistedd yn y trydydd lleoliad gwahanol wrth weithio ar bapur wythnosol Llanelli. Y tro hwn, ynghyd â'r *Evening Post*, roeddem wedi gadael am gartref newydd yn Stryd Cowell ynghanol y dref. Golygodd hyn symud cymaint ag oedd yn bosibl o archifau, a hynny ar fyrder. Roedd hwn yn lleoliad llawer mwy crand na'r rhai yr oeddwn yn gyfarwydd â nhw. Gallai siopwyr alw yn y dderbynfa i sgwrsio â gohebyddion wrth iddynt eistedd yn rhan flaen y llawr canol agored. Roeddwn yng ngolwg pawb gan fod fy nesg yn adran yr is-olygyddion yn wynebu'r drws. Pleser oedd cael gweithio mewn lle mor gyffyrddus, er i mi ar brydiau weld colli hen swyddfa olygyddol flêr y gorffennol. Parhaodd fy mlynyddoedd olaf o'm crwydradau gyda'r *Star* i gymryd ambell dro annisgwyl gan ddod i ben ar yr un hen ddesg honno yn Stryd Cowell.

Byddaf yn dal i alw yno a byddaf yn parhau i ddilyn hanes y *Llanelli Star*, sydd wedi gweld mwy eto o newidiadau. Mae teulu'r swyddfa bellach yn llai ac mae'r gohebyddion erbyn hyn yn gweithio i'r *Llanelli Star* a'r *Evening Post* fel rhan o'r *South West Wales Media*. Yn anffodus, caiff yr argraffu bellach ei wneud yn Lloegr, sy'n golygu bod y terfyn amser nawr yn gynharach. Eironig yw meddwl y gallwn, pan ddechreuais, lwyddo i gael stori yn y *Star* funudau'n unig cyn i'r wasg rolio.

Roedd y *Star* yn seren a ddisgleiriodd arnaf am 34 o flynyddoedd. O ganlyniad i yrfa hir a hyfryd fel newyddiadurwr i bapur wythnosol Llanelli fe wnes i gyfarfod â chymeriadau gwych ym myd y campau gan wneud llawer o ffrindiau dros y blynyddoedd. Ni fyddwn wedi dymuno colli un funud o'r yrfa.

learn. This was particularly the case when I had to deal with the conversion of the *Star* from broadsheet to tabloid. I was more than relieved to see the final pages of the new product put together on January 25 1989 following a marathon day.

In addition to experiencing these transformations in the *Star*, the weekly family was also changing and I was constantly meeting new staff in all departments. All the reporting colleagues on the editorial team when I began had left, and eventually my advertising and accounts colleagues were moved out of the new Station Road home. It was clear to me that the *Evening Post* in Swansea, to where they were eventually moved, was now head of our newspaper family, which also included our Northcliffe neighbours, the *Carmarthen Journal*.

The next boss I had to get used to working for was also a former *Post* employee, Robert Lloyd, who succeeded Spencer Feeney as editor in 1991. He had the task of introducing more production, which involved further changes I had to get used to. This meant adapting to a new computer network and after 20 years of planning and designing pages for others now, I was responsible for the whole product myself. In addition, I was given the added responsibility of planning and sub-editing community news, television, and other news pages.

When I first began as sports editor, I used to be able to enjoy leaving the office to do my interviewing and cover various events and I missed being able to undertake these duties as a result of the changes in my responsibilities. It was now more difficult to leave the office as I had to sit in my chair facing a computer screen from morning until night.

However, I still looked forward to going to the office, as I still felt it was the best job in the world. There were always new challenges to look forward to and plenty of sports stories to seek.

At the end of the Millennium it was time for yet another new chapter in my *Star* career as I found myself sitting in my third different premises for Llanelli's weekly newspaper. This time, along with the *Evening Post,* we had headed to a modernised new home in Cowell Street in the town centre. It meant moving as much archive material as possible, and in a hurry. It was a far plusher place than those I had previously been used to. Shoppers could walk into the reception area and see the *Star* journalists as they sat at the front section of the open-plan ground floor. I was also plainly in view being that my desk in the sub-editing section faced the entrance. It was a pleasure to sit in such comfort, although many times I missed the scruffy editorial office from the past. The final years of my *Star* journey continued to take unexpected turns and finished on that same Cowell Street desk.

I still visit the office and have continued following news of the *Llanelli Star*, which has again seen many more changes. The family is smaller and the journalists now work for the *Llanelli Star* and the *Evening Post* as part of *South West Wales Media*. Sadly, the printing is now done in England which means earlier deadlines. It is ironic that when I started I was able to get a story included in the *Star* minutes only before the presses rolled.

It was a *Star* that sparkled for me for 34 years. As a result of a long and wonderful career as a journalist for the Llanelli weekly newspaper, I met great sports characters and made a lot of friends over the years. I wouldn't have missed a minute of it.

Diolchiadau

Hoffwn ddiolch i lawer sydd wedi gwneud y llyfr hwn yn bosibl. Yn bennaf diolch i Lyn Ebenezer am y cyfieithu ac am ei amynedd; a hefyd i'r diweddar Ray Gravell, am yr ysbrydoliaeth.

Diolch hefyd:
- i fy ngwraig Sandra am ei chefnogaeth ac am wneud yn siwr bod fy mhenodau yn gwneud synnwyr;
- i'w mam Barbara;
- i gyn-gydweithwyr Bob Harragan a Rowland Danter am awgrymu y dylwn ysgrifennu am fy mhrofiadau yn y *Llanelli Star*.

Yn olaf diolch hefyd i'r canlynol am eu cyfraniadau, am roi caniatâd i ddefnyddio lluniau ac am gymorth gyda'r ymchwil:
- Jeff Connell, tynnwr lluniau;
- y Golygydd Robert Lloyd a staff y *Llanelli Star*;
- Golygydd y *South Wales Evening Post* a Phrif Olygydd South West Wales Media, Spencer Feeney, Robert J. Lloyd a Chris Barney o'r adran chwaraeon a Jean Hall o lyfrgell y *Post*;
- Ysgol Gynradd Gymraeg Dewi Sant;
- Ysgol Gyfun y Strade;
- Llyfrgell Gyhoeddus Llanelli a Llyfrgell Gyhoeddus Abertawe;
- Rhanbarth y Sgarlets a Chlybiau Rygbi a Phêl-droed Llanelli;
- Vaughan Thomas o Glwb Criced Llanelli;
- Clwb Bocsio Trostre;
- Anita Williams ac Alun Morgan o BARC Cymru;
- Roger Gale;
- Stephen Roberts a Nigel Neal o Glwb Tennis a Sboncen Llanelli;
- John Edwards, ac aelodau o Glwb Bowlio Llanelli;
- Terry Griffiths, Phil Bennett a Garry Nicholas.

Diolch yn ogystal i amryw eraill sy'n rhy niferus i'w henwi.

Acknowledgements

I should like to thank many who have helped make this book possible. My special thanks are to Lyn Ebenezer, for the Welsh translation, for his patience and persistence and also to the late Ray Gravell for providing the inspiration.

Thanks also:
- to my wife Sandra for her support and for checking that my chapters made sense;
- to her mother Barbara;
- to my ex colleagues Bob Harragan and Rowland Danter for suggesting that I should write about my 34 years experience on the *Llanelli Star*.

My thanks also go to the following for their contributions, for giving permission to use their photographs and for their help with my research:
- Jeff Connell, photographer;
- the Editor, Robert Lloyd and staff of the *Llanelli Star*;
- the Editor-in-Chief of South West Wales Media and the *South Wales Evening Post*, Spencer Feeney in addition to Robert J. Lloyd and Chris Barney from the sports desk and Jean Hall in the library;
- Ysgol Gynradd Gymraeg Dewi Sant;
- Ysgol Gyfun y Strade;
- the staff in the reference section of Llanelli and Swansea Public Libraries;
  the Scarlets Region and Llanelli Rugby and Soccer Clubs;
- Vaughan Thomas, secretary of Llanelli Cricket Club;
- Trostre Boxing Club;
- Anita Williams and Alun Morgan of BARC Wales;
- Roger Gale;
- Stephen Roberts and Nigel Neal of Llanelli Tennis and Squash Club;
- John Edwards and members of Llanelli Bowling Club;
- Terry Griffiths, Phil Bennett and Garry Nicholas.

Thanks also go to the many involved who are too numerous to mention.